Jürg Willi
Bernhard Limacher (Hrsg.)

Wenn die Liebe schwindet
Möglichkeiten und Grenzen der Paartherapie

Klett-Cotta

Klett-Cotta
© J. G. Cotta'sche Buchhandlung Nachfolger GmbH, gegr. 1659,
Stuttgart 2005
Alle Rechte vorbehalten
Fotomechanische Wiedergabe nur mit Genehmigung des Verlags
Printed in Germany
Schutzumschlag: Klett-Cotta-Design
Bildmotiv: Henri Matisse, Die Unterhaltung, 1911
© Succession H. Matisse / VG Bild-Kunst, Bonn 2005
Gesetzt aus der Janson und Futura von Dörlemann Satz, Lemförde
Auf säure- und holzfreiem Werkdruckpapier gedruckt und gebunden
von fgb, freiburger graphische betriebe
ISBN 3-608-94409-5

Bibliographische Information Der Deutschen Bibliothek
Die Deutsche Bibliothek verzeichnet diese Publikation in der
Deutschen Nationalbibliographie; detaillierte bibliographische
Daten sind im Internet über <http://dnb.ddb.de> abrufbar.

Inhalt

Jürg Willi: Einleitung 7

A Theoretische Konzepte

Jürg Willi: Die Sehnsucht nach der absoluten Liebe 15
Gunter Schmidt: Partnerschaft in drei Generationen.
   Zum gesellschaftlichen Hintergrund paartherapeutischer Arbeit 43
Arnold Retzer: Liebesmythen und ihre Funktion 61
Astrid Riehl-Emde: Liebe im Fokus der Paartherapie 80

B Therapeutische Praxis

Alice Holzhey-Kunz: Kann und soll die Liebe in den Fokus
   zweckrational konzipierter Paartherapie rücken? 99
Gisela Ana Cöppicus Lichtsteiner: Das Aufkeimen der Liebe nach frühen
   Verletzungen des Selbst 116
Monika Schäppi: Paartherapeutin – Advokatin der Liebe 136
Guy Bodenmann: Liebe in der Verhaltenstherapie mit Paaren 150
Ulrich Clement: Erotische Entwicklung in langjährigen Partnerschaften . . . 170
David Schnarch: Die leidenschaftliche Ehe. Die Rolle der Liebe in der
   Paartherapie 184
Bernhard Limacher: Mit Vorwürfen die Liebe retten? –
   Paartherapeutische Möglichkeiten 212

Schlussfolgerungen

Bernhard Limacher und *Jürg Willi:* Liebe als Thema der Paartherapie 227

Herausgeber sowie Autorinnen und Autoren 242

Jürg Willi Einleitung

In diesem Buch sind die überarbeiteten Vorträge des Psychotherapiekongresses *Paartherapie – im Fokus die Liebe* zusammengestellt, den das Institut für Ökologisch-systemische Therapie vom 23.–25. September 2004 an der Universität Zürich durchgeführt hat. Es war für alle Mitwirkenden eine außergewöhnlich anregende Veranstaltung, weshalb wir uns entschlossen, die Hauptbeiträge in diesem Buch einem breiteren Leserkreis zugänglich zu machen. Schon im zeitlichen Vorfeld des Kongresses kam es zu lebhaften Auseinandersetzungen, über die ich in dieser Einleitung kurz berichten möchte.

Zum Thema *Paartherapie – im Fokus die Liebe* waren wir durch den fast gleich lautenden Titel von Astrid Riehl-Emdes Buch *Liebe im Fokus der Paartherapie* (2003) angeregt worden, das während der Planungsphase des Kongresses erschien. Astrid Riehl-Emde hatte in der Zeit, als sie noch Dozentin unseres Ausbildungsteams in Zürich war, eine Studie zum Thema *Was hält Paare zusammen?* ausgearbeitet, ursprünglich in der Absicht, die Thesen meines gleich lautenden, 1991 erschienenen Buches zu überprüfen. Sie untersuchte eine repräsentative Stichprobe von Paaren mit einem von ihr ausgearbeiteten Fragebogen mit 18 Items. Viele Befragte wiesen darauf hin, dass nach dem Wichtigsten, was Paare zusammenhält, nicht gefragt worden sei, nämlich nach der »Liebe«.

Es zeigte sich in der Folge, dass »Liebe« neben »Identifikation mit der Partnerbeziehung« von den Befragten als wichtigster Faktor für den Zusammenhalt ihrer Beziehung bezeichnet wurde. Dieses Ergebnis mag für Laien selbstverständlich und banal erscheinen. Umso erstaunlicher ist es, dass »Liebe« bis vor wenigen Jahren kein Stichwort der Paartherapie war und in der Fachliteratur bisher kaum behandelt wurde. Aus der Überzeugung heraus, dass offensichtlich ein zentraler Gesichtspunkt in der Paartherapie vernachlässigt wird, entschlossen wir uns, erstmalig die Liebe ins Zentrum eines wissenschaftlichen Kongresses über Paartherapie zu stellen. Doch das erwies sich als schwieriger als erwartet.

Zunächst hatten wir die Absicht, mit einem breiten Spektrum internationaler Referenten das Thema *Liebe und Paartherapie* abzudecken. Angefragt wurden Referenten zu Fragen der Biochemie, Soziologie, Ethnologie und Ethologie von Partnerwahl und Liebesbeziehungen sowie zu »Stalking«, einem bei uns noch wenig bekannten psychopathologischen Begriff. Wir hatten dann aber den Eindruck, dass Beiträge aus diesen Disziplinen vom eigentlichen Kongressthema zu weit entfernt lägen. Als »Headhunter« begab ich mich daraufhin im Oktober 2003 nach Long Beach, Kalifornien, zur AAMFT-Conference, dem Jahrestreffen der *American Association for Marital and Family Therapy*, der weltweit größten Gesellschaft für Paar- und Familientherapie. Aber mit Ausnahme von David Schnarch gelang es mir nicht, Referentinnen oder Referenten ausfindig zu machen, die etwas Interessantes zu unserem Kongressthema hätten beitragen können.

Doch dann stellten wir auf einmal fest, dass die interessantesten Wissenschaftler nicht in Übersee zu suchen waren, sondern im deutschen Sprachraum selbst. Fast wie Pilze aus dem Boden schießen, so erschien in den letzten Jahren hintereinander eine Vielzahl von Fachbüchern über Liebe und Paartherapie/Sexualtherapie, und zwar Bücher, die sich voneinander deutlich unterschieden und eine Vielfalt neuer Gesichtspunkte in origineller Weise bearbeiteten.

2002 publizierte ich das Buch *Psychologie der Liebe*, in welchem ich mich vor allem mit der persönlichen Entwicklung durch die Herausforderung der Liebe befasste und dabei die partnerschaftliche Kritik als wichtigen Trigger dieser Entwicklungen beschrieb. Ebenfalls 2002 publizierte Arnold Retzer in der Zeitschrift *Familiendynamik* eine zweiteilige Arbeit über »Das Paar. Eine systemische Beschreibung intimer Komplexität«, ein Thema, das er in seinem 2004 erschienenen Buch *Systemische Paartherapie* noch weiter ausgeführt hat. Völlig anders als unsere eher koevolutive Sicht von Liebesbeziehungen, geht er vom Paar als Kommunikationssystem aus und beschreibt die Kommunikationscodes der Liebe. Der Kommunikationscode der Liebe stellen die kulturellen Vorschriften darüber bereit, was man sich unter »Liebe« vorzustellen hat, wie man Gefühle ausdrücken, anderen unterstellen und auch leugnen kann. Die Beziehungsgeschichte wird von den Paaren in Form von Liebesmythen erzählt, um der gegenwärtigen Beziehung Sinn und Bestand zu verleihen. Liebesmythen haben eine exklusive Funktion, indem sie die Familie und die Moral ausgrenzen und die entzauberte Welt wieder verzaubern. Retzer führt eine interessante Unterscheidung zwischen Liebesbeziehung und Partnerschaft an, welche für ihn unterschiedlichen Logiken folgen: Zur Logik der Partnerschaft gehört ein Austauschverhältnis von Leistung und geforderter Gegenleistung, die aufgerechnet und gerecht verteilt werden sollen. Zur Logik der Liebesbeziehung gehört dagegen die freiwillige, bedingungslose Gabe ohne Einforderung einer gerechten Gegenleistung.

Astrid Riehl-Emde führt diese Klärung der Unterschiede zwischen Partnerschaft und Liebesbeziehung in ihrem 2003 erschienenen Buch *Liebe im Fokus der Paartherapie* weiter. Für viele Paare reicht die Funktionalität der Partnerbeziehung nicht aus. Wenn die Paarbeziehung auf Liebe verzichtet, verliert sie ihre Bindungskraft.

Astrid Riehl-Emde zufolge bleibt der Ursprung der Liebe im Dunkeln. Konzepte des Unbewussten haben oft eine höhere Erklärungskraft als systemische Ansätze. Therapeutisch legt sie einen Schwerpunkt auf den Umgang mit zwiespältigen Gefühlen in der Liebe und auf deren Akzeptation.

2004 erschien Guy Bodenmanns Buch *Verhaltenstherapie mit Paaren. Ein modernes Handbuch für die psychologische Beratung und Behandlung*, in welchem er sich eingehend aus verhaltenstherapeutischer Sicht mit dem Begriff »Liebe« auseinander setzt und sich – im Kapitel über die Revitalisierung der Partnerschaft – mit der Wiederbelebung von Liebe in der Therapie befasst. Schließlich erschien kurz vor dem Kongress das Buch *Das neue Der Die Das. Über die Modernisierung des Sexuellen* (2004) von Gunter Schmidt, in welchem er verblüffende und spannende Aspekte des kulturellen Wandels, auch in Bezug auf das moderne Sexualleben beschreibt.

Nachdem es um die Sexualtherapie in den letzten Jahrzehnten ruhig geworden war, befindet sie sich gegenwärtig in einer Aufbruchstimmung. Das ist u.a. auf David Schnarch zurückzuführen, der die auf Übungen beruhenden Techniken der Sexualtherapie von W. H. Masters und V. E. Johnson (Impotenz und Anorgasmie, 1973) radikal in Frage stellte und zur Belebung sexueller Beziehungen eine bessere Qualität der Intimität und Differenzierung von Liebesbeziehungen postuliert. Dabei haben die Partner zu lernen, sich selbst und den Partner so zu akzeptieren, wie sie sind, ein oft schmerzlicher und auch risikoreicher Weg. Auf unsere Empfehlung hin entschloss sich der Verlag Klett-Cotta, das umfangreiche Buch *Passionate Marriage* von David Schnarch (1998) ins Deutsche zu übersetzen (bei Klett-Cotta für 2006 in Vb.).

Unmittelbar vor dem Kongress wurde Ulrich Clements Buch *Systemische Paartherapie* (2004) veröffentlicht, in welchem er sich u.a. aus systemischer Sicht mit dem sexuellen Begehren in langjährigen Paarbeziehungen beschäftigt. Er kommt dabei zu überraschenden und einleuchtenden Äußerungen zu verbreiteten Fehlmeinungen über sexuelle Beziehungen und therapeutischen Fehlern, die, damit zusammenhängend, oft begangen werden.

Nachdem sich diese Autoren bereit erklärt hatten, bei unserem Kongress einen Hauptvortrag und/oder die Leitung eines Workshops zu übernehmen, gerieten wir in eine Krise. Die von uns eingeladene daseinsanalytische Psychotherapeutin und Philosophin Alice Holzhey-Kunz erteilte uns eine Absage, in der sie unser Kongresskonzept grundsätzlich in Frage stellte. Ich zitiere eine Passage aus ihrem Brief:

»Der letzte Satz Eurer Vorankündigung: ›Strategien und Techniken einer auf Liebe fokussierten Paartherapie‹ hat mich zwar schon zu einigen Gedanken angeregt, die in der Frage kulminieren, ob das nicht ein Widerspruch in sich selbst ist. Liegt es nicht in der Natur der Sache bzw. der Eigenart von strategisch-technisch konzipierten Psychotherapien, dass hier die Liebe gar nicht hineinpasst? War es also nicht folgerichtig, dass die Liebe in der Paartherapie bisher kein Stichwort war? Über das so vieldeutige und abgründige Phänomen der Liebe kann man zwar versuchen zu reden (wenn auch immer nur annähernd und vorläufig), weshalb die Liebe in psychoanalytischen Psychotherapien durchaus immer schon ihren sogar wichtigen Platz hatte und weiterhin hat. Wenn man versucht, sie zweckrational in den Griff zu bekommen und die Leute anzuweisen, wie sie's richtig machen sollen, was wird dann von der Liebe übrig bleiben? Ich zweifle, dass das Problem damit gelöst ist, dass man nun das Stichwort Liebe ins Vokabular zweckrational konzipierter Paartherapien einführt, ja die Liebe sogar zum eigentlichen Fokus der Therapie erklärt.«

Diese Kritik machte uns deutlich, dass wir uns mit dem Kongressthema *Paartherapie – im Fokus die Liebe* etwas voreilig und unbedacht in ein äußerst spannendes, aber schwer fassbares Neuland hineingewagt hatten. Aber was will man Besseres für einen Kongress als eine kontroverse Diskussion? So setzte ich mit Erfolg alles daran, Alice Holzhey umzustimmen und doch für unseren Kongress zu gewinnen, um uns mit der Frage zu konfrontieren, ob und wie »Liebe« überhaupt zu einem rationalen Gegenstand und Ziel von Psychotherapie gemacht werden kann.

Doch es folgte gleich die nächste Kritik, diesmal von der Psychologin Gisela Ana Cöppicus Lichtsteiner. Sie stellte in Frage, ob die Methode der Paartherapie ein geeignetes Therapiekonzept zur Bearbeitung von tiefer liegenden Liebesproblemen sei. In der therapeutischen Arbeit mit frühgestörten, meist sexuell missbrauchten Patientinnen gewann sie den Eindruck, dass bei diesen Patientinnen die Voraussetzungen zum Eingehen und Leben einer Paarbeziehung oft gar nicht vorliegen. Bei diesen Patientinnen ist das Urvertrauen in die Liebe oft gerade durch jene Personen zerstört worden, die sich ihnen für die grundlegenden, ersten Erfahrung von Liebe angeboten hatten. Früh verletzte Personen mussten ihrer Meinung nach mit einer geduldigen, subtilen und über einen größeren Zeitraum sich hinziehenden Einzeltherapie behandelt werden, um so eine korrigierende Liebeserfahrung in der Beziehung zur Therapeutin machen zu können. Die Patientinnen mussten sich zunächst noch lange davor schützen, Bindungssehnsüchte oder gar Liebesgefühle aufkommen zu lassen. Die Therapeutin erlebte, dass das Aufkeimen der Liebe in einem ersten Schritt oftmals eine religiöse Qualität hat, als Erfahrung einer bedingungslosen Gottesliebe. Diese Erfahrung ereignet sich, zeitlich lange bevor sich die Patienten in die Wechselseitigkeit einer liebevollen Interaktion mit einem konkreten Partner einlassen können. Es stellte sich somit die Frage, ob in ihrer Liebesfähigkeit schwer verletzte Menschen überhaupt von einer Paartherapie profitieren können oder ob sie zunächst die Möglichkeit haben sollten, eine korrigierende Erfahrung im stärker geschützten Einzelsetting zu machen. Ist die Paartherapie somit überhaupt die zuständige Therapieform zur Bearbeitung von tiefer liegender Liebesproblemen?

In dieser Irritation entschlossen wir uns, die Hauptreferenten kurzfristig für den 24. und 25. April 2004 zu einem Gedankenaustausch über das Kongressthema einzuladen. Und siehe da: Obwohl es sich durchwegs um zeitlich stark in Anspruch genommene Referentinnen und Referenten handelte, kamen alle. Wir werteten das als Ausdruck des Interesses, aber auch der Verunsicherung in Bezug auf das Kongressthema. Die einleitende Diskussion zeigte, dass das Kongressthema *Paartherapie – im Fokus die Liebe* unterschiedlich verstanden werden kann, nämlich – wie für den Kongress vorgesehen – als Frage, welchen Stellenwert die Liebe in der Paartherapie haben sollte, oder – radikaler – als Postulat, wonach Liebe zum zentralen Fokus der Paartherapie gemacht werden sollte.

Wie zu erwarten war, prallten in der weiteren Diskussion unterschiedliche therapeutische Haltungen aufeinander: auf der einen Seite die Überzeugungen der existenzialphilosophischen und religiös inspirierten Kritikerinnen und Einzeltherapeutinnen, auf der anderen Seite die von ihnen fast als zynisch erlebten Positionen der rationaler denkenden systemischen Paartherapeuten. Es wurde darüber gestritten, ob Liebe – oder eher die Liebesfähigkeit – durch Therapie gezielt gefördert werden kann und ob die Paartherapie nicht gut daran täte, das Liebesthema zu vermeiden. In dem Ausmaß, in dem die Debatte persönlicher wurde, rückte das Liebesverständnis der Therapeuten ins Zentrum, mit der Frage, welche Art von Gesprächsführung es den Klienten ermöglicht, sich dem Thema »Liebe« zu öffnen. Offensichtlich war das Kongressthema geeignet, heftige Diskussionen auszulösen. Alle Anwesenden hatten den Eindruck, dazu mehr Fragen als Antworten zu haben. Mit diesem Thema hatten wir etwas in die Welt gesetzt, für das sich keiner von uns als Experte fühlte.

Wenn am Ende unseres Vorbereitungstreffens auch nur wenig konkrete Ergebnisse vorlagen, so hatte dieser Gedankenaustausch doch den Effekt, dass alle Referentinnen und Referenten sich in ihren Vorträgen wirklich mit dem Kongressthema auseinander setzten und sich dieses wie ein roter Faden durch die hier präsentierten einzelnen Beiträge hindurchzieht.

Zum Formalen sei noch gesagt, dass die jedem Beitrag vorangestellten Vorspänne von uns Herausgebern verfasst wurden.

Wir hoffen, dass das Buch die Leserinnen und Leser ebenso anregt, sich mit dem Thema *Wenn die Liebe schwindet. Möglichkeiten und Grenzen der Paartherapie*, dem Titel des Buches, auseinander zu setzen und dass viele der darin präsentierten Überlegungen in der therapeutischen Arbeit mit Einzelpersonen und Paaren nutzbar gemacht werden können.

A Theoretische Konzepte

Jürg Willi **Die Sehnsucht
nach der absoluten Liebe**

Was Liebe ist, lässt sich nicht definieren. Beschrieben werden kann jedoch, wie Liebe sich zeigt und entwickelt. In diesem Beitrag wird ein Aspekt der Liebe, nämlich die Sehnsucht nach der absoluten Liebe, dargestellt. Ersehnt wird ein Aufgehobensein in der Liebe, eine Auflösung alles Trennenden in Raum und Zeit. Es wird eine neue Selbstwerdung aus der Liebe erhofft. Die Liebessehnsucht bleibt im Untergrund einer Liebesbeziehung erhalten, erfüllt sich aber immer nur partiell. Das verursacht Leiden und Einsamkeit in der Liebe. Die Sehnsucht nach der absoluten Liebe ist ein introvertierter, oft in der Vorstellung und Fantasie gelebter Vorgang. Sie ist nicht auf Gegenseitigkeit angewiesen, was sich in extremer Form im Liebeswahn zeigt. In der Therapie sollte den Verletzungen der Liebessehnsucht mehr Beachtung geschenkt werden.

1. Wie kam ich auf dieses Thema?

Anlass, dieses Thema für meinen Beitrag zu wählen, war der Schock, den ich erlitten hatte, nachdem ein 55-jähriger Geschäftsmann, der bei mir eine Therapie begonnen hatte, seine 20 Jahre jüngere Freundin erstochen hatte, fünf Stunden, nachdem er bei mir gewesen war. Er hatte sich brieflich mit folgenden Worten angemeldet:

»Ich stehe in einer totalen Abhängigkeit zu meiner Freundin, die mein Wesen in Besitz genommen hat und mich nicht mehr aus ihren Fängen lässt. Ich habe mich abgöttisch in sie verliebt. Wenn sie einen Tag abwesend ist, so fängt mein Körper zu zittern an, und es machen sich vielfältige psychosomatische Symptome breit. Es ist, als ob ich drogenabhängig wäre. Ich befinde mich in einem fürchterlichen Zustand, der für meine Mitmenschen nicht verständlich ist. Können Sie mir helfen? Ich möchte besser verstehen, was mit mir vorgeht.«

Er bezeichnete seinen Zustand als Krankheit, als Hörigkeit, als einen Zustand, in dem er seiner selbst nicht mehr mächtig sei.

Seine Freundin, eine Vietnamesin, hatte er im Rotlicht-Milieu kennen gelernt.

Sie scheint eine »femme fatale« gewesen zu sein, die gerne mit Männern spielte. Sie habe es noch nie längere Zeit in einer Beziehung ausgehalten und schon andere Männer ins Unglück getrieben. Einer hatte im Zusammensein mit ihr einen Herzinfarkt erlitten. Der Klient erlebte mit ihr Momente höchsten Glücks, sie vereinnahmte ihn mit ihrem engelhaften Lächeln, er erlebte mit ihr Zustände vollkommener Harmonie, allerdings zeitlich begrenzt und meist in Streit mündend. Der Klient war von der Vorstellung erfasst, sie aus dem schlechten Milieu zu retten, ihr ein neues Leben zu schenken, sie erfahren zu lassen, was bedingungslose Liebe ist. Er war immer mehr überzeugt, sie würde ohne ihn zugrunde gehen, kein anderer Mann würde so viel an Launenhaftigkeit aushalten und könnte sie je so gut verstehen. Er glaubte, er sei für sie unentbehrlich, und schrieb sich die Fähigkeit zu, sie aus dem Schlamassel zu ziehen. Um sie aus dem Milieu wegzubringen, hatte er sie finanziell großzügig ausgehalten, was ihn an den Rand des finanziellen Ruins brachte.

Er selbst habe in seinem Leben noch nie Liebe erfahren. Er hatte eine lieblose Kindheit erlebt, mit viel Schlägen und Brutalität. Von seiner früheren Partnerin, ebenfalls einer Vietnamesin, hatte er sich scheiden lassen. In der Dankbarkeit seiner jetzigen Freundin glaubte er erstmals die reine Liebe zu erfahren. Er schilderte, es sei, wie wenn seine Seele sich von ihm entfernt und ganz Besitz von der Seele der Freundin ergriffen hätte.

Die insgesamt sieben Gespräche wirkten nach Angaben des Klienten entlastend, er fühlte sich gut verstanden, er machte auch Anstalten, die Beziehung zur Freundin definitiv zu beenden. So kaufte er ihr ein Ticket in die USA, wo sie ihre Herkunftsfamilie besuchen könnte. Er fühlte sich nach ihrem Abflug etwas besser. Doch dann kehrte die Freundin unerwartet zurück und gestand ihm, dass sie sich mit einem Amerikaner eingelassen habe. Dieser tauchte schon bald in der Schweiz auf, nachdem er Hals über Kopf sein ganzes Hab und Gut für sie verkauft hatte. Diese Demütigung und Kränkung ging über die Kräfte des Klienten. Er brachte die Freundin um, ohne dass er mir gegenüber derartige Fantasien und Absichten in der vorangegangenen Sitzung angedeutet hätte.

Mit dieser Einleitung möchte ich auf die Brisanz des Themas von der »Sehnsucht nach der absoluten Liebe« hinweisen. Aus mir nicht ganz erklärlichen Gründen wird »Liebe« in Fachkreisen immer noch als ein nicht ernst zu nehmendes, romantisches Thema betrachtet. »Liebe« war ja bislang auch kein Stichwort der Paartherapie. Das mag vor allem Laien erstaunen, denkt man doch gemeinhin, dass ein Großteil partnerschaftlicher Beziehungsprobleme Liebesprobleme sein müssten.

Dass die Paartherapie – und ganz allgemein die psychologische Wissenschaft – sich so schwer tut mit der »Liebe«, hat verschiedene Gründe. Bisher gibt es kein Konzept, das das Phänomen »Liebe« in seiner ganzen Komplexität und Widersprüchlichkeit einzufangen vermöchte. Liebe ist kein einheitliches Phänomen. Sie lässt sich nicht auf einen einzelnen Faktor zurückführen, wie etwa die Libido bei Sigmund Freud als eine auf Lustgewinn ausgerichtete sexuelle Energie. Jede theoretische Erfassung fängt immer nur einen Teilaspekt ein. Liebe ist und bleibt im Wesentlichen ein Geheimnis, sie lässt viele Deutungen zu. Dennoch scheint es für die Paartherapie unumgänglich, sich eingehender mit der Frage der Liebe auseinander zu setzen, wenn wir nicht Gefahr laufen wollen, den Kern unseres Behandlungsgegenstands zu verpassen.

2. Drei Aspekte der Liebe: die alltagspraktische Partnerliebe, die erotisch-sinnliche Liebe und die Sehnsucht nach der absoluten Liebe

Für die Erfassung der Komplexität von Liebesphänomenen scheint es mir nützlich, drei Grundformen von Liebe zu unterscheiden, nämlich die alltagspraktische Partnerliebe, erotisch-sinnliche Liebe und die ersehnte absolute Liebe.

Eine für mich wichtige Vorarbeit zur Unterscheidung der Logik von Partnerbeziehungen und Liebesbeziehungen wurde von Arnold Retzer (2002) geleistet. Astrid Riehl-Emde (2003) hat eine ähnliche Aufstellung etwas weniger abstrakt formuliert. Die sich daraus ergebenden, für meine Darstellung wichtigen Unterschiede zwischen Partnerbeziehung und Liebesbeziehung sind:

- Die Partnerbeziehung entspricht dem heutigen emanzipatorischen Modell: Sie beruht auf Reziprozität von Geben und Nehmen, legt Gewicht auf einen Ausgleich und Gerechtigkeit in Privilegien und Machtverhältnissen. Den individuellen Interessen wird der Vorrang gegenüber einer sozialen Einbindung gegeben. Die Beziehung beruht auf einem Tauschverhältnis und einem rationalen Vertrag. Sie ist in ihrer Vertragsform frei wählbar und kündbar und hat somit Ähnlichkeiten mit einer Geschäftsbeziehung. Die Partnerbeziehung hat Qualitäten von Liebe, die stärker ausgerichtet auf die gemeinsame Alltagsarbeit und Bewältigung der Lebensrealitäten sind, auf den Aufbau der dyadischen und familiären Nische, also den Aufbau einer eigenen Welt und die Gestaltung eines Heims und eventuell einer Familie (Willi 1991).
- Eine Liebesbeziehung sucht demgegenüber nach den Darstellungen von Arnold Retzer (2002) und Astrid Riehl-Emde (2003) die irrationale und bedingungslose Hingabe, sie achtet nicht auf vertragliche Regelungen, auf gerechten Ausgleich, sie will keinen Tauschhandel von abgemessenem Geben und Nehmen, sie verzichtet auf Gleichberechtigung und Herrschaftsfreiheit. Die Hingabe ist freiwillig. Je größer das individuelle Opfer, desto größer wird im Allgemeinen die Liebe eingeschätzt.

Zentrale Ziele der Paartherapie decken sich mit den feministischen Zielen der Emanzipationsbewegung: Es geht um Gleichberechtigung, Selbstverantwortlichkeit, Herrschaftsfreiheit, Ausgleich von Privilegien und Pflichten, Regelungen der Alltagsarbeit. Eine Paarbeziehung wird heute kaum dauerhaften Bestand haben, wenn sie diese emanzipatorischen Ansprüche nicht beachtet. Wie Astrid Riehl-Emde in ihrem Beitrag zu diesem Band ausführt, stellt die partnerschaftliche Form der Gegenseitigkeit aber kein ausreichendes Motiv dar, sich auf eine Partnerbeziehung einzulassen. Für das Zustandekommen und den Fortbestand einer Zweierbeziehung bildet die Logik der Partnerbeziehung die unverzichtbare Rahmenbedingung, die Liebesbeziehung jedoch den Sinn und Inhalt.

Ich sehe auch in der *Partnerbeziehung* eine Form von Liebesbeziehung, die für die Realitätsbewältigung einer auf Liebe gegründeten Lebensgemeinschaft von größter Bedeutung ist. Im Folgenden möchte ich deshalb die Liebesbeziehung differenzieren in die drei oben genannten, voneinander unterscheidbaren Aspekte, nämlich in die alltagspraktische Partnerliebe, die erotisch-sinnliche Liebe und in die Sehnsucht nach der absoluten Liebe. Die Sehnsucht nach der absoluten Liebe bildet den Schwerpunkt dieses Beitrags. Zunächst soll aber noch dargestellt werden, worin vor allem sich die erotisch-sinnliche Liebe von der Sehnsucht nach der absoluten Liebe unterscheidet.

3. Die erotisch-sinnliche Liebe

Die erotisch-sinnliche Liebe betrifft die erotisch-sexuelle Spannung, die Lust am Spiel der Verführung, des Anlockens und Abstoßens, den Tanz, das leidenschaftliche, zur sexuellen Vereinigung drängende Begehren. Der Betroffene verzehrt sich und dürstet nach der intimen Umarmung, das Begehren raubt ihm den klaren Verstand. Es entzündet und intensiviert sich im Wegstoßen, im Necken, spielerischen Kämpfen bis zum Unterwerfen und rücksichtslosen Nehmen des anderen. Das Begehren zielt auf die Erfüllung und Bestätigung in der sexuellen Vereinigung. Es wird maßgeblich gesteigert, wenn seine Erfüllung erschwert ist, beispielsweise wenn ein Dritter mit im Spiele ist. Dieser Dritte kann der Partner des oder der Geliebten sein, die Familie, die Gesellschaft, die Schicklichkeit, die Moral, das Gesetz.

Mit dem Begehren wird eine feste Ordnung destabilisiert (vgl. den Abschnitt »Die Ausgrenzung von Gesetz und Gebot« im Beitrag von A. Retzer), es wird von den Bezugspersonen oft als Unverschämtheit, Frechheit und Unmoral taxiert. Es hat etwas Umstürzlerisches, Verbotenes und Gefährliches an sich. Das Begehren einer oder eines nicht standesgemäßen Geliebten spielt in den Romanen der letzten 200 Jahren eine zentrale Rolle. Aber schon Ovid, Dichter im alten Rom, formulierte in seiner *Ars amandi*: »Wir wollen immer das Verbotene, stets sind wir das Versagte begehrend.«

Das unerfüllbare Begehren ist Grundlage kultureller Erzeugnisse, insbesondere von Gedichten und Liedern, aber auch von vielen Filmen und Theaterstücken. Die verhinderte Erfüllung steigert den Erfindungsreichtum des Begehrenden, treibt ihn zu Abenteuern, um das Verbotene durch List und Tollkühnheit dennoch zu erreichen. Das Begehren kann sich am besten entfalten, so lange es unerfüllt bleibt. Wenn der oder die Geliebte zur Liebe frei wird und sich das Begehren erfüllen darf, verliert es oftmals seine Spannung, denn diese entzündet sich am ödipalen Dreieck, dem engen Zusammenschluss der einander verbotenerweise Begehrenden. Freud (1910, S. 67 ff.) beschrieb als eine neurotische Form des Liebeslebens die Fixierung an den geschädigten Dritten. Es handelt sich dabei um Männer, die niemals eine Frau zum Liebesobjekt wählen, die noch frei ist, sondern nur eine, auf die ein anderer Mann als Ehegatte Eigentumsrechte geltend macht.

4. Die Sehnsucht nach der absoluten Liebe

Vom erotisch-sinnlichen Begehren muss die Sehnsucht nach der absoluten Liebe unterschieden werden, die im Folgenden eingehend beschrieben werden soll. Während die erotisch-sinnliche Liebe auf die sexuelle Vereinigung zielt, geht es bei der absoluten Liebe weniger um die Befriedigung sexueller Triebwünsche als um die Auflösung und Wiedergeburt des Selbst in der Liebe.

Vielleicht wurde die Sehnsucht nach der absoluten Liebe bisher wenig beschrieben, weil es sich um den intimsten Bereich einer Person handelt, der vor dem Zugriff anderer Menschen, selbst vor dem Liebespartner, geschützt werden muss, der aber auch für die Person selbst im Unbewussten und Geheimnisvollen gründet. Die Angst ist groß, in diesen intimen Gefühlen verletzt zu werden, lächerlich, kindisch, schwach und unreif zu wirken. Viele Menschen haben noch nie mit jemandem darüber gesprochen. Auch in einer Therapie gelingt es nur bei einer besonderen Vertrauensbeziehung, sich an dieses Thema heranzutasten.

Ich möchte drei Aspekte der ersehnten absolute Liebe beschreiben:

4.1 Das Aufgehobensein im reinen Sein

In ihrer Grundform zielt die Sehnsucht nach der absoluten Liebe auf das Aufgehobensein im reinen Sein, wie ich es 1991 in meinem Buch *Was hält Paare zusammen?* beschrieben habe. Es geht um ein Aufgehobensein in einem doppelten Sinne des Wortes:

- *Aufgehobensein als Geborgenheit* im Sinne von »In dieser Liebe fühle ich mich gut aufgehoben«. Es handelt sich um einen Zustand bedingungslosen Angenommenseins, des Zuhauseseins, der Geborgenheit, des Heimat-Habens im anderen, um ein unbedingtes Miteinander-Vertrautsein.

- *Aufgehobensein alles Trennenden in der Liebe:* In dieser absoluten Form geht es um das Sehnen nach persönlicher und körperlicher Auflösung in der Beziehung zum Geliebten. Dieser Zustand höchsten Glücks steht jenseits der Strukturen des Alltagslebens, ereignet sich jenseits zeitlicher Begrenzung, in zeitloser Ewigkeit und raumloser Unendlichkeit, als Einssein ohne Anfang und Ende. In diesem Zustand ist die Vereinzelung des Individuums aufgehoben, die Liebenden bilden das Zentrum des Kosmos, um das sich alles dreht. Ihre Vereinigung ist zunächst ohne Ziel und Zweck, sie trägt ihre Erfüllung in sich. Die Liebenden genügen sich selbst. Sie brauchen nichts und niemanden. Sie sind ineinander aufgehoben, ohne dafür etwas leisten zu müssen. Sie verstehen sich ohne Erklärung, ohne Worte. Dieses Sehnen nach dem fraglosen Aufgehobensein hat den archaischen Charakter einer *unio mystica*.

Das Eingehen und Aufgehen in der Beziehung der Liebenden ist ein Sich-aufeinander-Einstimmen, um in den höchsten Schwingungen eins zu werden, in einem Zustand ungetrennter Harmonie. Die absolute Liebe wird als Geschenk des Himmels erlebt, sie lässt sich nicht *wollen*, nicht *herstellen*, man kann lediglich offen sein, um diese Liebe geschehen zu lassen. Sie bildet sich aus der Bereitschaft, sich zu Verfügung zu stellen, ohne Bedingungen, ohne Leistung, ohne Forderung, ohne Messen und Rechnen. Dieses Geschenk ist ein von der Umwelt losgelöstes Sein. Die Liebenden, die sich selbst genügen, brauchen nichts als einander, sie sind füreinander, durcheinander und ineinander. Sie versenken sich in der Blickliebe, sie verstehen sich sprachlos, oft meiden sie die trennende Wirkung der verbalen Sprache. Auch wenn sich die Betroffenen erst neulich kennen gelernt haben, ist ihnen, als ob sie sich schon seit jeher gekannt hätten und in selbstverständlicher Weise miteinander vertraut wären.

Das Aufgehobensein in der absoluten Liebe entspricht den religiösen Vorstellungen vom Himmel, als ein Anwesen in der glückseligen Anschauung Gottes. Die ersehnte absolute Liebe wird auch oft mit der Liebe zu Gott oder mit einer von Gott geschenkten Liebe gleich gesetzt. Eine Klientin drückte das folgendermaßen aus:

»Die Liebe, die wird einem geschenkt, sie wird einem immer geschenkt, man weiß nicht, wie. Da könnte ich die ganze Welt umarmen ... Die Liebe ist ein Wunder, nicht menschengemacht, plötzlich ist sie da, ich bin wie übergossen. Aber man muss im Alltag der Liebe Sorge tragen, damit man darin bleiben kann ... Die Liebe ist wie ein Wunder, ich kann es nicht selbst machen, auch wenn ich es will. Sie setzt lediglich die Bereitschaft voraus, dass sie einem widerfahren kann, das ist das Wesentliche, das befähigt mich dann auch, viel zu ertragen. Das ist eine tiefe Erkenntnis der Liebe ... lange wollte ich sie mir vom Leibe halten, weil sie mir zu großes Leiden verursacht. Die Schwierigkeit liegt darin, dass ich nicht fähig bin, alles zu akzeptieren.«

Diese Klientin glaubt, das Wunder der Liebe werde ihr von Gott geschenkt, es sei eine höhere Macht im Spiel, sie und ihr Mann seien füreinander bestimmt, seit je und für immer, im Leben wie im Tode, im Diesseits wie im Jenseits, ganz und exklusiv.

Das bedingungslose Aufgehobensein in der Beziehung zum Geliebten erfuhren in früheren Zeiten viele Menschen in der absoluten Gottesliebe. Wenn wir von einer *anima naturaliter religiosa* ausgehen, d. h. wenn wir annehmen, dass Religiosität eine unausweichliche Bedingung menschlichen Daseins ist, stellt sich die Frage, inwiefern die Sehnsucht nach dem Aufgehobensein in Gott heute häufig stellvertretend in der Partnerliebe gesucht und erfahren wird (s. dazu in diesem Buch die Beiträge von G. A. Cöppicus Lichtsteiner und von A. Holzhey-Kunz).

Das Aufgehobensein im reinen Sein steht dem Tode nahe und wird von christlichen Mystikern, so etwa von Meister Eckhart (1979) in den *Deutschen Predigten*, folgendermaßen beschrieben:

»Soweit unser Leben ein Sein ist, soweit ist es in Gott ... Wenn die Seele bis auf den Grund stirbt, wird das Leben zum Sein ... Des Himmels Lauf ist ewig, er weiß nichts von der Zeit, und das deutet darauf hin, dass die Seele in ein reines Sein gesetzt sein soll ... die Seele wird geläutert, wenn sie hinaufklimmt in ein Leben, das geeint ist, sie ist geläutert, von einem Leben, das geteilt ist« (S. 191–193).

Die ersehnte absolute Liebe findet Analogien in der psychoanalytischen Literatur, etwa bei S. Freud (1916–17, S. 431 f.) als Wiederherstellung des primären Narzissmus, als ein ozeanisches Gefühl der unauflösbaren Verbundenheit des Ichs mit der Umwelt, oder bei Ferenczi (1913) als Sehnsucht nach der Rückkehr in den Mutterleib, als ein regressiver Wunsch nach einem Zustand vor aller Subjekt-Objekt-Spaltung, eine Sehnsucht nach der narzisstisch-ozeanischen Verschmelzung und Einheit im Uterus.

Nach meinen Beobachtungen ist die Sehnsucht nach einem Zustand vor aller Subjekt-Objekt-Spaltung in der psychoanalytischen Literatur zu stark rückwärts gerichtet. Man kann sie auch vorwärts gerichtet verstehen, als Sehnsucht nach dem Aufgehobensein im Tode. Wird einem die Erfüllung der absoluten Liebe im irdischen Leben versagt, wird sie nicht selten im Freitod gesucht. Zu der Vorstellung der Erfüllung im jenseitigen Leben passen auch Berichte über Nahtoderfahrungen; Betroffene schildern, wie sie aus dem Körper ausgetreten sind und einem hellen Licht begegneten, das sie mit einer unbeschreiblichen, tiefen und bedingungslosen Liebe erfüllte. Nachdem sie das Bewusstsein wiedergewonnen hatten, fühlten sie sich verwandelt und richteten ihr Leben auf neue, stärker mit Liebe erfüllte Werte aus. Sie berichten, eine grenzenlose Liebe erfahren zu haben, die sie dem Tod mit Freude entgegensehen lasse.

Die ersehnte absolute Liebe unterscheidet sich von der erotisch-sinnlichen Liebe dadurch, dass sie nicht primär auf Eroberung und sexuelle Vereinigung mit dem Geliebten ausgerichtet ist. Sie braucht zu ihrer Entzündung nicht den Widerstand des andern, den es zu überwinden gilt, nicht das spannende Abenteuer, Risiko oder die Gefahr. Die Sehnsucht nach der absoluten Liebe sucht die Harmonie und nicht das erregende Kampfspiel, sie strebt eine Einstimmung auf den Partner an. Sie ist ein introvertierter Prozess, ein Sehnen und Erträumen, ein Schwärmen und Sich-in-Visionen-Ergehen und nicht ein Begehren und äußeres Agieren. Sie ist weniger auf eine körperliche als auf eine geistige Vereinigung mit dem Geliebten ausgerichtet, weniger auf Höhepunkt und Orgasmus zentriert als auf einen Zustand des Anwesens und Beeinanderseins, stärker in der Fantasie als in der Realität verankert, aber deshalb nicht weniger intensiv, schmerzhaft und dramatisch, wie das eingangs geschilderte Beispiel zeigt. An der Stelle des sexuellen Höhepunktes steht das zärtliche Sehnen zueinander. Die Sehnsucht nach der absoluten Liebe schlummert primär und originär in jedem Menschen und ist nicht eine Sublimierung oder Abwehrform der sexuellen Libido.

4.2 Der Blickkontakt als Einladung zur Versenkung in die absolute Liebe

Die ersehnte absolute Liebe ist in ihrer Grundform ein bloßer Seinszustand, ohne Differenzierung in Ich und Du, ohne sich bewusst zu werden, worin diese Anziehung besteht, wie sie entstanden ist, was sie bezweckt oder worin das Spezielle am neuen Partner und in der sich anbahnenden Beziehung liegt. Wie kommt es nun zu einer konkreten Liebesbeziehung?

Diese wird oft initiiert mit der Interaktion des Blickkontakts, im Dazwischen der einander gleichzeitig suchenden und antwortenden Augen, in der Kundgabe der Bereitschaft, den Blick aufzunehmen als wortlose Beantwortung der Anfrage. Eine der beiden Personen beginnt, den Blick des andern einzufangen, sucht ihm zu begegnen, ihn auf sich zu ziehen, ihn zu halten und darin zu verharren. Das kann während der Diskussion einer Sachfrage oder bei der Verrichtung einer Aufgabe im Beruf sein. Sich in die Augen sehend, beginnen die Betroffenen einander persönlich abzutasten, oft zunächst schüchtern die Möglichkeit einer Beziehung abwägend, zögernd den Schleier der Seele lüftend, zunächst jederzeit bereit, sich wieder auf ein Sachgespräch zurückzuziehen. Der Blickkontakt ist eine Sprache ohne Worte.

Die Sprache des Blicks ist ohne die Verbindlichkeit des gesprochenen Wortes. Es gilt, die Spannung der wechselseitigen Prüfung auszuhalten. Entsteht dabei eine weiterführende Anziehung, beginnt das Spiel der Begegnung, eine Konfrontation der

Augen, die immer zugleich fragen wie antworten. Beide Personen müssen die Kraft haben, einander die Stirn zu bieten, was eine lustvolle Herausforderung ist, aber eine gute Verankerung in sich selbst voraussetzt, um sich nicht aufzulösen oder erdrückt zu werden (vgl. dazu die Abbildung von Henri Matisse auf dem Buchumschlag).

Aber sie nehmen sich auf dieser Stufe nicht als Personen wahr. Einander erblickend, machen sie sich ein Bild voneinander, das wenig bewusst ist. Sie spüren eine starke Anziehung, ohne zu wissen, was sie anzieht. Auf die Frage, was sie bei der ersten Begegnung angezogen hatte, werden scheinbare Banalitäten angeführt, wie etwa:»sein kindliches Lachen«,»seine Schüchternheit«,»Er hat mir auf der Wanderung den Rucksack getragen«,»Sie war in Gesellschaft umschwärmt«,»Der rote Pullover, den sie trug, gefiel mir«.

4.3 Die personale Begegnung in der verbalen Sprache

Irgendwann muss die sich anbahnende Liebesbeziehung verbal benannt und fassbar gemacht werden. Die verbale Sprache wird die Sehnsüchtigen gleichzeitig verbinden wie trennen. Erst die verbale Sprache macht die Beziehung konkret. Der Blick hat seine eigene Sprache, er eröffnet Erwartungen, er bleibt aber ohne die Verbindlichkeit des gesprochenen Wortes.

So intensiv der averbale Austausch sein mag – das sich dabei Ereignende ist jederzeit widerrufbar, kann sich jederzeit in Luft auflösen und als Fata Morgana erweisen. Erst mit der verbalen Sprache werden Fakten in die Welt gesetzt, die nicht mehr löschbar sind. Es entsteht eine Beziehung als historisches Ereignis. In der Sprache wird die Frage der aufkeimenden Gegenseitigkeit beantwortet, bestätigt und begrenzt.

Mit der verbalen Ansprache der Beziehung kommt es zu einer bewussten Differenzierung der Personen. Eigentliches Verliebtsein tritt auf, wenn die Evidenz entsteht – und das kann schlagartig der Fall sein –: Dies ist die Person, mit der sich meine Sehnsucht erfüllen lässt, mit der zusammen ich all das, was ich in Zeiten langen Wartens bereitgestellt habe, ins Leben hineinholen kann, dies ist die Person, die es mir möglich macht, weil sie an mich glaubt, mich unterstützt und mich braucht. Sie ist so ganz anders als alle andern, mit ihr erfahre ich etwas, was ich noch nie erlebt habe. Komplementär dazu kann Verliebtsein auftreten, wenn jemand den Eindruck hat: Ich bin die Person, die beim Partner all das, was dieser bisher nicht zu verwirklichen vermochte, ins Leben hineinholen kann, weil ich den Zugang zu seinem Herzen habe, sein Geheimnis kenne und weiß, wie er genommen werden muss. Ich kann ihm ein neues Leben schenken, weil ich ihn wie niemand zuvor verstehe.

So bildet sich bei den Verliebten die Vision eines gemeinsamen Lebens. Sie tauschen sich aus über ihre Vorstellungen und Träume, und doch bleibt jeder in seiner eigenen Vorstellungswelt, die nie ganz jene des anderen sein kann. Gleichzeitig festigt und vertieft sich die Beziehung durch die Entwicklung der erotisch-sinnlichen Liebe und durch das beginnende Aushandeln der Rahmenbedingungen für eine alltagspraktische Partnerliebe.

5. Die Bildung eines partnerbezogenen Selbst

Der Prozess, in den die Sehnsucht nach der absoluten Liebe die Partner versetzt, hat Ähnlichkeiten mit der Bildung der Identität und Entwicklung des Selbst, wie sie von der Psychoanalyse, etwa von Margaret S. Mahler (1972), für die ersten Lebensjahre beschrieben wird. Nach ihrer Darstellung durchläuft die Entwicklung des Selbst verschiedene Phasen. In einer *Phase der ersten Lebenswochen* lebt der Säugling in einem »normalen Autismus«, in welchem er sich nicht von der Mutter getrennt fühlt und mit ihr eine Einheit bildet. Es herrscht ein primärer Narzissmus vor, d.h. die inneren Empfindungen des Säuglings sind der Kristallisationspunkt des Selbstgefühls, um das herum das Identitätsgefühl errichtet wird und sich ein Kern des Selbst zu bilden beginnt. Dann folgt die *symbiotische Phase* mit der Vorstellung einer omnipotenten Fusion mit der Mutter, einer Zweieinheit innerhalb einer gemeinsamen Grenze. Das Ich wird in dieser Phase nicht vom Nicht-Ich der Mutter unterschieden. Diese symbiotische Phase geht über in die *Differenzierungsphase*, wo das Kind klarer zwischen sich und der Mutter zu unterscheiden lernt. Es werden erste Übungen ausprobiert, sich von ihr zu entfernen und wieder zurückzukehren. Das Kind kann die Spannung, von der Mutter getrennt zu sein, besser im Vertrauen darauf aushalten, dass sie zu gegebener Zeit wiederkehren wird. In dieser Phase werden die Selbstrepräsentanzen aus den bisher mit der Mutter verschmolzenen Repräsentanzen herausgelöst und differenziert. Es bildet sich ein von der Mutter abgegrenztes, aber auf sie bezogenes Selbst.

Dieser Individuationsprozess scheint in einer sich bildenden Liebesbeziehung aufs Neue durchlebt zu werden. Aus dem gemeinsamen Grund der absoluten Liebe kristallisiert sich zunächst ein partnerbezogenes Selbst heraus. Die Partner lassen sich in einen Prozess ein, beginnend mit einer Phase des »normalen Autismus« und primären Narzissmus, also einer Phase, wo sie sich selbst genügen und miteinander den Nabel der Welt bilden, übergehend in eine symbiotischen Phase, wo sie sich in ihrer Fusion mächtig und omnipotent fühlen, um dann in eine Differenzierungsphase des Selbst fortzuschreiten, wo die Partner wieder voneinander unterschieden, gleichzeitig aber aufeinander bezogen sind.

Der Entstehungsprozess dieses partnerbezogenen Selbst beginnt mit der teilweisen Auflösung des individuellen Selbst. Im Aufgehobensein im reinen, ungetrennten Sein kommt es bei beiden Partnern in der Vorstellung ihrer Beziehung zu einem Selbstverlust und Objektverlust. Sie fühlen sich voneinander ungeschieden. Ähnlich wie in der Beziehung zu einem Säugling ist die Versenkung in den Blick des andern ein intensives Medium der Bildung und Festigung des primären, ungetrennten Aufeinander-Bezogenseins, oft noch lange vor der verbalen Differenzierungsphase. Durch die verbale Sprache vollzieht sich dann das Herauslösen der Selbst-Repräsentanz aus der gemeinsamen, symbiotischen Repräsentanz. Es bildet sich ein neues, nun partnerbezogenes Selbst. Die Partner treten miteinander in einen koevolutiven Prozess ein, in welchem die Entwicklungen der Partner einander wechselseitig bedingen und beeinflussen, ohne miteinander zu verschmelzen.

Helm Stierlin (1974) hat als psychoanalytischer Familientherapeut für diesen Prozess den Begriff »bezogene Individuation« oder »Co-Individuation« geprägt und beschrieben, wie in dyadischen und familiären Beziehungen ein Mittelweg zu finden ist zwischen einer Überindividuation der Familienmitglieder, mit der Gefahr, sich voneinander zu starr abzugrenzen, und einer Unterindividuation, wo die Abgrenzung zu mangelhaft ist und die eigenen Erlebnisse und das Gefühl des Selbst mit den Gefühlen der anderen Person verschwimmen. Dazwischen gibt es die ambivalente Individuation des Hin- und Herpendelns zwischen beiden Extremen.

6. Die Unerfüllbarkeit der Sehnsucht nach der absoluten Liebe

Mit dem ersten gesprochenen Wort hört das fraglose Aufgehobensein auf und wird auch das Trennende in die Welt gesetzt. Die Sehnsucht nach der absoluten Liebe erweist sich im alltäglichen Leben als nicht dauerhaft erfüllbar. Immer und überall werden die Liebenden mit der Tatsache konfrontiert, zwei getrennte Wesen zu sein, zwei sich selbst organisierende, autopoietische Organismen (Maturana & Varela 1987), die sich zwar verständigen und wechselseitig anregen können, die sich aber nie ganz verstehen. Sie sind laufend mit der Verständigungsarbeit befasst, versuchen sich einander ständig zu erklären, aber trotz ernsthafter Verständigungsbemühung bleiben sie letztlich einander fremd, bleibt jeder allein. Auch die radikalste Bemühung um Offenheit und Selbstoffenbarung zerschellt am Verstehenshorizont des Partners, denn dessen Wahrnehmung wird von seiner eigenen Konstruktion der Wirklichkeit, seinem eigenen Erfahrungsschatz bestimmt.

Die begrenzte Verständigung beruht aber auch auf dem Umstand, dass wir viele Aspekte von uns selbst nicht verstehen und somit dem andern auch nicht erklären können. Bei einem Großteil von dem, was in uns abläuft, fehlt uns der »Durchblick«, sind wir uns selbst ein Rätsel oder nehmen uns gar nicht wirklich wahr. Verbal kann man sich dem anderen immer nur innerhalb des eigenen Selbstverständnisses offenbaren.

Die Sehnsucht nach der absoluten Liebe wird aber auch durch uns selbst unerfüllbar gemacht. Wir vermögen ihrem Anspruch nicht zu genügen. Wir erfahren unsere Liebe als unbeständig und voller Widersprüche. Zwischen der Pragmatik der partnerschaftlichen Liebe, der leidenschaftlichen Begierde und der Sehnsucht nach der absoluten Liebe entfaltet sich eine komplexe Dynamik voller Rätsel, Intransparenz und unbewussten bzw. halbbewussten Ängsten und Bedürfnissen, die wir nicht im Griff haben. Neben der Sehnsucht nach der absoluten Liebe steht der Wunsch nach Freiheit, Unabhängigkeit und Abwechslung. Die Sehnsucht nach der absoluten Liebe wird durchkreuzt durch Ängste vor Abhängigkeit, davor, sich zu verlieren und für den Partner aufzugeben. Durch diesen Zwiespalt ist unsere Liebe ambivalent, schwankend zwischen Bedürfnis nach Nähe und Distanz, unberechenbar und sich jeder Verpflichtung entziehend und damit oftmals zutiefst verletzend. Es entwickelt sich ein Chaos von Gefühlen, von Liebessehnsucht, Frustration, Wut auf den Partner und auf sich selbst, Scham und Schuldgefühlen über das eigene Ungenügen.

Carlos Fuentes (2002, S. 26) beschreibt die Unerfüllbarkeit dieser Sehnsucht mit folgenden Worten:

»Wenn wir aus der Liebe das erstrebenswerteste Ziel und die erstrebenswerteste Freude unseres Lebens machen, dann können wir das nur, weil wir sie uns unendlich vorstellen, obwohl sie, fatalerweise, begrenzt ist. Nur die Liebe selbst begreift sich als grenzenlos. Die Liebenden wissen (auch wenn sie es blind vor Leidenschaft negieren), dass ihre Liebe begrenzt ist – wenn nicht im Leben, dann im Tod ... Aber im Leben, befriedigt uns da die absoluteste und erfüllendste Liebe? Wollen wir nicht immer mehr? Wenn wir unendlich wären, wären wir Gott, sagt der Dichter. Aber wir wollen wenigstens unendlich lieben. Es ist unsere mögliche Annäherung an das Göttliche.«

7. Verletzungen und Enttäuschungen der Sehnsucht nach der absoluten Liebe

Noch schwerer verständlich ist es, wenn die ersehnte absolute Liebe durchkreuzt wird durch die erotisch-sinnliche Liebe. Im erwarteten Idealfall richten sich die Sehnsucht nach der absoluten Liebe und die erotisch-sinnliche Liebe übereinstimmend auf dieselbe Person aus und stimulieren sich wechselseitig. Aber besonders bei längerer Dauer der Beziehung besteht für den Fortbestand dieser Übereinstimmung keine Gewähr. Die sexuellen Fantasien konzentrieren sich nicht automatisch auf den Liebespartner als Sexualpartner. Oft treten sexuelle Fantasien und Wünsche nach anderen Personen auf, die eventuell als Hilfs- und Begleitfantasien die Sexualbeziehungen mit dem Liebespartner aktivieren (Willi 2002). Nicht selten kommt es beim Auseinanderklaffen der Vorstellungen über die absolute Liebe und die erotisch-sinnliche Liebe zu sexuellen Nebenbeziehungen. Diese können, müssen aber nicht Hinweis auf eine gestörte Liebesbeziehung zum Lebenspartner sein. Der Mangel an Eindeutigkeit der Gefühle ist kein Beweis, dass die Liebe zum Lebenspartner nicht echt ist, was vom Partner, der sich betrogen fühlt, schwer zu verstehen ist. Die erotisch-sexuelle Liebe kann quer zur absoluten Liebe stehen.

Die Sehnsucht nach der absoluten Liebe wird durch sexuelle Nebenbeziehungen aufs Tiefste verletzt. Mit dem Sich-Einlassen auf eine andere Liebesbeziehung wird die absolute Liebe verraten. Die Fremdbeziehung spaltet die Liebe, zerstört deren Ganzheitlichkeit und ihre Reinheit. Das Abenteuer des Neuen, das Erobern des Neuen, erfüllt den Untreuen mit erotisch-sinnlicher Energie. Beim Betrogenen führt die Nebenbeziehung aber zu einem Getroffenwerden im innersten Kern der Person und wird oftmals wie der Tod erfahren. Es wird dabei das bedingungslose Aufgehobensein, das blinde Vertrauen in den Partner und dessen Liebe verletzt. Die Betroffenen klagen, ihnen sei der Boden unter den Füßen weggezogen worden, das ganze Gebäude, auf dem sie ihr Leben aufgebaut hätten, sei in sich zusammengebrochen, sie fühlten sich wie tot.

Was vom Untreuen zunächst als Dynamisierung seines Lebens erfahren wird, zerstört beim Betrogenen oftmals den Glauben an die Liebe und raubt ihm jeden Lebensmut und Lebenssinn, macht ihn liebeskrank, wie im eingangs beschriebenen Fallbeispiel dargestellt. Die Betroffenen geben an, es sei dabei etwas »in Brüche gegangen«, das für sie nicht mehr reparierbar sei. – Eine Klientin schildert das folgendermaßen:

»Ich weiß nicht, ob ich ihn noch gleich lieben kann, es ist alles anders geworden, ich bin tief verunsichert, es fehlt mir einfach das frühere Vertrauen, jedes kleine zusätzliche Ereignis ist wie ein Mosaiksteinchen, das ich in das Bild meiner Enttäuschung einfüge. Unsere Beziehung hat sich vom Wir zum Ich verändert. Ich brauche mehr Zeit für mich, ich muss mir meine eigene Welt schaffen, mein eigenes Gärtchen pflegen, das ich nicht mit Walter teile. Ich muss das als Sicherheitsraum haben, um mich vor weiteren Schmerzen zu schützen, um bei neuen Enttäuschungen zu überleben ... Ich habe mich selbst verloren, ich weiß nicht mehr, wer ich bin, ich muss mich zuerst wieder finden ...
Ich könnte derartige Schmerzen kein zweites Mal ertragen ... ich würde mich dann von ihm unwiderruflich trennen, selbst wenn ich ihn weiterhin liebe ...«

Das Überraschende ist, dass die Liebe wegen einer sexuellen Nebenbeziehung meist, zumindest zunächst, nicht kaputtgeht. Manche geben an, dass ihre Beziehung durch die Nebenbeziehung leidenschaftlicher und emotionaler geworden sei. Dennoch ist eine Nebenbeziehung der häufigste Anlass für Trennung und Scheidung. Aber es wird nicht geschieden, weil die Liebe erloschen ist, sondern weil der

Schmerz über die verratene Liebe zu stark ist. Der Schmerz übersteigt die Kräfte, man fühlt sich zerstört, man wird liebeskrank. Häufig hört man bei Partnern, die sich definitiv trennen und scheiden, sie würden sich trotzdem weiterhin lieben, sie seien füreinander immer noch die große Liebe. Aber sie halten die Ansprüche der absoluten Liebe nicht mehr aus.

Man kann die Meinung vertreten, durch die Nebenbeziehung komme es zu einer unausweichlichen Reifung der Liebe. Die Liebe sei nun einmal begrenzt, widersprüchlich und unvollkommen. Der Mensch sei nicht monogam konstruiert. Damit zurechtzukommen, dies gehöre zum normalen Leiden an der Liebe. Was dabei verloren gehe, seien lediglich die unerfüllbaren Ideale. Doch die Betrogenen kommen oft lange Zeit nicht über den Vertrauensverlust hinweg.

So wird die Sehnsucht nach der absoluten Liebe konfrontiert mit ihrer Unerfüllbarkeit. Das ist eine der tiefsten Enttäuschungen des Lebens, bestand doch die Hoffnung, zumindest in der Liebesbeziehung nie mehr allein sein zu müssen. Die Verarbeitung dieser Enttäuschung erfordert einen leidvollen Prozess der Reifung. – Eine meiner Klientinnen beschrieb diesen Prozess in folgender Weise:

»Früher oder später begegnet es uns allen, die wir für die große Liebe gelebt haben, das Gesetz des Lebens, und es öffnet uns schließlich die verweinten Augen, so dass wir begreifen, dass wir einen Traum gelebt haben, den Traum der großen Liebe. Und langsam richtet sich in uns die Gewissheit auf, dass es unsere gemeinsam erlebte Welt in dieser Größe nie ganz so wirklich gegeben hat, sie aber dennoch in wunderbarer Weise unsere tiefste geteilte Wahrheit war, die unser Heil bedeutet hat. Und fortan ist es diese Gewissheit, in der aller Neubeginn wurzelt. Und keinen von uns kümmert die Frage, an welcher Stelle unserer Biographie wir standen und wie viel Zeit unseres Lebens bereits verwirkt war, als das neue Leben aus den tiefsten Rissen unserer Seelen zu keimen begann.«

Die Partner leiden an der Einsamkeit in ihrer Liebe, und doch ist es dieses Einander-Fremdbleiben, welches die Begegnung der Partner herausfordert. Die persönliche Begegnung ereignet sich im Dialog. Dieser erfordert die Differenzierung in der verbalen Konfrontation. Die Partner begegnen sich als Suchende, um Verständigung Ringende, in einer immer begrenzt bleibenden Verständigung. Das ist die einzige Möglichkeit, um eine Beziehung lebendig zu erhalten.

Es ist, wie wenn das Aufgehobensein in der Liebe eine Türe zu einer uns jetzt noch nicht zustehenden Lebensmöglichkeit aufgestoßen hätte, die den Zugang zu einer Enthobenheit öffnet, die mit der Bewältigung der Alltagswirklichkeit nicht vereinbar ist. Gelebte Liebe präsentiert sich in einer kompromissvollen, wenig erbaulichen Form. Die geglückten Lichtseiten gehen mit Schattenseiten einher. Im Alltag wird die pragmatische Partnerliebe einen Großteil des gemeinsamen Lebens bestimmen. Die Sehnsucht nach der absoluten Liebe geht dabei nicht verloren, aber sie wird in den Hintergrund gedrängt. Sie bildet aber bei aller Enttäuschung eine Grundlage für das Fortbestehen der Liebe. Sie erfüllt sich allerdings nur in Momenten des Glücks, um dann wieder von der Alltagswirklichkeit der Partnerliebe überdeckt zu werden. Diese Momente des Glücks der absoluten Liebe können sich vereinen mit den lustvollen und glücklichen Momenten der erotisch-sinnlichen Liebe. Während die erotisch-sinnliche Liebe sich stärker auf die sexuelle Lust und Triebbefriedigung ausrichtet, geht es der absoluten Liebe mehr um die Vereinigung als ganzheitlicher, leib-seelischer Ausdruck des Ineinander-Aufgehobenseins.

Mit den schmerzvollen Beschränkungen der absoluten Liebe vermögen nicht alle Menschen zurechtzukommen. Die auf Momente beschränkte Erfüllung ist für viele Liebende zu wenig. Ihre Sehnsucht ist so übermächtig, dass sie nach Wegen suchen, sich diese Liebe trotz aller Schwierigkeiten zu erfüllen.

8. Abwehrmaßnahmen der unerfüllten Liebessehnsucht

Jeder lebt in seiner Weise die tiefe Verletzung über die Unerfüllbarkeit der absoluten Liebe. Wie gehen Menschen damit um, dass sie sich nicht in der Lage fühlen, die von ihnen ersehnte und im Verliebtsein auch realisierte Form von absoluter Liebe dauerhaft zu leben? Die absolute Liebe lehnt jede Halbheit ab, sie will den Partner ganz und ungeteilt umfassen, sie will sich für ewig und immer mit ihm verbunden wissen.

Um den Schmerz und die Trauer über die Unerfüllbarkeit der Sehnsucht nach der absoluten Liebe nicht an sich herankommen zu lassen, können Abwehrmaßnahmen eingesetzt werden, wie etwa:

- *Rationalisierung und Intellektualisierung durch Hervorhebung der realistischen Seite der Liebe.* Die Betreffenden geben sich rational, bewahren sich eine illusionslose Einstellung gegenüber den Verführungen der Liebe. Sie pochen auf ihre Freiheit und begrenzte Bereitschaft zu Bindung und Verpflichtung. Sie halten sich immer einen Fluchtweg offen, verweisen auf das Scheitern der ersehnten absoluten Liebe in ihren früheren Beziehungen oder bei anderen Menschen und wehren sich gegen den Druck überfordernder Ideale.
- *Bekenntnis zur Unvereinbarkeit der Ansprüche der absoluten Liebe mit jenen der erotisch-sinnlichen Liebe.* Man steht zu seiner Erfahrung, dass sich die Ansprüche der erotisch-sinnlichen Liebe nicht exklusiv auf den Partner zentrieren lassen und deshalb zumindest in der Fantasie die Ideale der absoluten Liebe verraten werden. Wer ehrlich sei und der Heuchelei abhold, werde anerkennen müssen, dass sinnliches Begehren und Sehnsucht nach der absoluten Liebe einander in die

Quere kommen. Es gelte, mit der Tatsache zu leben, dass der Anspruch auf die reine und kompromisslose Liebe zwar ein hohes Ideal, aber in der Alltagswirklichkeit nicht lebbar sei.

- *Entwertende Distanzierung durch Zynismus und Witzeln.* Manche Menschen, besonders Männer, wehren die Verletzung durch die Liebesenttäuschung mit der Distanzierung durch Zynismus, Witzeln, Entwerten oder mit provozierenden Zoten ab. Andere suchen nach Gelegenheiten, bei anderen Menschen die Realisierung der absoluten Liebe als Heuchelei zu entlarven, sich über sie lustig zu machen oder ihre Liebe in den Schmutz zu ziehen. Wiederum andere versuchen, sich für die in früheren Beziehungen erfahrenen Verletzungen zu rächen, indem sie die naive Liebesbereitschaft von Personen ausnützen, diese verführen, um sie dann zu betrügen, zurückzustoßen, zu verletzen oder zu quälen, wie es im eingangs angeführten Fallbeispiel beschrieben wurde. So wird das große Ideal der absoluten Liebe verhöhnt, eine Entschädigung für die eigene Enttäuschung gefunden und das Gefühl, in der Liebe versagt zu haben, reduziert.

9. Versuche, die Erfüllung der absoluten Liebe dennoch zu erreichen

Eingangs wurde im Unterschied zur alltagspraktischen Partnerliebe die absolute Liebe als bedingungslos und grenzenlos gekennzeichnet. Diese Form der Liebe wird vor allem von feministischer Seite mit kritischen Augen beobachtet. Trotz aller Bestrebungen der letzten Jahrzehnte, Liebesbeziehungen rational und partnerschaftlich zu strukturieren – unter Beachtung von ausgleichender Gerechtigkeit und im Bemühen, Ausbeutung und einseitige Privilegien zu verhindern –, ist die Sehnsucht nach der großen und bedingungslosen Liebe nicht verschwunden. Ihre Attraktivität wird zwar häufig schamhaft verdeckt; nach wie vor löst sie jedoch viel intensivere und leidenschaftlichere Gefühle aus als die rationalen Ideale der Partnerliebe. Diese sind zwar vernünftig, haben aber keinen »Biss«. Sie lassen keine Leidenschaft entstehen für die Möglichkeit, mit der großen Liebe etwas Einmaliges zu wagen, Unmögliches möglich zu machen und Abenteuerliches zu riskieren. Die Unvernunft soll dem Leben neue Dimensionen verleihen, für die zu leben Sinn macht. Eingebunden in eine rational durchstrukturierte Gesellschaft, eingebunden in ein Berufsleben, wo alles kalkuliert, kontrolliert und evaluiert wird, möchte man zumindest in der Liebe aus dem Korsett der Normalität ausbrechen und das Leben aus seiner Mittelmäßigkeit herausheben.

Ich möchte drei Wege beschreiben, mit denen versucht wird, die Sehnsucht nach der absoluten Liebe trotz aller Schwierigkeiten zur Erfüllung zu bringen:

9.1 Harmonisierung durch Streitvermeidung

Es gibt Paare, die versuchen, sich die Liebeserfüllung des Verliebtseins durch ein Zusammenleben in vollkommener Harmonie zu erhalten. Die Partner weichen jeder Auseinandersetzung aus, mit der offenbar werden könnte, dass zwischen ihnen Meinungsverschiedenheiten bestehen. Sie befürchten, bei Streit könnte es zu einer Eskalation und zum Bruch der Beziehung kommen. Manchmal ist diese Befürchtung nicht unbegründet, wenn es sich um Paarbeziehungen handelt, die trotz scheinbar vollkommener Harmonie sehr brüchig sind und wenig Spannung ertragen. Die Partner glauben, sich Streitigkeiten gar nicht leisten zu können. Nicht selten ist es das Eingehen einer Fremdbeziehung, welches das Paar aus der bisherigen Spannungslosigkeit und Schein-Harmonie herausreißt und erstmals zu heftigen Auseinandersetzungen führt.

Am anfälligsten für das Zerbrechen einer aufrechterhaltenen Harmonie sind Paare, die in der Öffentlichkeit stehen, so Sportstars, Paare aus dem Hochadel oder aus dem Showbusiness. Die Öffentlichkeit will sie als Traumpaare sehen, mit Traumhochzeit und Traumbeziehung. Sie werden auf ungetrübtes Glück verpflichtet mit der Folge, dass sie sich die Krisen, die für eine gesunde Entwicklung der Beziehung notwendig sind, gar nicht leisten können. Wurden sie eben noch für ihr paradiesisches Glück gepriesen, erfährt man meist aus den Medien nach kurzer Zeit – nicht ohne Schadenfreude – von ihrer Trennung und Scheidung.

9.2 Die Aufteilung von Liebessehnsucht und deren Abwehr auf die Partner

Es kann dem einen der beiden Partner gelingen, die reine und absolute Liebe zu leben, wenn der andere die Rolle der Abwehr dieser Liebesideale übernimmt. Diese Rollenaufteilung geschieht meist unbewusst oder zumindest unausgesprochen. In derartigen kollusiven Arrangements übernimmt es der Partner, die Erfüllung der reinen Liebe zu enttäuschen, etwa mit den im vorangegangenen Abschnitt beschriebenen Abwehrmaßnahmen. Der Vertreter der Liebe beteuert, er habe den falschen Partner gewählt, um die reine und absolute Liebe zu leben. Er hätte einen Partner gebraucht, der weniger bindungsscheu wäre und eindeutiger zur gemeinsamen Liebe zu stehen vermöchte.

Weshalb hat er das nicht getan? Meist war doch von Anfang an offensichtlich, dass dieser Partner von den Ansprüchen der absoluten Liebe überfordert sein wird. Das Bild der eigene Liebe gewinnt an Absolutheit, wenn man dessen Schattenseiten an den Partner delegieren kann. Die eigene Liebesambivalenz wird neutralisiert. Die Schuld an der Unerfüllbarkeit der absoluten Liebe liegt dann beim Partner. Die Partner verklammern sich in Vorwürfen und Rechtfertigungen.

9.3 Wahl eines Partners, bei dem man die Sehnsucht nach der absoluten Liebe aufspüren und zur Erfüllung bringen möchte

Bei dieser Form wird ein Partner gewählt, bei dem man eine früher erfahrene, tiefe Verletzung seiner Liebesfähigkeit aufgespürt hat. Man wählt sich diesen Partner, um an ihm eine Aufgabe zu erfüllen. Man möchte ihm die absolute Liebe schenken, weil er sie noch nie erfahren hat und sie deshalb auch nicht zu erwidern vermag. Die Echtheit und Größe der Liebe wird darin gesehen, dass sie nicht davon abhängig ist, ob der Geliebte zur Gegenliebe fähig ist. Die liebende Person fordert keine Gegenleistung für ihre Liebesdienste, sondern möchte den Geliebten verwöhnen, umsorgen und pflegen, ohne ein Entgelt dafür zu erwarten. Der Geliebte mag die liebende Person ausbeuten, ihr keinen Dank bezeugen, sie rücksichtslos abweisen und mit wiederholten Fremdbeziehungen verletzen – es zeigt sich, dass die Liebe durch keine Gemeinheit des Geliebten zu erschüttern ist und sich jedem rationalen Verständnis entzieht. Der Geliebte ist vom bedingungslosen Liebesangebot überfordert, stößt es von sich und versucht es zu zerstören.

Manchen Menschen erscheint die liebende Person als hörig, abhängig, ja sadomasochistisch gebunden. Oft hat sie ein geringes Selbstwertgefühl, wagt für sich keine Liebe einzufordern und traut sich als Liebespartner nur einen Menschen zu, der noch bedürftiger ist, da er in seinem Leben noch nie wirkliche Liebe erfahren hat. Sie glaubt, um Vertrauen in die Liebe gewinnen zu können, müsse der Geliebte austesten, wie viel die ihn liebende Person ertragen kann. Die Größe der Liebe werde am Leiden bemessen, das sie auf sich zu nehmen bereit ist.

Das Irritierende an dieser Liebe ist, dass sie durch kein Argument und kein noch so entmutigendes Verhalten beeinflusst werden kann. In diesem Sinne ist dem Liebenden nicht beizukommen, weil die Liebe umso absoluter, grandioser und leidenschaftlicher sein soll, je widersinniger sie erscheint. Die heftige Abwehr des oder der Geliebten wird als Beweis für die tief verborgene Liebessehnsucht genommen, die dem (der) Geliebten selbst nicht bewusst ist. Die liebende Person glaubt ihn besser zu kennen als er sich selbst. Sie glaubt zu wissen, dass er oder sie zutiefst auf die grosse Liebe hofft. Sie will ihm zeigen, dass sie an seine verschüttete Liebe glaubt, für sie hofft und für sie zu leiden bereit ist. Sie glaubt, über die Fähigkeit zu verfügen, den Geliebten zu retten und ihm ein neues Leben zu schenken.

Manche Menschen verlegen die reale Erfüllung der großen Liebe auf das Leben im Jenseits. Ihre Überzeugung, füreinander bestimmt zu sein, ist unerschütterlich, auch wenn man erst im Tode miteinander vereint sein sollte.

Im eingangs beschriebenen Fallbeispiel war der Mann überzeugt, mit seiner Liebe der Freundin ein neues Leben zu schenken. Er hatte für sie alles aufgegeben, hatte geglaubt, sie aus den tiefen Verletzungen ihrer Liebesfähigkeit durch frühere

Beziehungen retten zu können. Doch als sie sich so bedenkenlos einem anderen Mann zuwandte, fühlte er sich überfordert. Es brach damit die von ihm zutiefst ersehnte Welt der absoluten Liebe zusammen, sie wurde von der Freundin in den Schmutz gezogen. Er glaubte, sie töten zu müssen, um nicht selbst daran zu Grunde zu gehen.

10. Die absolute Liebe leben als Versuch, selbst erfahrene Verletzungen der Liebe zu heilen

Menschen, die motiviert sind, für die Reinheit ihrer Liebe alles zu geben und nichts für sich zu fordern, sind oft Menschen, bei denen das Aufkeimen der Liebe in der Kindheit schwer verletzt wurde (vgl. den Beitrag von G. A. Cöppicus Lichtsteiner in diesem Buch) und die diese Verletzung nun durch das Schenken von absoluter Liebe zu überwinden versuchen. Durch das Schenken einer bedingungslosen Liebe hoffen sie selbst erstmals Liebe zu erfahren. Liebe geben und Liebe empfangen stehen sich nahe. Der Schenkende ist indirekt auch der Empfangende. Als Schenkender *hat er* die Initiative und Kontrolle, was besonders da wichtig ist, wo er sich nicht traut, Liebe für sich zu beanspruchen und sich der Liebe anderer zu überlassen.

Die oben beschriebene, durch kein Gegenargument und keine Aufforderung zur Realitätsprüfung zu erschütternde Form der Liebe ist vielleicht deshalb so unbeeinflussbar, weil es im Grunde gar nicht um die Beziehung zum Geliebten geht, sondern um die Hoffnung auf Heilung der eigenen Liebesgeschichte. Das wird von Robert Schneider (2002) in seinem Roman *Schatten* meisterhaft beschrieben. Schneider lässt darin seine Romanfigur Florence eingehend über ihre unerwiderte Liebe zu Collin berichten, und zwar im Gespräch mit dessen verwitweter Ehefrau Kasha, die sie nach 26 Jahren erstmals wieder trifft. Collin ist vor 15 Jahren verstorben. Schneider schildert die durch nichts zu erschütternde Liebe von Florence, ihr großes Leiden in der Leidenschaft für Collin, der ihre Liebe nicht erwiderte und, rational besehen, dieser Liebe auch gar nicht würdig war. Auch Collins Tod konnte der Liebe von Florence nichts anhaben. Florence war überzeugt, dass Collin tief in seiner Liebe verletzt war, aber kein Mittel fand, seiner Verletzung und seinem Schmerz Ausdruck zu verleihen. Obwohl er ein Dichter werden wollte, fand er keine Sprache dafür, sondern arbeitete mit Besessenheit an seiner eigenen Zerstörung. So entschied sich Florence in persönlicher Freiheit für das Abenteuer der Liebe zu ihm. Dabei ging es Florence – und das hat Schneider mit großem Scharfblick beschrieben – in ihrer Liebe letztlich um sich selbst. »Ich ersehne deine Liebe. Durch dich lerne ich mich zu begreifen. Ohne dich bleibe ich mir ein schmerzliches Rätsel, ein unduldsames Geheimnis« (S. 40). Collin machte sie fähig, Zeugnis abzulegen. Durch ihn fand sie den Mut, den Anker der Vernunft zu lichten, auf das Meer ihrer Sehnsüchte hinauszuschwimmen, nur mit dem Kompass ihrer Träume ausgerüstet. Diese Reise galt nicht ihm, sondern ihr selbst. »Der Auftrag dieser Liebe bestand darin, reif zu werden für die Einsamkeit, eins zu werden in mir«(S. 40). Florence' Liebe war total, absolut, sie duldete keine Halbheit, sie wollte alles oder nichts. Allmählich wird beim Lesen deutlich: Es ging Florence um ihre eigene Verletztheit, um die eigene Sehnsucht, zu sich selbst zu kommen, in sich selbst nach Hause zu finden. Der Geliebte ist in Florence' Traumwelt gar nicht als Person gemeint:

»Es spielte plötzlich keine Rolle mehr, ob der Mann in meinen Armen nun Collin hieß oder Felix oder Ruben. Ich vergaß, wer und was mein Gegenüber war. Das Du hatte keine Bedeutung mehr und war in gewissem Sinne unwichtig geworden. Ich war das Du. Das Du, wonach ich mich so verzehrt hatte, auf das ich so wütend gewesen war, um dessentwillen ich nicht mehr froh werden konnte. Nicht Collin war es ... Für Augenblicke waren das Ich und das Du verschmolzen, aber nicht in jener irrtümlichen Auffassung, die zwei Menschen haben, wenn sie miteinander schlafen. Nein, das Ich und das Du verschmolzen in mir ...« (S. 57).

Florence erfuhr, dass der, den wir lieben, die tiefste und älteste Erinnerung an uns selber wachruft. »Die Erinnerung an das älteste Wohlbehagen, als wir an der Brust der Amme einschliefen, an den ältesten Schmerz, als wir weggelegt wurden, vergessen oder verraten, oder nächtelang durchschrien. Der geliebte Mensch hat nur insofern etwas mit uns zu tun, als er uns Surrogat und Ersatz für die ältesten Freuden und Schmerzen ist, die wir je gekostet haben. Wir meinen nicht wirklich ihn. Wir meinen die Erinnerung an uns.« (S. 60)

Florence hoffte, dass Collin unter ihrer Liebe reif würde für das Wunder, das ihr geschehen war. Aber sie musste schmerzlich lernen, dass die Liebe sich nicht erwarten lässt. Ihre Liebe blieb ohne Gegenliebe. Die Liebe – so Schneider – verliebt sich in das Verletzte, in alles Hilflose und Ratlose, in alles Gekränkte und Verratene. Sie verliebte sich in die Wunde des Gegenübers.

Kasha, Collins Witwe, entgegnet Florence gegen Ende des Romans: »Deine Liebe hatte etwas Absolutes, Monumentales, von jeher Vollendetes und darum etwas Unmenschliches. Kein Mensch auf der Welt konnte ihr genügen« (S. 157). »Der Punkt ist, dass deine Liebe kein Erbarmen kannte. Du hast, ob du das wolltest oder nicht, Collin immer das Gefühl gegeben, was für ein jämmerliches Nichts er ist. Er konnte keinen Moment lang vor dir bestehen.« (S. 161)

Vielleicht ist diese Form der absoluten Liebe deshalb jeder Argumentation unzugänglich, weil es nicht um die Frage geht, welche Bedeutung der Geliebte in dieser Liebesbeziehung hat – ob er die Liebe erwidert oder nicht –, sondern um die Bedeutung dieser Beziehung in der Geschichte der Liebeserfahrung des Liebenden. Es geht beim Leiden an der aussichtslosen Liebe nicht – wie immer wieder psychologisch gedeutet wird – um einen sadomasochistischen Lustgewinn oder um Hörigkeit, sondern um die verzweifelte Hoffnung, im Spenden absoluter Liebe das Loch in der eigenen Liebeserfahrung zu füllen, die Wunden zu heilen, die die ersten Liebeserfahrungen der Kindheit hinterlassen haben. Der Geliebte wird nicht um seiner selbst willen geliebt, denn dann müsste die Liebe Rücksicht nehmen auf seine Ansprechbarkeit und Beziehungsbereitschaft. Doch dazu sind die verzweifelt um Liebe Ringenden aufgrund ihrer tiefen Verletzung nicht in der Lage.

Von dieser in der eigenen Vorstellungswelt sich ereignenden Form der absoluten Liebe ist es nur ein kleiner Schritt zum Liebeswahn als krankhafte Liebe.

11. Der Liebeswahn

Der Liebeswahn (Erotomanie, Paranoia erotica, de Clérambault-Syndrom) ist eine psychiatrische Störung oder Krankheit. Wie für Wahnkrankheiten typisch, ist die Wahnüberzeugung keinem kritischen Einwand zugänglich, es besteht kein Bedürfnis, den Wahninhalt einer Realitätsprüfung zu unterziehen. Der Wahnkranke ist mit seiner Wahnidee allein, er steht damit in Widerspruch zum Urteil seiner sozialen Umwelt.

Der Liebeswahn besteht in einer unkorrigierbaren Überzeugung, von der idealisierten Person geliebt zu werden, auch wenn diese Person – zu Beginn – gar nichts von einer Beziehung weiß oder wenn von dieser Person keinerlei Hinweise auf Liebe kommen, sie vielmehr jegliche spezielle Beziehung zum Wahnkranken bestreitet. Meist handelt es sich um eine idealisierte, romantische Liebe oder seelische Verbundenheit. Sexuelle Aspekte sind eher zweitrangig. Oft ist die Person, von der man sich geliebt glaubt, von höherem Rang, älter und vermögender, nicht selten eine »Berühmtheit« oder ein Vorgesetzter, gelegentlich aber auch ein völlig Fremder. Probleme gibt es erst, wenn das Stadium der geheimen und schwärmerischen Liebe überschritten wird und die wahnkranke Person mit dem Geliebten durch Telefonanrufe, Briefe, Geschenke, Besuche und anderes mehr in Kontakt treten will.

Zum schwerwiegenden Problem, das oft zu Strafanzeigen führt, wird dieses Verhalten in seiner aggressiven Steigerung, etwa durch pausenlose Telefonanrufe zu jeder Tages- und Nachtzeit, durch Auflauern und Abpassen, durch Überwachen und Bespitzeln, durch Nachgehen, Verfolgen oder Verleumden. Derartige Belästigungen werden als *Stalking* bezeichnet. Stalking hat jedoch nicht zwangsläufig einen wahnhaften Charakter, sondern kann aus dem Bedürfnis entstehen, sich für das Zurückgewiesenwerden an der geliebten Personen zu rächen, sie zu verfolgen oder zu bedrohen. Es kann zu gefährlichen Tätlichkeiten kommen.

Gemäß dem psychiatrischen Klassifikationssystem DSM IV (2004) sind Frauen häufiger von Liebeswahn befallen, Männer werden dagegen öfter durch Stalking – wegen Nötigung, Hausfriedensbruch, Erpressung oder Bedrohung – straffällig. Der Beginn eines Liebeswahns ist meist plötzlich, der Verlauf oft, aber nicht immer, chronisch. Die wahnhafte Störung tritt in mittlerem oder im späteren Erwachsenenalter auf. Die betreffenden Personen zeigen im Übrigen keine oder nur geringe Beeinträchtigungen in ihren beruflichen oder sozialen Funktionen.

Es handelt sich um eine seltene psychiatrische Diagnose; viele Fälle von Liebeswahn werden psychiatrisch aber gar nicht erfasst, denn die Betroffen verhalten sich außerhalb ihrer wahnhaften Liebesidee unauffällig und angepasst, fühlen sich subjektiv weder krank noch behandlungsbedürftig, und ihr Verhalten gibt zu keiner zwangsweisen Behandlung Anlass. Das Krankheitsbild, insbesondere die Entstehungsbedingungen, ist noch wenig geklärt. Die Diagnose eines Liebeswahns als Teil einer schizophrenen Psychose oder einer manischen Psychose ist dagegen nicht selten.

In der Belletristik gibt es einige gute Darstellungen: so etwa von Ian McEwan (1998), der einen Mann beschreibt, der anlässlich eines Unfallgeschehens einen Liebeswahn in Bezug auf einen ihm zuvor völlig unbekannten Mann entwickelt. Ohne je einen Hinweis bekommen zu haben, dass seine Liebe erwidert würde, erklärt er sich bereit, die ihm bevorstehenden Schwierigkeiten des Abgewiesenwerdens und die damit verbundenen Schmerzen als Prüfung zu akzeptieren. Er versichert dem Geliebten, er werde ihn nie im Stich lassen, denn die Bewährungsprobe werde ihn zu noch größeren Freuden führen. Die Liebe habe ihm neue Augen geschenkt, endlich sei er aufgewacht und fühle sich wie neu geboren:

»... ich weiß, dass Christus in dir lebt. Im Grunde des Herzens weißt du es auch. Deswegen wehrst du dich so heftig dagegen ... Du kannst so tun, als wüsstest du nicht, wovon ich rede, weil du mich vielleicht kränken und beherrschen willst, doch in Wahrheit beschenke ich dich ...« (S. 97)

Jegliche Form des Sich-zur-Wehr-Setzens wird als Beweis für verleugnete Liebe genommen, es gibt für den Geliebten kein Entrinnen.

In klinischen Studien werden wenig Hinweise auf Entstehungsbedingungen des Liebeswahns gegeben. Es fiel mir wiederholt auf, dass das »Wahnopfer«, im Unterschied zum eben erwähnten Fall, an der Entstehung des Wahnes mitbeteiligt ist. Aus manchmal schwer zu erklärenden Motiven wurde die Wahnbildung durch ein unklares Beziehungsverhalten begünstigt. Oft gab es anfänglich eine persönliche, auch sexuelle Beziehung oder zumindest ein Verhalten, das als Liebesverhältnis interpretiert werden konnte. Oft wird auch später – eventuell aufgrund von Schuldgefühlen – nicht klar Abstand vom Fortbestehen einer speziellen Beziehung genommen. Es wird argumentiert, sie könne lediglich aus äußeren Umständen nicht gelebt werden. Das nährt bei der Wahnbildung die Fantasie, im Grunde ginge es auch der geliebten Person um die große Liebe, wenn immer sie nur den Mut und die Konsequenz aufbrächte, sich dazu zu bekennen.

Patricia Highsmith beschreibt einen Fall, wo die vom Wahngeliebten bestürmte Frau verheiratet ist und ihm in schonender, aber auch verführerischer Weise schreibt: »Schreib mir nicht mehr, sonst muss ich wieder endlose Beteuerungen Gerald [ihrem Ehemann] gegenüber machen … Das Leben hier ist nicht besonders aufregend oder interessant … (S. 35). In einem späterem Brief schreibt sie: »Ich versichere dir, ich bin glücklich – zumindest im Augenblick –, auch wenn ich mit dir vielleicht ebenso oder sogar noch glücklicher geworden wäre … [dann aber wiederum:] wer sich weigert, die Dinge so zu nehmen, wie sie sind, lebt in einer Scheinwelt, was in mancher Hinsicht sehr schön ist, aber nicht für das wahre Leben taugt …« (S. 86). Der Wahngeliebte bringt schließlich ihren Ehemann und später auch ihren zweiten Mann um.

Eine andere psychiatrische Liebeskrankheit ist der *Eifersuchtswahn*. Bei diesem besteht eine Wahngewissheit, vom Partner betrogen zu werden, ohne dass dieser real eine andere Beziehung eingegangen wäre. Alle Versuche, den Verdacht zu entkräften, stoßen auf Unverständnis und Ablehnung. Die Wahnkranken quälen sich und den Partner durch Nachstellungen, Überwachung und immer wieder neue Verdächtigungen. Der Wahnkranke glaubt, besser zu wissen, was im Partner vor sich geht, als dieser selbst. – Auch bei Fällen von Eifersuchtswahn hatte ich oft den Eindruck, dass das »Opfer« durch unklares Beziehungsverhalten die Entstehung des Wahnes begünstigte und somit an dessen Entstehung nicht unbeteiligt war. (Es kann hier aus Platzgründen nicht weiter auf diese Wahnform eingegangen werden.)

Liebeswahn und Eifersuchtswahn können als krankhafte Übersteigerungen der Sehnsucht nach der absoluten Liebe verstanden werden. Die Sehnsucht nach dem Aufgehobensein in der Liebe ist meist ein introvertierter Prozess der betroffenen Person. Es ist nur ein kleiner Schritt vom Träumen und Schwärmen zu Einbildung, Illusion und Wahngewissheit. Die Sehnsucht nach der absoluten Liebe wird dem wahnhaft Geliebten oft nicht eröffnet und lebt im Betroffenen fort, ohne auf ihre Realisierbarkeit überprüft zu werden. Liebeswahn und Eifersuchtswahn können selbstdestruktiv sein und das Leben des Wahnkranken zerstören. Die Wahnkrankheit erscheint als ein Selbstheilungsversuch nach schwerer Traumatisierung der Liebe (vgl. den Beitrag von A. G. Cöppicus Lichtsteiner in diesem Buch).

12. Die unerfüllte Liebessehnsucht ist die Basis der Selbstentwicklung in der Liebe

Die Sehnsucht nach der absoluten Liebe, nicht nur in ihrer wahnhaft übersteigerten Form, erweist sich als eigennützig. Eigennutz in der Liebe meint – wie ich bereits in meinem Buch *Psychologie der Liebe* (2002) dargelegt habe – nicht egoistisch oder egozentrisch, sondern besagt, dass es in der absoluten Liebe primär nicht um den Partner geht, sondern um die Verwirklichung eines auf ein Du bezogenen Selbst. Im konkreten Verwirklichen einer Liebesbeziehung transzendiert das Selbst, über das Ich hinaus. Das Selbst findet seine Erfüllung nicht in sich selbst. Es entfaltet sich koevolutiv mit der Entfaltung eines Gegenübers, von dem es wahrgenommen, beantwortet und herausgefordert werden will und das es seinerseits wahrnimmt, beantwortet und herausfordert.

Das Selbst wird in der Liebe wie neu geboren. Einem Partner die Geburt eines neuen Selbst zu ermöglichen, kann der Liebe Sinn und Ziel geben. Zur Herausforderung der persönlichen Entwicklung durch den Partner gehört auch die Bereitschaft, auf Kritik und Widerstand des Partners zu hören (s. dazu Willi 2002 und den Beitrag von B. Limacher in diesem Buch). Oftmals zeigen Partner einander in ihren Vorwürfen jene anstehenden persönlichen Entwicklungen auf, denen sie geneigt sind auszuweichen und die sie hinauszuzögern versuchen.

Auf die Alltagswirklichkeit projiziert, erweist sich die absolute Liebe als ein vielschichtiges Phänomen. In der Grundschicht geht es ihr um die Aufhebung des im eigenen Ich begrenzten Selbst in der Sehnsucht nach bedingungslosem Akzeptiertwerden durch einen Liebespartner. Diese Sehnsucht erfüllt sich aber nur teilweise. Wenn es gelingt, die begrenzte Erfüllbarkeit dieser Sehnsucht zu akzeptieren, wenn die Partner fähig werden, einander in ihrer fortbestehenden Unterschiedlichkeit und Eigenverantwortlichkeit wahrzunehmen und deren Wert im Alltag zu nutzen, kann ein fruchtbarer koevolutiver Reifungs- und Differenzierungsprozess entstehen. Die Partner sind dann fähig, einander in ihren Entwicklungen zu unterstützen, herauszufordern und zu begrenzen, ohne die Verantwortung für die Entwicklung des anderen und für sein Glück zu übernehmen. Sie werden einander persönliches Wachstum ermöglichen und abfordern, ohne ihr eigenes Wachstum in jenem des anderen zu begründen. Beziehungskrisen erweisen sich dann oft als Bruchstellen, die in diesem wechselseitigen Wachstums- und Lernprozess nach anhaltender Stagnation auftreten. Sie verweisen auf die Notwendigkeit, in der gemeinsamen und individuellen Entwicklung einen anstehenden Entwicklungsschritt zu vollziehen.

13. Schlussfolgerungen

Was Liebe ist, lässt sich nicht definieren. Möglich ist jedoch, unterschiedliche Aspekte der Liebe zu beschreiben. In diesem Beitrag wird der Versuch gemacht, die Sehnsucht nach der absoluten Liebe phänomenologisch darzustellen. Sie wird von der alltagspraktischen Partnerliebe und der erotisch-sinnlichen Liebe unterschieden.

Die alltagspraktische Partnerliebe entspricht der Logik von Partnerbeziehungen (s. die Beiträge von Arnold Retzer und von Astrid Riehl-Emde). Es geht dabei um das Bewältigen der Alltagsgestaltung einer Partnerbeziehung, wozu das Aushandeln der Spielregeln, der Privilegien, Pflichten und Aufgaben gehören, aber auch der Ausgleich von Geben und Nehmen und das Ausbalancieren einseitiger Vor- und Nachteile. Die erotisch-sinnliche Liebe lehnt sich eng an die Befriedigung der sexuellen Libido an. Sie ist auf Verführung und Eroberung des Liebesobjekts ausgerichtet und sucht die Lust der sexuellen Vereinigung. Sie hat viele Aspekte des Spiels, aber auch des Kampfs und sucht zu ihrer Aufrechterhaltung Spannung, Humor, Abwechslung und Überraschung.

Die absolute Liebe hat demgegenüber eine andere Qualität. Ersehnt wird das Aufgehobensein in der Liebe, die Auflösung alles Trennenden in Raum und Zeit, ein bedingungsloses und fragloses Angenommensein in der Liebe. Diese Sehnsucht erfüllt sich zwar in einer Lebensgemeinschaft meist nur in Momenten des Glücks, dennoch aber bildet sie einen nie ganz fassbaren Grund, auf dem die Beziehung steht. Die Sehnsucht nach der absoluten Liebe bleibt das ganze Leben lang erhalten. In der Alltagswirklichkeit realisiert sie sich meist nur partiell. Das verursacht den Liebenden Enttäuschung und Leid und gibt den Betroffenen das Gefühl der Einsamkeit in der Liebe.

Als Charakteristika der ersehnten absoluten Liebe wurden beschrieben:

(1) Die auf einen Partner gerichtete Sehnsucht nach der absoluten Liebe kann einseitig sein. Auch bei einem Liebespaar verteilt sie sich nach Intensität und Dauer ungleich auf die Partner. Das ist ein wichtiger Unterschied zur Partnerliebe und zur erotisch-sinnlichen Liebe, die auf Gegenseitigkeit angewiesen sind.

(2) Die partnerbezogene Sehnsucht nach absoluter Liebe ist im Unterschied zur Partnerliebe und zur erotisch-sinnlichen Liebe introvertierter, d.h. sie wird mehr in der persönlichen Fantasie und Vorstellung gelebt. Diese Vorstellungen werden oftmals als innerstes Geheimnis bewahrt und sind der geliebten Person häufig nicht in ihrem ganzen Umfang bewusst.

(3) In dem Ausmaß, in dem die Sehnsucht nach der absoluten Liebe durch die Liebesenttäuschung reift und sich differenziert, in dem Ausmaß, in dem die Partner

einander, trotz fortbestehender Sehnsucht nach Aufgehobensein in der Liebe, als zwei getrennte Personen akzeptieren können, richtet sich die Liebe stärker auf die Selbstverwirklichung in der Liebe aus. Es wird erhofft, in der persönlichen Entwicklung durch den Partner herausgefordert, beantwortet und unterstützt zu werden. Es geht bei der Sehnsucht nach der absoluten Liebe um ein Selbstwerden in der Begegnung mit dem Du. Das Selbst wird in der Liebesbeziehung wie neu geboren im Sinne einer partnerbezogenen Individuation. Die Entwicklungsstadien des Selbst (M. Mahler 1972), von der Symbiose bis zur Autonomie, werden in der sich bildenden Liebesbeziehung neu durchlebt. Die Partner schenken einander mit der Liebe die Vision eines neuen Lebens. Je reifer die Liebe sich entwickelt, desto vielschichtiger wird sie. In der Tiefe wird weiterhin das Aufgehobensein in der Liebe ersehnt. Es bildet sich eine nie ganz erfassbare Matrix des Aufgehobenseins, die die Partner unausgesprochen als gemeinsamer Grund verbindet. Sie kann ein Faktor sein, der verhindert, dass ein Paar trotz Einander-Fremdbleiben, Streitigkeiten und Missverständnissen auseinander geht.

(4) Die Sehnsucht nach der absoluten Liebe will den Partner ganz und ungeteilt in die Liebe einschließen. Verletzungen der absoluten Liebe sind im Zusammenleben unumgänglich. Es kann gelingen, daran zu wachsen. Zu den häufigsten und schmerzhaftesten Verletzungen zählen sexuelle Nebenbeziehungen. Sie werden als Verrat der Liebe erlebt und können zu irreparablem Zerbrechen der Ideale der absoluten Liebe führen. Wenn – was häufig der Fall ist – die Nebenbeziehung Anlass zu Trennung und Scheidung ist, so wird diese oftmals vollzogen, obwohl die Liebe der beiden Partner zueinander noch erhalten ist. Sie trennen sich, weil der Schmerz der Verletzung unerträglich geworden ist. Die Liebe scheint abzusterben, wenn zwei Partner über längere Zeit »einander nichts mehr zu sagen haben«, wenn »sie sich auseinander gelebt haben« und insbesondere, wenn sie den Respekt voreinander verloren haben.

(5) Für die Therapie ist die Frage wichtig: Was lässt sich besser im Einzelgespräch oder im Paargespräch bearbeiten? Die Sehnsucht nach der absoluten Liebe betrifft die intimsten Sehnsüchte. Diese werden aus Scham und Angst vor Verletzung und aufgrund der Befürchtung, das Offenbaren der Sehnsucht könnte missbraucht werden, geheim gehalten. Da die Sehnsucht letztlich im Unbewussten gründet, lässt sie sich am besten angehen im therapeutischen Dialog. Dieser besteht in einem schrittweise sich entwickelnden gemeinsamem Suchprozess. Er ist ein Sich-Vortasten und Annähern an sensible Bereiche, die im Dunkeln gründen. Das gelingt besser im therapeutischen Einzelgespräch. Die Sehnsucht nach der absoluten Liebe ist ein introvertierter Aspekt des Seelenlebens, der individuell ist und keineswegs immer vom Partner geteilt oder verstanden wird. In die-

sem sensiblen Bereich angesprochen zu werden, kann für die Therapie der Liebe wichtig sein.

(6) In der Paartherapie wird die Liebe in der bisherigen Praxis nicht direkt zum Thema gemacht. Insbesondere die tiefen Enttäuschungen der Liebessehnsucht bleiben im Paarsetting oft unbearbeitet. Das kann Frustration und Wut erzeugen, die sich eventuell in destruktivem Agieren in anderen Bereichen der Paarbeziehung Luft machen.

Das Paarsetting hat aber Qualitäten, die dem Einzelsetting abgehen. Das Einzelgespräch droht manchmal allzu sehr im Bereich der inneren Vorstellungen und Fantasien zu bleiben. Im Paarsetting werden mit jedem gesprochenen Wort unauslöschbare Realitäten geschaffen. Das geschieht im positiven wie negativen Sinn. Die Gefahr ist, dass durch unbedachte Äußerungen neue Verletzungen entstehen. Es besteht aber auch die Chance, dass die Partner einander im Paargespräch positive Gefühle mitzuteilen vermögen, die sie bis jetzt nie auszusprechen gewagt hatten. Oftmals hatten sie sich jahrelang nur noch angeschwiegen; beide erwarten sehnlichst das Gespräch. Mit jedem positiven Wort werden neue Fakten geschaffen, die Hoffnung entstehen lassen können und dem Wiederaufkeimen der verschütteten Liebe neue Chancen geben.

Literatur

Balint, M. (1988): *Urformen der Liebe*. München: dtv.
Ferenczi, S. (1913): *Entwicklungsstufen des Wirklichkeitssinnes*. Schriften zur Psychoanalyse. Frankfurt a. M.: Fischer 1977.
Freud, S. (1910): *Beiträge zur Psychologie des Liebeslebens*. GW, Bd. VIII, S. 66–91.
– (1916–1917) *Vorlesungen zur Einführung in die Psychoanalyse*. GW, Bd. XI.
Fuentes, C. (2002): *Woran ich glaube*. München: DVA.
Heising, G. (2002): Die Sehnsucht nach dem verbotenen, zurückweisenden und unerreichbaren Objekt. In: Heising, G., Hensel, B. F. & Rost, W. D: *Zur Attraktivität des »bösen Objekts«*. Giessen: Psychosozial Verlag, S. 17–38.
Highsmith, P. (2002): *Der süße Wahn*. Zürich: Diogenes.
Mahler, M. S. (1972): *Symbiose und Individuation*. Stuttgart: Klett-Cotta.
Maturana, H. R. & Varela, F. J. (1987): *Der Baum der Erkenntnis*. Bern: Scherz.
McEwan, I. (1998): *Liebeswahn*. Zürich: Diogenes.
Meister Eckhart (1979): *Deutsche Predigten*. Zürich: Diogenes.
Ovid (2003): *Liebeskunst*. Aus dem Lateinischen übersetzt von Niklas Holzberg. München: dtv.
Retzer, A. (2002): Das Paar. Eine systemische Beschreibung intimer Komplexität. Teil I: Liebesbeziehungen. Teil II: Partnerschaften. *Familiendynamik* 27, 1 und 2, S. 5–42, 186–217.

Riehl-Emde, A. (2003): *Liebe im Fokus der Paartherapie*. Stuttgart: Klett-Cotta.
Schneider, R. (2002): *Schatten*. Leipzig: Reclam.
Stierlin, H. (1974): *Eltern und Kinder. Das Drama von Trennung und Versöhnung im Jugendalter*. Frankfurt a. M.: Suhrkamp.
Willi, J. (1975): *Die Zweierbeziehung*. Reinbek b. Hamburg: Rowohlt.
– (1978): *Therapie der Zweierbeziehung*. Reinbek b. Hamburg: Rowohlt.
– (1991): *Was hält Paare zusammen?* Reinbek b. Hamburg: Rowohlt.
– (2002): *Psychologie der Liebe*. Stuttgart: Klett-Cotta.

Gunter Schmidt

Partnerschaft in drei Generationen. Zum gesellschaftlichen Hintergrund paartherapeutischer Arbeit

Gunter Schmidt beschreibt den tief gehenden Wandel von Partnerbeziehungen in den letzten 30 Jahren. In einer eigenen Untersuchung von 776 Männern und Frauen im Alter von 60 Jahren, 45 und 30 Jahren fand er, dass der Wunsch und die Bereitschaft zu festen Partnerschaften keineswegs abgenommen haben, dass Partnerbeziehungen aber, besonders von jüngeren Paaren, immer seltener als eheliche Beziehungen gelebt werden. Die bisher statistisch verwendeten Zivilstände ledig – verheiratet – geschieden bilden die Vielfalt von Beziehungswirklichkeiten nur ganz unzureichend ab. Aus dem Wegfall der Versorgungsfunktion geht eine neue Beziehungsform hervor, die um ihrer selbst willen gelebt wird. Sexualität dient dabei nicht so sehr der Triebbefriedigung. Sie hebt vielmehr die Exklusivität der Liebesbeziehung hervor und ist ein Mittel, um Nähe, Geborgenheit und Vertrauen zueinander auszudrücken. Besonders interessant sind die Ausführungen über die Häufigkeit und den Stellenwert der Masturbation innerhalb einer festen Partnerbeziehung. Sie wird dargestellt als Differenzierungsform, um sexuelle Fantasien in einer den Partner wenig verletzenden Form ausleben zu können.

1. Einleitung

Ich möchte die Leserin und den Leser einladen, einen Aufsatz lang die Perspektive zu wechseln, und zwar vom klinisch-psychotherapeutischen Blick, der in diesem Buch themengerecht dominiert, hin zum empirisch-sozialwissenschaftlichen Blick: Denn ich möchte anhand unserer Studie »Beziehungsbiographien im sozialen Wandel« (vgl. www.beziehungsbiographien.de) den gesellschaftlichen Kontext skizzieren, in dem Paartherapie heute steht.

Dieser Kontext hat sich in den letzten 30 Jahren gravierend verändert. Schon einfache demographische Daten zeigen dies: Frauen und Männer heiraten seltener und später, sie haben weniger Kinder und bekommen sie später, sie lassen sich häufiger scheiden und leben öfter in Zweit- und Drittehen. Weniger, spätere und kürzere Ehen schaffen wie von selbst den zeitlichen Rahmen für nichteheliche Paar- und Familienformen. Diese Trends gelten für alle Länder der EU (und natürlich auch für die Schweiz, die USA und Kanada), also z.B. auch für überwiegend katholische Länder wie Spanien, Portugal oder Italien. Es handelt sich um globale Prozesse in den westlichen Industriegesellschaften (Schneider 2002). Die amtlichen Statistiken (die ich eben sehr grob resümierte) unterschätzen die Dynamik des sozialen Wandels aber noch, da sie nur über die traditionelle Form des Zusammenlebens, nämlich die Ehe, und nur über die traditionelle Form der Trennung, nämlich die Scheidung, Auskunft geben. Zwei Zahlen aus unserer Studie sollen dies vorweg erhellen: Von den rund 2600 festen Beziehungen, die unsere Befragten im Lauf ihres Lebens hatten, waren nur 23 % ehelich; und von fast 2000 Trennungen, über die sie berichteten, waren nur 9 % Scheidungen.

In unserer Studie interviewten wir 776 Männer und Frauen aus Leipzig und Hamburg über ihre Beziehungs- und Sexualgeschichte. Sie waren 1942, 1957 bzw. 1972 geboren und zum Zeitpunkt der Befragung 60, 45 oder 30 Jahre alt. Nach der Zeit ihres Heranwachsens und ihrer sexuellen Sozialisation nennen wir (vgl. Abb. 1):

- die 1942 geborenen Frauen und Männer die *vorliberale Generation*. Sie erlebten ihre Jugend in den späten 50er und frühen 60er Jahren des 20. Jahrhunderts und waren junge, oft schon verheiratete Erwachsene, als der sexuelle Liberalisierungsschub einsetzte;
- die 1957 geborenen Frauen und Männer die *Generation der sexuellen Revolution*. Sie erlebten ihre Jugend in den 70er Jahren, also auf der Höhe der sexuellen Liberalisierung und am Anfang der Geschlechterdebatte;
- die 1972 geborenen Frauen und Männer die *Generation der Gender Equalisation* (in Anlehnung an die Studie der finnischen Soziologen Haavio-Mannila, Kontula und Rotkirch [2002]). Sie wuchsen in den späten 80er und frühen 90er Jahren auf, also nach dem Liberalisierungsschub und in einer Zeit, in der Frauen immer stärker gleiche Rechte und Möglichkeiten, auch in Sexualität und Partnerschaft, einforderten und durchsetzten.

Methodik und methodische Schwächen der Studie (vgl. dazu Schmidt et al. 2003) kann ich hier nicht diskutieren; ich beschränke mich auf die Feststellung, dass unsere Untersuchung mittelschichtige und nicht-konventionelle Beziehungsstrukturen leicht überschätzt und nur für die Großstadtbevölkerung gilt. Die Interviews dauerten 30 bis 180, im Durchschnitt 75 Minuten.

Abb. 1: Studie »Beziehungsbiographien im sozialen Wandel«: Die untersuchten Generationen

Generation	Jahrgang	Alter bei Interview	Fallzahl
»Die vorliberale Generation«	1942	60 Jahre	n = 258
»Die Generation der sexuellen Revolution«	1957	45 Jahre	n = 255
»Die Generation der Gender Equalisation«	1972	30 Jahre	n = 263
			n = 776

2. Zeichen des Wandels

Betrachten wir zunächst, wie sich Beziehungsmuster der Hamburger im *frühen Erwachsenenalter* verändert haben (Abb. 2). Von den 1972 Geborenen sind im Alter von 30 Jahren nur noch eine Minderheit verheiratet, die überwiegende Mehrheit lebt in nicht-konventionellen Lebensformen, sie sind »apart together« (d.h. sie wohnen getrennt) oder sie wohnen unverheiratet zusammen (»Cohabiting«). Bei den 1942 Geborenen war am Ende des dritten Lebensjahrzehnts die Ehe noch die Regel, die

Abb. 2: Beziehungsformen im Alter von 30 Jahren (Hamburg, in Prozent; Männer und Frauen sind wegen der geringen Unterschiede zusammengefasst)

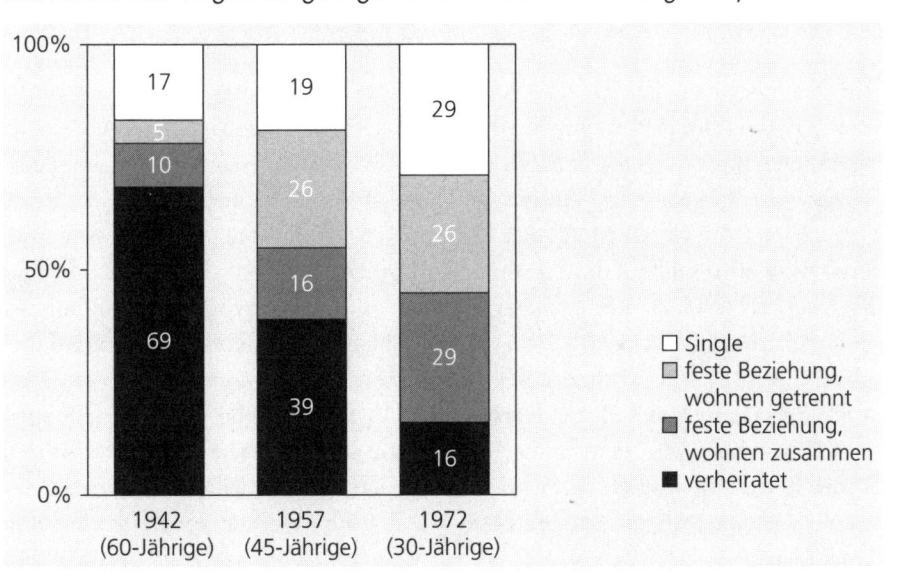

nicht-konventionellen Formen waren die Ausnahme. Die 1957 Geborenen liegen dazwischen, sind also konventioneller als die Jüngeren. Dies bedeutet, dass der Wandel der Beziehungsmuster ein »ongoing process« ist. Bei den Leipzigern finden sich die gleichen Trends, allerdings sind bei ihnen in allen Gruppen mehr Befragte verheiratet als in Hamburg. Zwischen Frauen und Männern hingegen finden sich keine Unterschiede. Wir sehen: Beziehungen sind »unehelicher« geworden. Sie sind zudem mobiler und serieller (Abb. 3): Heute 30-Jährige haben schon mehr feste Beziehungen hinter sich als 60-Jährige in ihrem viel längeren Leben.

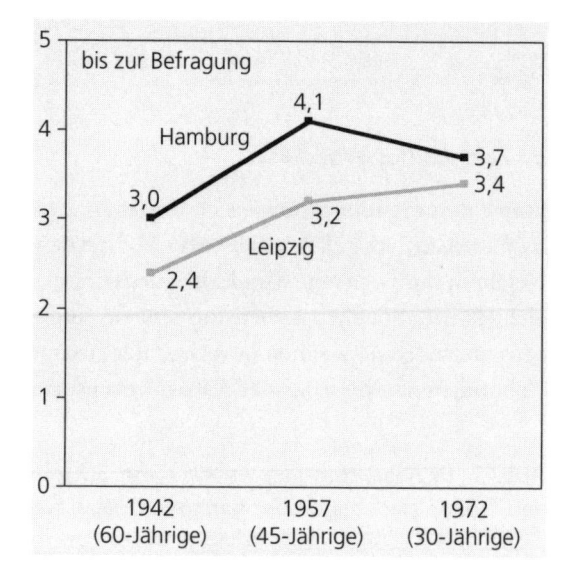

Abb. 3: Durchschnittliche Anzahl der festen Beziehungen bis zum Zeitpunkt der Befragung (Männer und Frauen sind wegen der geringen Unterschiede zusammengefasst)

Die Daten belegen, dass der Umbruch im Beziehungsverhalten junger, großstädtischer Erwachsener in den letzten 30 Jahren massiv gewesen ist. Allerdings betrifft der Wandel nur die *Organisationsformen* und die *Mobilität* von Beziehungen, nicht die *Beziehungsneigung* oder -bereitschaft. Diese ist ziemlich ungebrochen, von einer Vereinzelung der Gesellschaft kann nicht gesprochen werden (wie es manche tun, deren Blick allzu sehr auf die Zunahme der Einpersonenhaushalte gerichtet ist und die dabei vergessen, dass viele dieser Haushalte in Liebe »living apart« verbunden sind). Allerdings leben die 30-Jährigen heute häufiger als Single als vor drei Jahrzehnten (Abb. 2). Aber auch dies ist kein Symptom für Vereinsamung, sondern Ausdruck ihres relativ hohen Beziehungswechsels: In einer Gruppe, in der Beziehungen stark fluktuieren, wird man immer auch einen großen Anteil von Männern und Frauen finden, die »gerade mal wieder« Single sind. Der aktuelle Anteil der Singles in einer Gruppe ist heute ein indirektes Maß für die Mobilität der Beziehungen in dieser Gruppe.

Natürlich haben auch die 1942 Geborenen ihre Beziehungsmuster »modernisiert«, allerdings erst im mittleren Erwachsenenalter. In den 50er Jahren sexualkonservativ erzogen, hatten sie längst mit der Verwirklichung eines traditionellen Lebensentwurfs begonnen, als die »sexuelle Revolution« über sie hereinbrach, d.h. sie waren in den frühen 70er Jahren schon verheiratet und wollten vermutlich eine lebenslangen Ehe. Sie waren zwischen vierzig und fünfzig, als männliche Privilegien massiv in Frage gestellt wurden und als sie in ihrem näheren und ferneren sozialen Umfeld sahen, wie etablierte Beziehungen beendet wurden und die Jüngeren ihr Beziehungsleben ganz anders einrichteten, als sie es getan hatten.

Wie reagierten Sie auf diese Veränderungen? Viele hielten an ihrem traditionellen Lebensentwurf fest und lebten mit 60 in einer 30 Jahre oder länger dauernden Ehe; andere nahmen die Verführungen, Chancen und auch Leiden der neuen Verhältnisse an – oder mussten sie annehmen, wenn sie verlassen wurden –, ließen sich scheiden und gingen neue Beziehungen ein. In Hamburg sind diese beiden Gruppen etwa gleich groß, in Leipzig überwiegen die kontinuierlichen Biographien deutlich.

Betrachten wir dies ein wenig näher. Die Beziehungsbiographien der 60-Jährigen ließen sich fünf Grundtypen zuordnen, die in Abb. 4 an Beispielen dargestellt sind (Näheres bei Schmidt & v. Stritzky 2004):

(1) Kontinuitätsbiographien: Die gegenwärtige Beziehung begann mit 30 Jahren oder früher, besteht also seit 30 Jahren oder länger.[1]

(2) Umbruchsbiographien: Eine feste Beziehung begann mit 30 oder früher, dauerte mindestens 15 Jahre und endete mit einer Trennung.

(3) Kettenbiographien: Mindestens drei feste Beziehungen, die Dauer der festen Beziehung übersteigt die der Singlephasen (und 1 und 2 treffen nicht zu).

(4) Streubiographien: Mindestens drei feste Beziehungen, die Dauer der festen Beziehungen unterschreitet die der Singlephasen (und 5 trifft nicht zu)

(5) Beziehungsarme Biographien: Bisher keine Beziehungen, oder die Gesamtdauer aller Beziehungen beträgt zehn oder weniger Jahre.

Streubiographien und beziehungsarme Biographien sind selten, sie machen zusammen nicht einmal 10 % der Befragten aus. Von den 60-jährigen Hamburgern leben 44 % in einer Kontinuitätsbiographie, 41 % haben abweichend von traditionellen Vorgaben eine Umbruchs- oder Kettenbiographie. Dieser Befund ermöglicht – wie beim halb vollen bzw. halb leeren Glas Wasser – ein zweifaches Erstaunen: darüber, dass heutzutage noch so viele ältere Großstädter traditionell leben, oder darüber, dass sich schon so viele von der Tradition gelöst haben. In Leipzig folgen noch 72 % einem traditionellen Lebensentwurf, und nur 18 % brechen daraus aus. Regionale

Abb. 4: *Beispiele von Beziehungsbiographien 60-Jähriger (Jahrgang 1942):*
(Cohab = Cohabiting [wohnen unverheiratet zusammen];
Lat = living apart together [wohnen getrennt])

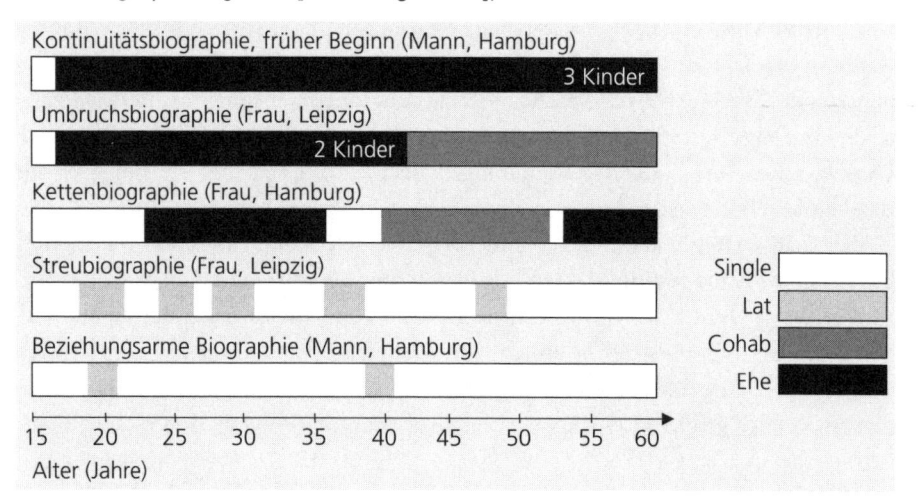

Kontinuitätsbiographie, früher Beginn (Mann, Hamburg) — 3 Kinder
Umbruchsbiographie (Frau, Leipzig) — 2 Kinder
Kettenbiographie (Frau, Hamburg)
Streubiographie (Frau, Leipzig)
Beziehungsarme Biographie (Mann, Hamburg)

Single / Lat / Cohab / Ehe

Alter (Jahre): 15 20 25 30 35 40 45 50 55 60

Unterschiede (und vermutlich auch Stadt-Land-Unterschiede) sind in der älteren Generation offenbar sehr viel deutlicher als in der jüngeren Generation (vgl. Schmidt et al. 2003).

3. Reine Beziehungen

Das alles bedeutet: Nachdem die Ehe ihr Monopol verloren hat, Sexualität zu legitimieren, verliert sie nun auch ihr Monopol, Beziehungen (und Familien) zu definieren. Nun gilt: Ein Paar *ist dort, wo zwei Menschen sagen, dass sie eines sind*, unabhängig vom Familienstand und vom Geschlecht des Partners.

Aber nicht nur aus der Institution Ehe wurden Beziehungen entlassen; sie wurden in einem langen Prozess, der schon im 19. Jahrhundert begann, zunehmend auch freigesetzt von sachlichen Aufgaben der Lebensbewältigung und des Lebenskampfs, die früher eine starke wechselseitige Abhängigkeit begründeten. Holzschnittartig vergröbert, lassen sich zwei Schübe ausmachen: zuerst, schon im 19. Jahrhundert, mit der Trennung von Wohn- und Arbeitsplatz und dem Verschwinden der bäuerlichen und der Handwerkerfamilie, der *Verlust von Produktionsaufgaben*; dann, in der zweiten Hälfte des 20. Jahrhunderts, der *Verlust von Versorgungsfunktionen* durch die Abnahme der Kinderzahl, durch die Inanspruchnahme von Dienstleistungen für die häusliche Versorgung und Kindererziehung sowie durch die Entwicklung von Versorgungstechnik (von der Zentralheizung über die Waschmaschine bis hin zu den

»Pampers«). Und schließlich wurden Beziehungen zunehmend freigesetzt von traditionellen Geschlechterrollen, die die Arbeitsteilung in einer Partnerschaft ehemals verbindlich geregelt hatten und deren Komplementarität die Ehepartner – bei aller patriarchalen Dominanz des Mannes – *wechselseitig* voneinander abhängig gemacht hatte: Die Frau war ökonomisch auf den Mann, der Mann alltagspraktisch auf die Frau angewiesen.

Diese Entwicklungen – Abb. 5 stellt sie noch einmal zusammen – bringen eine neue Beziehungsform hervor, die der britische Soziologe Anthony Giddens als *reine Beziehung* beschreibt (»rein« nicht im moralischen Sinne, sondern im Sinne von »pur«, Beziehung pur). Heterosexuelle bewegen sich auf diese Beziehungsform zu, bei homosexuellen Männern und lesbischen Frauen tritt sie schon klarer in Erscheinung.

Die reine Beziehung wird nicht durch materiale Grundlagen oder Institutionen gestützt, sie wird nur um ihrer selbst willen eingegangen, sie hat nur sich selbst und besteht nur, solange sich beide darin wohl fühlen, solange beide einen emotionalen »Wohlfahrtsgewinn« haben. Dadurch ist ihre Stabilität riskiert, ja, es gehört zu ihrer Reinheit, prinzipiell instabil, episodisch zu sein; sie verriete ihre Prinzipien, wenn sie Dauer um der Dauer willen anstrebte. Serielle Beziehungen, die mit seriellen Singlephasen abwechseln, werden zur gängigen Verkehrsform. Der multiple oder Wiederholungssingle entsteht als neue Figur, scheinbar Held und Heroine unabhängiger und unbändiger Sexualität, in der Realität aber meist nicht so glücklich, mal wieder im Wartestand auf den Nächsten oder die Nächste, sexuell eher unterversorgt und missgestimmt – kurz, ein Nebenprodukt serieller Beziehungen, selten ein Lebensstil.

In der reinen Beziehung müssen beide Partner vielfältige Talente entwickeln, um das Sich-Wohlfühlen – zumindest eine Zeit lang – zu gewährleisten, vor allem die Fähigkeit, *Intimität* zu leben und auszuhalten: Nähe, Vertrauen, Austausch, Sich-Öffnen, Verständnis und Sich-verstehen-Lassen. Die reine Beziehung ist psychologisiert, durch und durch, was bleibt ihr auch anderes übrig – und deshalb gibt es uns Paartherapeuten, wir sind ein Symptom dieser Entwicklung. Beziehung ist ein stän-

Abb. 5: Freisetzungen der modernen Paarbeziehung

- Freisetzung von Produktionsaufgaben (2. Hälfte 19. Jahrhundert)
- Freisetzung von Versorgungsfunktionen (2. Hälfte 20. Jahrhundert)
- Freisetzung von Geschlechtsrollen und geschlechtsgebundener Arbeitsteilung (2. Hälfte 20. Jahrhundert)
- Freisetzung von der Institution Ehe (2. Hälfte 20. Jahrhundert)

diger Prozess, aktive und reziproke emotionale und kommunikative »Arbeit«, sie ist »performativ«, um es modern zu sagen. Intimität zu leben und auszuhalten fällt bekanntlich Männern besonders schwer, psychisch sind sie dieser komplexen, nicht rollengesteuerten Beziehungsform heute wohl weniger gewachsen als Frauen. Dies mag der Grund dafür sein, dass Frauen heute häufiger die Initiative bei Scheidung oder Trennung ergreifen als Männer. Natürlich gibt es in diesen Beziehungen auch Verbindlichkeit, Verlässlichkeit, Füreinander-da-Sein; aber sie sind nicht mehr als Ehepflicht vorgegeben, sondern freiwillig, Optionen, für die man sich entschieden hat – und die man wieder kündigen kann.

4. Bedeutungen der Sexualität für die Beziehung

Welche Rolle spielt die Sexualität in heutigen Beziehungen? »Sex ist wichtig, aber nicht das wichtigste« – so die Argumentationsfigur von durchschlagender Dominanz, wenn man Frauen und Männer nach dem *Stellenwert* der Sexualität für ihre Beziehung fragt. Fast beschwörend wird dieses *Wichtig, aber nicht das wichtigste* präsentiert, so als müsse man sich vor der Zumutung schützen, dass die Beziehung vor allem am Grad der Leidenschaft gemessen werden könnte. Im Hinblick auf die *Bedeutungen*, die der Sexualität zugeschrieben werden, erzählen unsere Befragten vor allem *Intimitätsgeschichten* (Abb. 6), d.h. sie beschreiben in vielfältiger Weise, dass mit Sexualität Nähe, Geborgenheit, Zuneigung, Vertrauen *ausgedrückt* oder *hergestellt* werden kann. »Das Sich-Nahesein«, sagt eine 30-jährige Hamburgerin, »geht viel über die Sexualität und die körperliche Ebene, man kann das Gefühl des Sich-Naheseins wieder finden und sich dafür öffnen.« Damit ist Sexualität definiert als Medium, als Produkt *und* Produzent erlebter Intimität, des Kerns der reinen Beziehung.

Abb. 6: »Welche Bedeutung hat die Sexualität für Ihre Beziehung?«
(Antworten auf eine freie Frage; Mehrfach-Kategorisierung möglich)

	1972 (30-Jährige)	1957 (45-Jährige)	1942 (60-Jährige)
»Intimitätsgeschichten«	sehr häufig	sehr häufig	sehr häufig
»Sex gehört einfach dazu«-Geschichten	häufig	häufig	häufig
»Lust- und Spaßgeschichten«	häufig	häufig	häufig
»Ausgeglichenheit und Wohlbefinden«-Geschichten	selten	häufig	häufig
»Triebgeschichten«	sehr selten	sehr selten	sehr selten

Häufig sind »*Sex gehört einfach dazu*«-*Geschichten* (»Gehört zum Grundstock einer Beziehung, ohne Sex wäre es nur eine Freundschaft«, 45-jähriger Leipziger). Sex ist offenbar ein Marker der Besonderheit von Liebesbeziehungen. Markiert ist diese Besonderheit in etablierten Beziehungen offenbar auch schon dann, wenn man nur hin und wieder miteinander schläft (vgl. Schmidt et al. 2004). *Lust- und Spaßgeschichten* (»Ist total schön, Lust, Entspannung, Kribbeln, Genuss, was für die Sinne«, 30-jähriger Leipziger) sind ebenfalls in allen Generationen häufig. Dass Sexualität das allgemeine *Wohlbefinden* befördert und für *Ausgeglichenheit* sorgt, betonen vor allem die Älteren (»Sex sorgt für Wohlbefinden, Ausgeglichenheit und Stressabbau«, 60-jähriger Leipziger); den 30-Jährigen ist eine solche Sex-für-seelische-Gesundheit-Perspektive interessanterweise fern gerückt. *Triebgeschichten*, die die Abfuhr von Triebenergie und -spannungen thematisieren, sind allen Generationen gleichermaßen sehr fremd; in den Köpfen der »gemeinen« Menschen ist das »Dampfkesselmodell« offenbar überwunden.

5. Sex als Beziehungsmonopol

Die reine Beziehung ist nicht notwendig monogam, da auch darüber eine Vereinbarung zu treffen ist. Die meisten heterosexuellen Paare – jüngere wie ältere – entscheiden sich heute für Treue, so dass *serielle Monogamie* zur vorherrschenden Erscheinungsform der reinen Beziehung wird. Doch das Treueverständnis heutiger junger Paare hat mit dem ihrer Großeltern nur wenig zu tun, weshalb man auch nicht davon reden kann, dass sie wieder »traditioneller« geworden sind: Im Zeitalter der reinen Beziehung ist Treue nicht an eine Institution (Ehe) oder per se an eine Person gebunden, sondern an das *Gefühl* zu dieser Person: Treueforderung und -verpflichtung gelten nur, solange die Beziehung als intakt und emotional befriedigend erlebt wird. Ist das nicht mehr gegeben, dann kann man gar nicht mehr untreu sein, sondern nur noch konsequent.

Da Außenbeziehungen eher selten sind und Singles aller Altersstufen eher ein karges Sexualleben führen, wird die Sexualität in bemerkenswertem Ausmaß nach wie vor in festen Beziehungen organisiert: Zwar wird der Sex heute nicht mehr von der *Ehe* »beschlagnahmt«, die *feste Partnerschaft* hat ihn aber nach wie vor fest im Griff. Untersucht man – wie wir es in unserer Studie ganz unromantisch getan haben – das Universum aller Geschlechtsverkehre in einer bestimmten Zeiteinheit, sagen wir in den letzten vier Wochen, und prüft dann, mit wem diese Sexualakte erlebt wurden, dann stößt man auf eine überraschende Kontinuität zwischen den Generationen (Abb. 7): Etwa 95 % der Geschlechtsverkehre erfolgen in festen Beziehungen, 1 % in Außenbeziehungen, und nur etwa 5 % der Geschlechtsverkehre »produzieren« die Singles (obwohl sie 25 % der Befragten ausmachen). Das gilt für

52 A Theoretische Konzepte

Abb. 7: Feste Beziehungen organisieren Sexualität
(Die Graphik zeigt, wie viel Prozent aller Geschlechtsverkehre einer Altersgruppe in den letzten vier Wochen in festen Beziehungen, in sexuellen Außenbeziehungen bzw. von Singles »produziert« wurden. Daten für Männer und Frauen sowie für Leipzig und Hamburg wurden wegen der geringen Unterschiede zusammengefasst. »Geschlechtsverkehr« umfasst alle Formen von »Sex miteinander haben«, also nicht nur penil-vaginalen Verkehr [der allerdings in 95% aller Ereignisse vorkommt].)

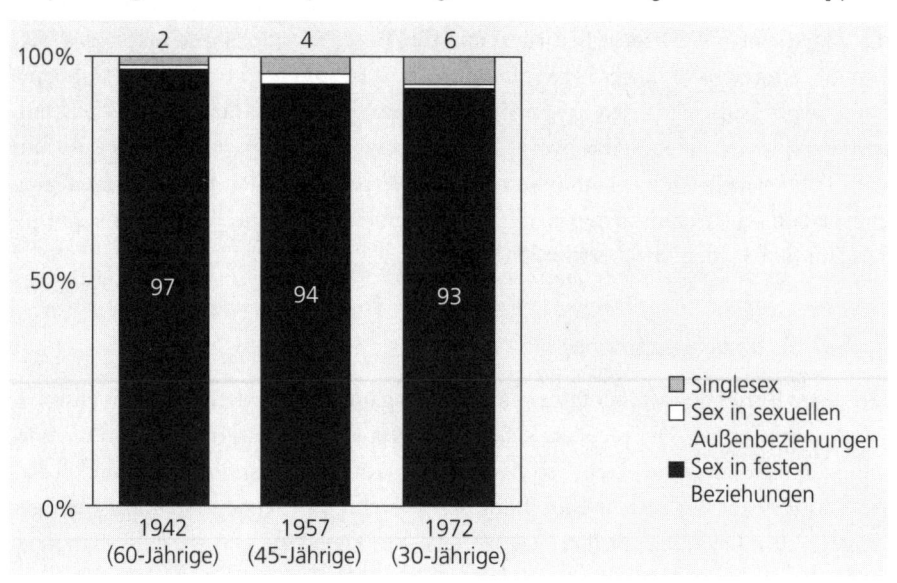

	1942 (60-Jährige)	1957 (45-Jährige)	1972 (30-Jährige)
Sex in festen Beziehungen	97	94	93
Sex in sexuellen Außenbeziehungen / Singlesex	2	4	6

☐ Singlesex
☐ Sex in sexuellen Außenbeziehungen
■ Sex in festen Beziehungen

Junge und Alte, Männer und Frauen, Hamburger und Leipziger. Die Unterschiede zwischen den Generationen liegen einzig darin, dass die Jüngeren in mehreren, eher kurzen, meist nicht-ehelichen Beziehungen, die Älteren hingegen in wenigen, eher langen meist ehelichen Beziehungen sexuell aktiv sind.

6. Masturbation als Differenzierung?

Spätmoderne Sexualwelten sind komplex und schwer fixierbar, und so muss der schöne einfache Satz »Die feste Beziehung hat die Sexualität fest im Griff« sofort differenziert werden, wenn wir in die sexuellen Universen nicht nur den Sex mit anderen, sondern auch die Masturbation einbeziehen. Wir sehen dann, dass die Masturbation heute viel häufiger friedlich mit dem Partnersex koexistiert (Abb. 8). Bei den 30-jährigen Hamburgern, die gegenwärtig in einer festen Beziehung leben, sind 44% aller Sexualakte masturbatorisch, 56% sind Geschlechtsverkehr mit ihrer Frau oder Freundin. Bei den 60-Jährigen sind nur 22% der Sexualakte masturbatorisch.

Ähnliche Generationstrends zeigen sich auch bei den Hamburger Frauen und bei den Leipzigern und Leipzigerinnen – und bei Befragten, die mit Häufigkeit und Güte ihrer Partnersexualität zufrieden sind. Begleitet werden diese Verhaltensänderungen von einer veränderten Haltung gegenüber der Masturbation: Den Jüngeren gilt sie vornehmlich als eine eigenständige Form der Sexualität, die Älteren dulden sie, wenn überhaupt, nur als Ersatz für zu wenig oder unbefriedigende Sexualität mit der Partnerin oder dem Partner.

Abb. 8: Zunehmende Koexistenz von Masturbation und Partnersex (Hamburg, in Prozent)
(Die Graphik zeigt, wie viel Prozent aller Sexakte einer Altersgruppe in den letzten vier Wochen masturbatorisch bzw. Sex mit anderen waren.)

Männer

Jahrgang	Partnersex	Masturbation
1942 (60-Jährige)	78	22
1957 (45-Jährige)	60	40
1972 (30-Jährige)	56	44

Frauen

Jahrgang	Partnersex	Masturbation
1942 (60-Jährige)	89	11
1957 (45-Jährige)	72	28
1972 (30-Jährige)	74	26

□ Partnersex
■ Masturbation

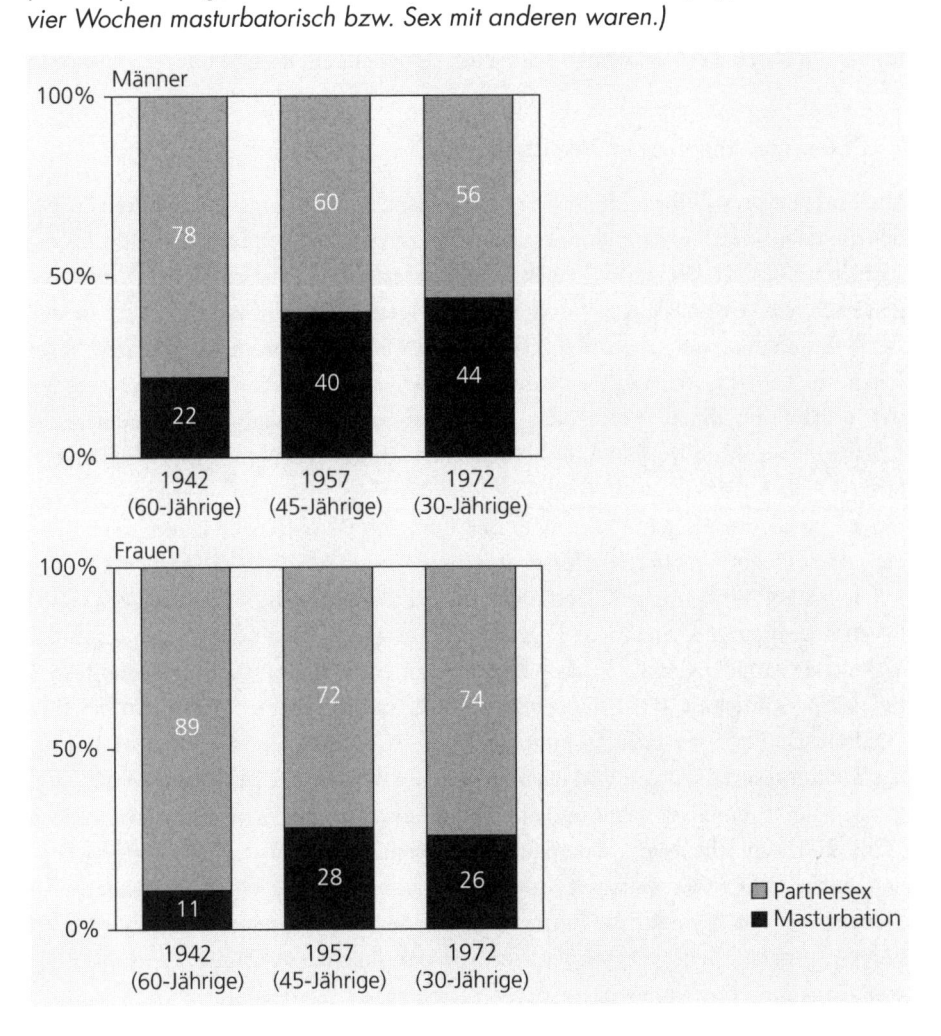

Masturbation ist eine andere Möglichkeit als Untreue oder *casual sex* – die Sexualität aus der Partnerschaft auszulagern –, deshalb ist der beschriebene Trend interessant. Wahrscheinlich spiegelt sich in ihm zweierlei: *zum einen* das von Weeks u. a. (2001) beschriebene Bemühen, in modernen Partnerschaften immer wieder eine Balance zwischen persönlicher Autonomie und starker emotionaler (intimer) Verbundenheit herzustellen, und die Masturbation repräsentiert ein Stück Autonomie in diesen intensiven und zugleich ungewissen neuen Beziehungen; sie ist dann ein Akt der Differenzierung, wie sie Schnarch und Clement in diesem Band beschreiben. *Zum anderen* spiegelt sich in der beschriebenen Koexistenz die Tendenz wider, in der Sexualität weniger einen Trieb zu sehen, der ruhig gestellt werden muss, als eine Ressource, derer man sich vielfältig, einfallsreich und zu vielerlei Zwecken bedienen kann (Schmidt 2004a). Und Masturbation und Phantasie sind eine leicht verfügbare und den Partner wenig verletzende Möglichkeit, dies zu tun.

7. Dauer und Intensität im Wettstreit

Die Fluktuation von Beziehungen hat, wie gesagt, in den letzten Jahrzehnten erheblich zugenommen und ist zumindest bei Männern und Frauen bis ins vierte Lebensjahrzehnt hoch. Dabei ist der Wunsch nach dauerhaften, ja lebenslangen Beziehungen nach wie vor verbreitet. Von den 30-Jährigen, die gegenwärtig in einer festen Beziehung leben, wünschen sich 83 % ausdrücklich, mit ihrem Partner bzw. ihrer Partnerin »ein Leben lang zusammenzubleiben«. Aller Voraussicht nach werden sich etliche von ihnen früher oder später trennen, und man könnte meinen, sie scheiterten an ihren Beziehungen. Doch es ist komplexer: Neben die Wertvorstellung »Dauer« tritt ein zweiter, konkurrierender Wert, den man »Beziehungsqualität« nennen kann. Es geht heute nicht mehr um den Wunsch nach Dauer *per se*, sondern nach Dauer bei emotionaler, intimer und (seltener) sexueller Intensität.

Die Instabilität heutiger Beziehungen ist nicht, wie manche Moralisten oder auch Psychotherapeuten klagen, eine Folge von Bindungslosigkeit oder Beziehungsunfähigkeit; sie ist vielmehr die Konsequenz des hohen Stellenwertes, der Beziehungen für das persönliche Glück beigemessen wird, und der hohen Ansprüche an ihre Qualität. Dadurch wird die Trennungsschwelle niedriger, und das führt zu multiplen Trennungserfahrungen und dazu, dass heute massenhaft Beziehungen getrennt werden, die früher als ganz gesund und keinesfalls als zerrüttet gegolten hätten. Jürg Willi (2002) spricht davon, dass dauerhafte Beziehungen heute nur gelingen können, wenn die Partner »einander im Wachstum anregen«, sich also verändern. So gesehen sind auch gelungene langfristige Partnerschaften heute »Beziehungen in Folge« – nur mit dem gleichen Partner bzw. der gleichen Partnerin, es sind seriell-kontinuierliche Beziehungen.

8. Liebe und Zusammenhalt

Ich mache an dieser Stelle einen Exkurs, um das Thema »Liebe«, das ich so lieblos behandle, wenigstens zu berühren. Wir fragten die Frauen und Männer, was ihre Beziehung zusammenhält. Die Geschichten, die sie zu dieser freien Frage erzählten, klassifizierten wir nach den Kategorien, die in Abb. 9 ausgewiesen sind. Die Trias *Liebe*, *Intimität* und *Lebendigkeit* dominiert die Antworten, wobei die Liebe keineswegs herausgehoben ist. *Familiäre Gründe und Planungen*, eine *gemeinsame Geschichte*, *Gewohnheit* oder auch (in der Graphik gar nicht dargestellt) *äußere Anker* – also gemeinsame Religion oder Weltanschauung, gemeinsames Wirtschaften usw. –, die früher einmal zentral waren, spielen dagegen eine untergeordnete Rolle.

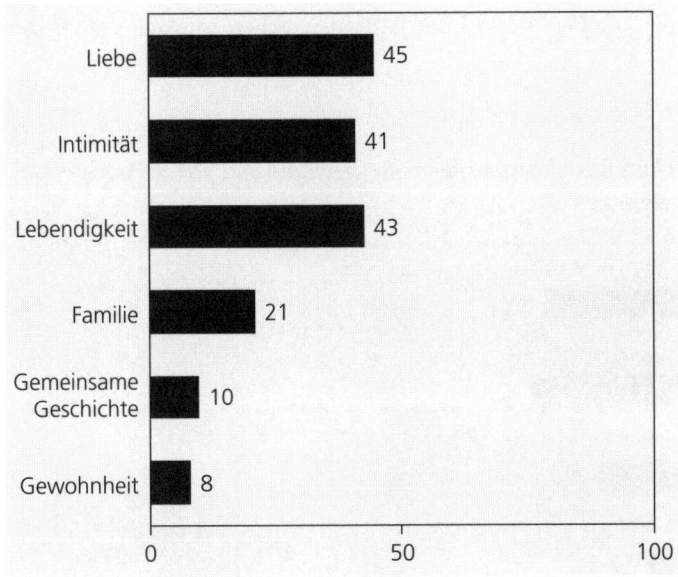

Abb. 9: »Was hält Ihre Beziehung zusammen«: alle Befragten (in Prozent)*

Kategorie	Prozent
Liebe	45
Intimität	41
Lebendigkeit	43
Familie	21
Gemeinsame Geschichte	10
Gewohnheit	8

* Antworten auf eine freie Frage (Mehrfach-Kategorisierung möglich). »Liebe«: wird ausdrücklich genannt (»weil wir uns lieben«, »es ist Liebe« usw.). – »Intimität«: Nähe, Geborgenheit, Vertrauen, Bindung, Sich-Öffnen usw. – »Lebendigkeit«: Austausch, gemeinsame Aktivitäten und Interessen, gerne Zeit miteinander verbringen, Spaß miteinander haben, befriedigende Sexualität, erotische Anziehung. – »Familie«: Kinder, Wunsch zu heiraten, Kinderwunsch. – »Gemeinsame Geschichte«: »viele gemeinsame Erfahrungen«, »langes Kennen«, »das gemeinsam Erlebte« usw. – »Gewohnheit«: »Macht der Gewohnheit«, »der alltägliche Trott, Routine«, »wir sind aneinander gewöhnt« usw.

Dieses Bild differenziert sich, wenn wir Lebensalter und Dauer der Beziehung in Rechnung stellen. Abb. 10 veranschaulicht dies *pars pro toto* an zwei Extremgruppen: an älteren Paaren, die sehr lange zusammen sind, und jüngeren Paaren, die erst kurz zusammen sind. In beiden Gruppen dominiert die Trias, aber in unterschiedlicher Akzentuierung: *Liebe* und *Lebendigkeit* sind vor allem eine Domäne junger Paare, etablierte Paare kompensieren dies mit der Entwicklung einer *gemeinsamen Geschichte* und der Sicherheit durch *Gewohnheit*.

Wird die Liebe weniger im Verlauf der Beziehung und des Lebens? Vermutlich wird sie nur anders, nicht mehr so aktiv spürbar wie in der Verliebtheit, sie wird stiller, von einem »State«, einer aktuellen Befindlichkeit, zu einem »Trait«, einem stabilen Zustand, der da ist, ohne dass man ihn so recht merkt. Ein weiterer Punkt: Junge Paare brauchen »Liebe« stärker zur Legitimation ihrer Beziehung als etablierte Paare, da sie die Legitimation der Dauer noch nicht haben (so wie sie auch den häufigen Sex stärker als Legitimation benötigen als etablierte Paare, die sich beruhigt mit weniger Sex beglücken oder zufrieden geben müssen; vgl. Bozon 2001).

Abb. 10: »Was hält Ihre Beziehung zusammen«: »Junge« und »alte« Paare (in Prozent; vgl. Legende zu Abb. 9)

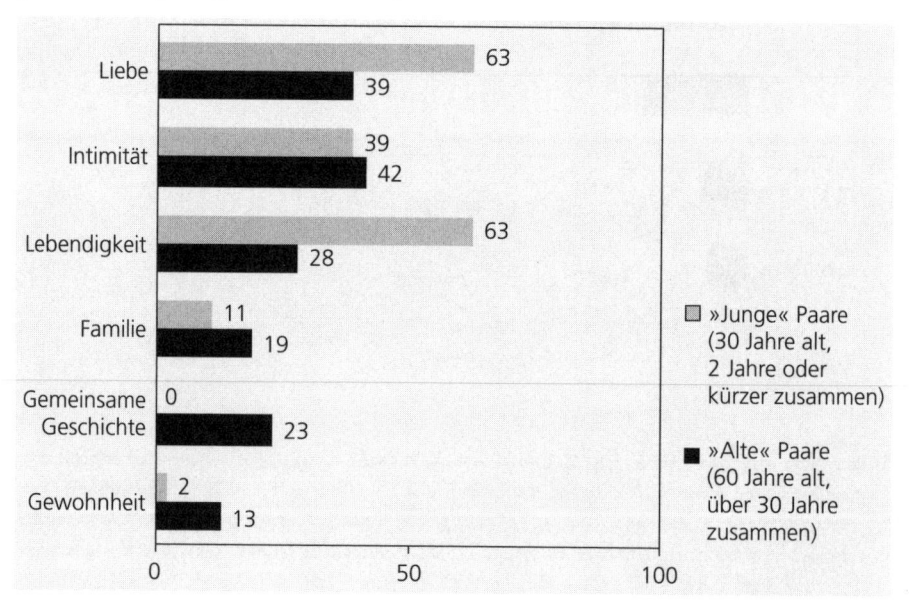

Kategorie	»Junge« Paare	»Alte« Paare
Liebe	63	39
Intimität	39	42
Lebendigkeit	63	28
Familie	11	19
Gemeinsame Geschichte	0	23
Gewohnheit	2	13

□ »Junge« Paare (30 Jahre alt, 2 Jahre oder kürzer zusammen)

■ »Alte« Paare (60 Jahre alt, über 30 Jahre zusammen)

9. Kinderwelten

Der Wandel der Beziehungen verändert familiale und Kinderwelten. Sicher, die Fluktuation von Partnerschaften nimmt ab, wenn Kinder da sind, aber oft nur vorübergehend (Peuckert 1999). 38% der von uns befragten großstädtischen Eltern haben sich aus einer Beziehung mit Kindern getrennt, die bei der Trennung noch zu Hause lebten. Mehr und mehr Kinder leben in einem Kunterbunt von Lebens- und Familienformen, ihre soziale Welt wird »flüssiger«, vielfältiger und sie wird unübersichtlicher; Elisabeth Beck-Gernsheim (1994) spricht von der *postfamilialen Familie*.

Die folgende Aufstellung (Abb. 11) vermittelt einen kleinen Eindruck vom familialen Umfeld heutiger Großstadtkinder. Die Übersicht ist so verwirrend wie die Vielfalt der Verhältnisse, die sie beschreibt. Familien lassen sich nicht mehr über die Ehe definieren. *Familie ist dort, wo Kinder sind* – unabhängig davon, ob Mutter oder Vater verheiratet sind, ob sie das Kind in einem oder zwei Haushalten aufziehen oder ob einer von ihnen alleine dies tut oder ob das Kind zusammen mit anderen gleich- oder gegengeschlechtlichen Partnern großgezogen wird. Der englische Soziologe Jeffrey Weeks (Weeks et al. 2001, Weeks 2004) geht noch weiter und sagt mit Blick auf gleichgeschlechtliche Partnerschaften und Netzwerke, Familie sei

Abb. 11: Leben mit Kindern (30- und 45-Jährige, n = 210)
(Männer und Frauen, sowie Hamburger und Leipziger, wegen der geringen Unterschiede zusammengefasst)

- 124 leben mit gemeinsamen Kindern in einer Ehe (59%).
- 16 leben mit gemeinsamen Kindern unverheiratet zusammen.
- 3 leben mit gemeinsamen Kindern in einer Partnerschaft, ohne zusammenzuwohnen.
- 22 leben mit eigenen Kindern aus einer früheren Beziehung in einer neuen Partnerschaft ohne gemeinsame Kinder (davon 18 in einer nichtehelichen).
- 6 leben mit eigenen Kindern aus einer früheren Beziehung und gemeinsamen Kindern in einer neuen Partnerschaft (davon 1 nichtehelich).
- 2 leben mit Kindern des Partners aus einer früheren Beziehung und gemeinsamen Kindern in einer neuen Partnerschaft (davon 1 nichtehelich).
- 7 leben mit eigenen Kindern aus einer früheren Beziehung und Kindern des Partners aus einer früheren Beziehung in einer neuen Partnerschaft (5 nichtehelich).
- 30 (14%) leben mit eigenen Kindern single. Diese im engsten Sinne des Wortes Alleinerziehenden sind in der großen Mehrheit (26 von 30) Frauen.

dort, wo mindestens zwei Menschen sagen, dass sie eine Familie sind, auch dann, wenn keine Kinder beteiligt sind.

Die Folgen von Trennung und Scheidung für die Kinder werden in dieser Situation anders bewertet als früher, andere Sichtweisen zeichnen sich ab, bei den Betroffenen oft deutlicher als bei den Experten: Trennungen gelten weiterhin als trauriges und belastendes Ereignis für die Kinder; aber auch Chancen werden gesehen, neue Optionen betont: Die neuen Partner der Eltern und deren Töchter und Söhne aus früheren Beziehungen vergrößern den Erfahrungskreis der Kinder mit nahe stehenden Erwachsenen oder Elternfiguren und Quasigeschwistern, erweitern den sozialen Horizont der Kinder über die begrenzte Kleinfamilie hinaus.

Die Auswirkungen von Scheidungen auf die Kinder sind selbst etwas, das dem sozialen Wandel unterliegt, kurz, sie verändern sich. Heute werden Scheidungen immer seltener als persönliches und moralisches Versagen gesehen, sondern eher als eine akzeptable Form oder Möglichkeit ehelicher Konfliktlösung. *Das* ist eine wichtige Voraussetzung für sanftere Scheidungsfolgen. Bei Kindern, deren Eltern es nach der Trennung gelingt, ein »binukleares Familiensystem« (wie die Soziologen sagen) aufzubauen – auf Deutsch: deren Eltern sich weiterhin beide um sie kümmern und für sie verantwortlich fühlen (gleichgültig, in welchen neuen Beziehungen sie leben und bei welchem Elternteil das Kind wohnt) –, findet man am seltensten negative Folgen der Scheidung für ihre emotionale und Persönlichkeitsentwicklung. Und die Fähigkeit, solche binuklearen Formen zu leben (und auszuhalten), nimmt nach unseren Befunden erkennbar zu (Schmidt 2004b).

10. Zwischen »emotionaler Demokratie« und »Wegwerfbeziehungen«

Etwas salopp ließe sich resümieren, dass wir uns nach der »sexuellen Revolution« der späten 1960er und nach der »Genderrevolution« der 80er Jahre nun mitten in einer »partnerschaftlichen und familiären Revolution« befinden. Diese drei Entwicklungen sind selbstverständlich eng miteinander verwoben. Natürlich ist die *reine Beziehung* ein idealtypisches Konstrukt, und sie kann nur gelingen, wenn gleich starke Partner beteiligt sind. Sie beruht, wie Weeks (2004) formuliert, auf der Utopie einer »emotional democracy«. Da lesbische und schwule Partnerschaften durch das gesellschaftliche Ungleichgewicht von Mann und Frau nicht betroffen sind, ist bei ihnen, wie gesagt, die reine Beziehung klarer ausgeprägt. Bei heterosexuellen Paaren wird sich diese Beziehungsform in dem Maße etablieren und ihrem Idealtyp annähern, in dem die geschlechtsgebundene Verteilung von Einkommen, Arbeit, Aufgaben und Macht weiterhin abnimmt. Und sie ist heute in solchen Gruppen am häufigsten anzutreffen, in denen diese Bedingungen am ehesten verwirklicht sind, zumindest temporär, z. B. bei jungen Paaren – ohne Kinder.

Zygmunt Bauman (2003, S. 108, 191 und 93) hat jüngst eingewendet, dass die reinen Beziehungen weniger »Vehikel der Emanzipation und Garanten einer neuen Form der Freude« als ein Ausdruck der »Kommodifizierung und Konsumifizierung im Bereich menschlicher Partnerschaften« sein könnten und damit den Bedingungen der »flüchtigen Moderne« auffallend kongruent wären. »Die ganze Welt, einschließlich anderer Menschen«, werde zu »einem Container voller *Wegwerfobjekte*, zum *einmaligen* Gebrauch bestimmt«. Es gehe darum, »Befriedigung von einem gebrauchsfertigen Produkt [dem Partner, der Partnerin, G.S.] zu erlangen; entspricht das Vergnügen nicht den Erwartungen und Versprechungen des Beipackzettels oder schwindet der Spaß mit der Zeit, kann man sich auf den Verbraucherschutz berufen und die Scheidung einreichen. Es gibt keinen Grund, sich weiter mit einem minderwertigen oder veralteten Produkt abzugeben, statt in den Regalen nach einer ›neuen und verbesserten‹ Version Ausschau zu halten«.

Das sind beißende und heilsame Einsprüche gegen die eher optimistische Sicht Giddens', Weeks' oder des Autors dieses Beitrags. Eine solche Parallelisierung privater und politökonomischer Verhältnisse ist verführerisch einleuchtend, sie wird den Beziehungswirklichkeiten aber nur begrenzt gerecht. Das liegt vermutlich daran, dass Frau und Mann, Frau und Frau oder Mann und Mann ihre Beziehung nicht nur »konsumieren«; sie »produzieren« auch fortgesetzt und gemeinsam: Intimität, Bindung, Vertrauen, gemeinsame Geschichte, von Liebe gar nicht erst zu reden – wenn auch immer seltener »for ever«.

Anmerkung

1 Einige Langzeitbiographien begannen im Alter zwischen 31 und 35 Jahren und dauerten bei der Befragung mindestens 25 Jahre. Diese subsumierten wir unter die Kontinuitätsbiographien.

Literatur

Bauman, Z. (2003): *Flüchtige Moderne*. Frankfurt a. M.: Suhrkamp.
Beck-Gernsheim, E. (1994): Auf dem Weg in die postfamiliale Familie. Von der Notgemeinschaft zur Wahlverwandtschaft. In: Beck, U. & Beck-Gernsheim, E. (Hrsg.): *Riskante Freiheiten*. Frankfurt a. M.: Suhrkamp, S. 115–138.
Bozon, M. (2001): Sexuality, gender and the couple. A sociohistorical perspective. Annual Review of Sex Research 12, S. 1–32.
Haavio-Mannila, E., Kontula, O. & Rotkirch, A. (2002): *Sexual Lifestyles in the Twentieth Century. A Research Study*. New York: Palgrave.
Peuckert, R. (1999): *Familienformen im sozialen Wandel*. Opladen: Leske + Budrich (3., völlig überarb. u. erw. Aufl.).

Schmidt, G. (2004a): *Das neue Der Die Das. Über die Modernisierung des Sexuellen.* Gießen: Psychosozial-Verlag.

– (2004b): Beziehungsbiographien im Wandel. Von der sexuellen zur familiären Revolution. In: Richter-Appelt, H. & Hill, A. (Hrsg.): *Geschlecht zwischen Spiel und Zwang.* Gießen: Psychosozial-Verlag, S. 275–294.

– & Stritzky, J. v. (2004): Beziehungsbiographien im sozialen Wandel. Ein Vergleich dreier Generationen. *Familiendynamik* 29, S. 78–100.

–, Starke, K., Matthiesen, S. Dekker, A. & Starke, U. (2003): Beziehungsformen und Beziehungsverläufe im sozialen Wandel. Eine empirische Studie an drei Generationen. *Zeitschrift für Sexualforschung* 16, S. 195–231.

–, Matthiesen, S. & Meyerhof, U. (2004): Alter, Beziehungsform und Beziehungsdauer als Faktoren sexueller Aktivität in heterosexuellen Beziehungen. Eine empirische Studie an drei Generationen. *Zeitschrift für Sexualforschung* 17, S. 116–133.

Schneider, N. F. (2002): Zur Lage und Zukunft der Familie in Deutschland. *Gesellschaft – Wirtschaft – Politik (GWP)* 2, S. 511–544.

Weeks, J. (2004): Same Sex Intimacies – gleichgeschlechtliche Beziehungen am Beginn des 21. Jahrhunderts. In: Richter-Appelt, H. & Hill, A. (Hrsg.): *Geschlecht zwischen Spiel und Zwang.* Gießen: Psychosozial-Verlag, S. 251–274.

–, Heaphy, B. & Donovan, C. (2001): *Same Sex Intimacies. Families of Choice and Other Life Experiments.* London: Routledge.

Willi, J. (2002): *Psychologie der Liebe. Persönliche Entwicklung durch Partnerbeziehungen.* Stuttgart: Klett-Cotta.

Arnold Retzer   Liebesmythen und ihre Funktion[1]

Arnold Retzer skizziert in seinem Beitrag eine systemische Sicht der Liebesbeziehung. Er beschreibt, wie Liebe das soziale System der Paarbeziehung erzeugt und welche Bedeutung dabei Liebesmythen haben. Ein Liebespaar kann im Erzählen seiner Liebesgeschichte den Bezug zum Ursprung immer wieder herstellen, damit die Gegenwart sinnvoller erscheinen lassen und für die Zukunft eine Perspektive gewinnen. Arnold Retzer unterscheidet die Zeitfunktion und die Raumfunktion der Liebesmythen. Zur Raumfunktion gehört die exklusive Funktion. Das Paar stabilisiert das System durch Ausschluss von Drittpersonen, beispielsweise durch miteinander geteilte Geheimnisse, aber auch durch Sich-Hinwegsetzen über gesellschaftliche Konventionen und Regeln oder durch eifersüchtige Exklusivitätsansprüche. Die inklusive Funktion, die eng mit der exklusiven korreliert ist, besteht im Schaffen einer eigenen, durch die Liebe wiederverzauberten Welt.

In der Paartherapie kann das Paar angeregt werden, seine Liebesgeschichte zu erzählen Die Partner können dabei allerdings in ein Dilemma versetzt werden: Sollen sie die intimen Geheimnisse, die ja für ihre Beziehung konstitutiv sind, preisgeben und dem Therapeuten verraten, oder sollen sie auch den Therapeuten davon ausschließen? Paartherapeuten sollten bedenken, dass sie wohl Liebesangelegenheiten behandeln können, aber nicht intim, sondern immer nur sachlich.

1. Der Gegenstand der Liebe sind Geschichten

Über die Liebe und Liebesmythen zu reden oder zu schreiben ist leichter gesagt als getan. Vor allem stellte sich die Frage: Wie und wo anfangen?

Nicht besonders originell, aber altbewährt sind ja im Falle der Liebe die hilfreichen Handreichungen der Dichter, die es wahrscheinlich gar nicht ohne die Liebe gäbe. Wie es auch umgekehrt vielleicht die Liebe nicht ohne die Dichter gäbe. Zumindest können sie »festen Boden unter den Füßen« versprechen, von dem aus ein Anfang möglich erscheint.

Mitten in der Suche nach dem Anfang erreicht mich die Handreichung des Dichters Bodo Kirchhoff (2004). Der Titel seines vor kurzem erschienenen Romans (*Wo das Meer beginnt*) meint einen Ort an der portugiesischen Küste, wo das Land endet und das Meer beginnt, wo sich Europa mit dem Atlantik vermählt. Das ist Kirchhoffs schönes Bild von der Liebe. Der Ort, an dem wir den Boden unter den Füßen verlieren können, von Wellen leicht getragen sind und uns selbst dabei leichter ertragen. Dieselben Wellen, die uns im nächsten Moment aber auch zu verschlingen drohen.

Auch wenn jetzt vielleicht ein Anfang gefunden ist, bleibt die Frage offen: Was ist das eigentlich: die Liebe? Zunächst einfach nur ein Wort, ein Substantiv. Aber: gibt es eine solche Substanz, die »Liebe« genannt wird? Hat sie entsprechende Qualitäten, die beschrieben, analysiert und untersucht werden könnten? Die der Liebe zugedachten Eigenschaftswörter legen ja oft physikalische Ding-Qualitäten nahe und verbieten geradezu einen metaphysischen Blick. Liebe kann tief und schwer, bitter und süß sein, sie kann verloren gehen und manchmal sogar wieder gefunden werden. Sie kann sich gar in mathematischen »Liebes-Gesetzmäßigkeiten« finden, wo sich dann die Größe der Liebe direkt proportional zum Quadrat der Entfernung zwischen den Liebenden verhalten soll, oder es wird behauptet, dass es bestimmte »Halbwertszeiten der Liebe« gäbe. Dann wäre die Liebe also eine Art von strahlendem Material, eine Art Beziehungsplutonium, das mit der Zeit (genauer wohl: der Halbwertszeit) seine Strahlkraft verlöre.

Es sei hier dahingestellt, wie dies dann bewertet werden muss: positiv, als Abnahme der gesundheitsschädigenden Radioaktivität, oder negativ, als Abnahme des radioaktiven Energiepotenzials. Auf jeden Fall stellen sich Fragen nach den Möglichkeiten der Wiederaufbereitung bzw. des Endlagers für den radioaktiven Liebesmüll. Verständlich daher, dass manche und mancher an einen endgültigen Ausstieg aus dieser gefährlichen, weil letztlich nicht beherrschbaren Liebes-Technologie denkt und einen Umstieg auf konventionellere Formen der Energieerzeugung, auf jeden Fall energische Energiesparmaßnahmen erwägt. Dennoch ist auch beim Ausstieg mit den bekannten Restlaufzeiten zu rechnen.

So anschaulich konkret auch die meisten Liebesmetaphern sind, man wird trotz angestrengter Suche nichts Substanzielles finden. Selbst neueste medizinische Analysemethoden bieten nur leere Befunde: Vielfältigste Analysen von Mittelstrahlurinen, serologische Antikörperbestimmungen, kleine und selbst große Blutbilder, einfache Röntgenreihenuntersuchungen bis hin zu modernsten bildgebenden Verfahren wie Kernspin- oder Positronenemissionstomographie blieben bisher ergebnislos. Weder wurde die Liebe selbst gefunden, noch gelang es, sie anhand von spezifischen biologischen Markern zu diagnostizieren und damit dingfest zu machen.

Wobei ich meine Aussage hier etwas einschränken muss. Angesichts der gegenwärtigen neuroanatomischen Renaissance und der medizinisch-biologischen Ikonomanie kaum vermeidbar, musste ich kürzlich zur Kenntnis nehmen (Bartels & Zeki 2002), dass sich – so eine von zwei Forschungsteams auf unterschiedlichen Kontinenten mit Probanden durchgeführte Untersuchung – akut Liebende unter dem Kernspintomographen wie Kokainkonsumenten verhalten sollen. Areale, die bei schlechter Stimmung aktiv sind (rechtes Stirnhirn), sind bei beiden Probandengruppen abgeschaltet. Ein Teil des Mandelkerns (Amygdala) wird ausgeschaltet. Der Mandelkern gilt unter den Liebhabern biologisch-anatomischer Erklärungsmodelle als Angst- und Aggressionszentrum. Es springt angeblich immer dann an, wenn wir uns fürchten oder wütend sind. Die akute Liebe, so die Schlussfolgerung, ist dann nach diesen Befunden nicht nur ein Antidepressivum, es macht uns nicht nur glücklich, sondern auch mutig und sanft. Umgekehrt wäre darauf zu achten, ob möglicherweise akut Liebende in Wirklichkeit Kokainabhängige sind, die lediglich durch den Umstieg auf eine Ersatzdroge eine echte Auseinandersetzung mit ihrer Suchtproblematik verhindern. Aber das wäre ein anderes Thema. So viel sei jedoch festgehalten: Liebe wird von Hirnmythologen als ein bestimmter Molekularzustand auf der Basis chemischer Verbindungen angesehen, d.h. für eine gutgläubige Selbsttäuschung, gekoppelt an Erinnerungen, die in Prioneneiweißen verschlüsselt sein sollen. Wäre dies alles der Fall, dann bekäme das berühmte Dichterwort Heinrich Heines (»Ich weiß nicht, was soll es bedeuten ...«) einen ganz neuen Sinn, nämlich den, dass man es durchaus wissen könnte, wenn man sich nur auf der Höhe der Hirnmythologie aufhielte.

Auf die Gefahr hin, mich weiterhin in den Niederungen Heinrich Heines und Friedrich Hölderlins aufzuhalten und nicht bei den aktuellen Hirnmythologien, behaupte ich jedoch weiterhin, dass wir die Liebe nicht in der Biologie oder der Natur finden. Die Liebe ist kein biologisches oder natürliches Phänomen, obwohl wir oft genug an die Liebe als etwas zu unserer Natur gehöriges, an etwas Biologisches denken. Es ist eben nur die *Rede* von der Liebe, die man hat, findet oder auch wieder verliert. Der Gegenstand der Liebe sind *Geschichten*, *Liebesgeschichten* oder *Mythen*. Liebesgeschichten haben eine lange Tradition und sind gleichzeitig hochaktuell. Woher wissen wir denn, was die Liebe ist und welches Erleben und welche Erfahrungen damit verbunden sind? Es ist uns erzählt worden in Geschichten, Büchern, Schlagern und natürlich im Kino!

Wo der Instinkt, die Biologie und die Natur nicht ausreichen, um soziale Systeme entstehen zu lassen oder deren Entstehung zu erklären, wird die Liebe zu einem Kulturphänomen, das Systeme erzeugt. Womit wir schon eine erste Funktion der Liebesmythen benannt haben. Mit dem Liebesmythos lassen sich soziale Systeme herstellen, genauer: Liebesbeziehungen. Von Anfang an sind diese Liebesmythen mit dem Begriff des Paares verbunden. Wenn wir an Liebe denken, denken wir gleichzeitig an Liebesgeschichten und an Liebespaare, meist an sehr konkrete Paare: Adam und Eva, Theseus und Ariadne, Tristan und Isolde, Romeo und Julia, Humphrey Bogart und Ingrid Bergman (bzw. Richard Blaine und Ilsa Lund: in einem der Lehrfilme für Paartherapeuten bzw. Kultfilme für Liebespaare: *Casablanca*).

Aber ich möchte nicht zu schnell von der Problematik der Worte zu den Funktionen kommen. Ich will noch ein wenig bei der Frage stehen bleiben, was denn nun eigentlich ein Mythos ist.

Große Mythen der Menschheit beziehen sich meist auf einen Ursprung, auf einen Anfang, auf einen Beginn von etwas: die Zeit der Götter, der Gründungsmythos einer Garagenfirma, ein bestimmter Schwur, den Männer an einer bestimmten Stelle, z. B. an einem See, leisten ... Mythen erzählen vom Gewordensein und beantworten die Frage, warum da etwas ist und nicht vielmehr nichts und was dafür sorgt, dass da immer noch etwas ist und nicht vielmehr wieder nichts. Diese Mythen stammen meist aus einer vorschriftlichen Kultur, d. h. einer Kultur, in der die Schrift noch kein Instrument der Erinnerung und des Vergessens ist. Denn wenn es einen externalisierten Speicher oder, modern ausgedrückt, ein Speichermedium gibt, entlastet dies von der wiederholten Erinnerungsanstrengung. Das Gespeicherte befindet sich nun im Gedächtnisspeicher und kann daher getrost vergessen werden. Insofern fördert die Schrift nicht nur Erinnerungsmöglichkeiten, sondern sehr viel mehr noch das faktische Vergessen, d. h. das Vergessen der verschriftlichten und abgelagerten Fakten (Retzer 2005).

In einer vorschriftlichen Kultur werden daher die Mythen nicht durch Abspeicherung erinnert, sondern indem sie erzählt werden, und sie werden vergessen, wenn sie nicht (mehr) erzählt werden.

2. Die Zeitfunktion des Liebesmythos

Diese Ursprungsmythen stellen einen gegenwärtigen Bezug auf Vergangenheit her. Der Mythos kann dann von dort, d. h. von der Vergangenheit her, Licht auf Gegenwart und Zukunft fallen lassen (Assmann 1997). Dieser Vergangenheitsbezug des Mythos steht im Dienste zweier Funktionen:

- *Die fundierende Funktion* stellt Gegenwärtiges in das Licht einer Geschichte. Indem Vergangenheit auf die Gegenwart und möglicherweise auch in die Zukunft wirkt, lässt der Mythos das Gegenwärtige bedeutsam erscheinen. Die Gegenwart kann dadurch sinnvoll, gottgewollt, notwendig, unabänderlich erscheinen. Sie erhält eine bedeutsame Begründung, ein Fundamentum.

- *Die kontrapräsentische Funktion* erlaubt dagegen die Beobachtung von Unterschieden. Sie ermöglicht eine Defizitbeobachtung und -erfahrung der Gegenwart, indem sie gleichzeitig eine heroische Vergangenheit beschwört. Der Mythos beleuchtet dadurch auf besondere Weise die Gegenwart: Er hebt das Fehlende, Verschwundene, Verlorene, das an den Rand Gedrängte hervor und macht den Unterschied zwischen einst und jetzt beobachtbar.

Spätestens hier wird der Mythencharakter der Liebe deutlich. Die Liebe hat etwas mit dem Anfang zu tun: Wo Liebe entsteht, kommt ein Wirbel auf wie vor dem ersten Schöpfungstag (Ingeborg Bachmann). Der Blick richtet sich sehnsüchtig auf den Beginn, auf die vergangene Zeit, die Zeit vor dem schleichenden oder galoppierenden Verzicht, Verfall oder Verrat. Der Blick auf die Zeit, als noch alle wussten, was sie wollten und was sie niemals tun würden.

Prinzipiell kann jeder Mythos beide Funktionen erfüllen, und die fundierende Funktion kann jederzeit zu einer kontrapräsentischen werden. Die Funktionen hängen von der Bedeutung ab, die dem Mythos in der Gegenwart gegeben wird. Er kann handlungsanleitend und zur Orientierung für den Einzelnen oder das Paar in der Gegenwart werden. Bei extremer Defiziterfahrung kann eine kontrapräsentische Funktion revolutionäre Konsequenzen haben. Die erinnerten Überlieferungen bestätigen das gegenwärtig Gegebene nicht mehr. Sie stellen das Gegebene in Frage und rufen zu einer radikalen Veränderung auf. Dieser radikale Umsturz kann die Veränderung der Gegenwart sein, der Rekonstruktionsversuch einer Liebesbeziehung oder die Auflösung der Liebesbeziehung und der vielleicht erneute Versuch einer neuen Liebesbeziehung, die sich wiederum durch einen Liebesmythos fundieren lässt.

Eine andere Konsequenz kann aber auch die Veränderung des Mythos selbst sein. Die radikalste Form seiner Veränderung ist sein Vergessen. Das Mittel dazu ist die Unterlassung: die Unterlassung, den Liebesmythos zu erzählen. Die Gegenwart kann dann so bleiben, wie sie ist. Weil die kontrapräsentische Funktion einfach nicht mehr wahrgenommen wird, stört sie dann auch nicht mehr. Dies kann gelingen, wenn eine Liebesbeziehung in eine Partnerschaft oder irgendeine Art von zweckgebundener Arbeitsgemeinschaft transformiert wird. Die Paarbeziehung vergisst dabei leicht ihren eigenen Ursprungsmythos.

3. Die Raumfunktion des Liebesmythos

Bisher habe ich die zeitlichen Funktionen des Liebesmythos beschrieben: die Funktionen, die mit dem Beginn und der Verbindung bzw. dem Abreißen der Verbindung von Vergangenheit, Gegenwart und Zukunft zu tun haben.

Eine andere Gruppe von Funktionen des Liebesmythos läßt sich als *räumliche Funktionen* bezeichnen. Ich nenne sie die *exklusive* und die *inklusive Funktion:* Funktionen mit denen sich ein sozialer Raum gestaltet. Hier teilt sich in gewisser Weise der soziale Raum in Innen und Außen, wodurch wiederum erst etwas ist und nicht etwa nichts. Die räumlichen Mythenfunktionen sind grundlegende Funktionen, durch die ein soziales System sich selbst konstituiert. Die exklusive/inklusive Funktion des Liebesmythos macht die Liebesbeziehung zu einem operationsfähigen und gleichzeitig komplex differenzierten System. Sie stellt zwei Operationen sozialer Systeme sicher, die sowohl für die Entstehung als auch für die Aufrechterhaltung und das Überleben sozialer Systeme notwendig sind.

Claude Lévi-Strauss (1962) hat dieselben Funktionen vor Augen, wenn er zwei grundlegende Strategien im Umgang mit dem Fremden oder Andersartigen beschreibt: die anthropoemische Strategie und die anthropophage Strategie. Die *anthropoemische Strategie* besteht im Auswerfen, im Ausspeien oder Erbrechen des anderen. Die *anthropophagische Strategie* dagegen in der »Verstoffwechslung«, der Verdauung, der Einverleibung des anderen, der Ent-Entfremdung des Fremden. Geht es bei der anthropoemischen Strategie und auch bei der exklusiven Funktion des Liebesmythos um die Abgrenzung und Ausgliederung des anderen, so geht es bei der anthropophagischen Strategie und auch bei der inklusiven Funktion um die Aufhebung der Andersartigkeit.

3.1 Die exklusive Funktion

Die exklusive Funktion besteht formal gesehen in der Unterscheidung, der Grenzziehung und der Ab- und Ausgrenzung von anderem gegenüber Eigenem. Es geht hier um die Erzeugung einer System-Umwelt-Differenz und damit um die Selbsterzeugung eines Systems. Sie besteht in der Ausgrenzung von Dritten aus der Liebesbeziehung. Eine Liebesbeziehung kann es nun einmal nicht im Kollektiv geben. Dort, wo das Kollektiv beginnt, endet das Liebespaar.

Der Liebesmythos ermöglicht ein solches Exklusivverhältnis. Diese Exklusion kann sich auf alles Mögliche beziehen. Die Liebesbeziehung, bzw. der -mythos, bestimmt, was auszuschließen ist bzw. was ausgeschlossen wird. Häufige Ausgrenzungsziele werden in den unterschiedlichsten kulturellen Überlieferungen in heiligen Schriften, in Legenden, Romanen, Gedichten und Filmen transportiert, in nur oberflächlich banal erscheinenden Schlagertexten aufbewahrt und durch die Zeiten zum allseitigen Gebrauch angeboten. Ein paar Beispiele sollen dies verdeutlichen:

3.1.1 Die Ausgrenzung von Gesetz und Gebot

Was aus Liebe getan wird, geschieht immer jenseits von Gut und Böse, schreibt Friedrich Nietzsche. Aber schon im Sündenfall der biblischen Genesis wird uns die Geburt des ersten Paares erzählt. Der selbsterzeugende Geburtsakt des Paares geschieht durch das *Nein*, durch die Verweigerung, dem Gebot Gottes zu gehorchen. Dieses Nein, die Negation, ist in der gegenwärtigen Konjunktur des Positiven abgewertet worden – es bleibt, wenn auch als solche fast vergessen, gleichwohl weiterhin eine notwendigen Bedingung von Bestimmung und Selbstbestimmung. Lernen als Vorgang von Veränderung gelingt, kybernetisch ausgedrückt, über negatives Feedback. Daran ändert auch die gegenwärtige Überhöhung des positiven Feedbacks nichts. Im Gegenteil: es lohnt, die negativen Konsequenzen der Vermeidung von negativem Feedback zu analysieren und sich vor Augen zu führen.

Wenn das Nein nun in der Welt ist, entsteht das Neue, das Paar (Adam und Eva), durch die abgrenzende Negation. Gleichzeitig beginnt Erkenntnis, indem der Mensch verneint: eine neue Art, sich selbst und die Welt zu sehen. Der Mensch (bzw. das Paar), der (das) verneint, nimmt göttliche Freiheiten in Anspruch. Er kann nun auch nein zu sich selbst sagen, d.h. von sich selbst absehen und sich selbst ansehen.

Psychologisch bezeichnen wir das heute als Dissoziation. Man sieht sich selbst. Man ist nicht mehr in seinem Leib verborgen und gefangen. Man steht im Freien. Das Drama der Sichtbarkeit, des Sehens, des Gesehenwerdens, der Perspektiven, der Freiheit und der Beobachtung kann beginnen. Aber der Mensch sieht nicht nur sich selbst, sondern er sieht auch den anderen, den Geliebten. Er erkennt ihn. Adam und Eva gehorchen nicht mehr und werden immer »göttlicher«. Es fehlt nur noch die Unsterblichkeit, um so wie Gott zu sein. Schließlich muss sich Gott einfach (not-) wehren und einen »Platzverweis« aussprechen – wozu sich dann auch der griechische Obergott Zeus gezwungen sieht, wenn er das Paar aus dem Olymp vertreibt, wovon uns Platon berichtet.[2] Die ungeheure Möglichkeit des Selbstanfangs ist entdeckt, realisiert durch das Neue, die Abgrenzung, die exklusive Funktion des Liebesmythos.

3.1.2 Die Ausgrenzung von herrschender Moral und politischer Korrektheit

Diese Funktion zeigt sich auch in der Ausgrenzung von herrschender Moral und Politik, wofür es wiederum zahlreiche Beispiel in unserem kulturellen Angebot von Liesbesmythen gibt: von *Theseus und Ariadne* bis hin zu Rick Blaire und Ilsa Lund in *Casablanca*.

Der Mythos von Theseus und Ariadne erzählt eine Liebesgeschichte in einem politischen Kontext. Athen befand sich in einem spezifischen politischen (Rache- oder Zahlungs-) Verhältnis zu König Minos von Kreta; es war Kreta tributpflichtig.

Der Tribut bestand aus je sieben attischen Jünglingen und Jungfrauen, die alle neun Jahre nach Kreta geschickt werden mussten, wo sie in einem Labyrinth eingesperrt wurden, um dort vom Minotauros, einem Zwitterwesen – halb Mensch, halb Stier –, getötet zu werden. Der attische Königssohn Theseus, ein Mitglied der totgeweihten Jünglingsgruppe, verliebte sich – in Kreta angekommen – in Ariadne, die Tochter des Königs Minos. Ariadne übergab Theseus ein Wollknäuel, das er am Eingang des Labyrinths festbinden sollte, um wieder sicher aus dem Labyrinth herauszufinden. Zusätzlich gab sie ihm noch ein Schwert, mit dem er den Minotaurus töten könne. Theseus gelang es mit Hilfe von Faden und Schwert, das Ungeheuer zu töten und zusammen mit seinen Gefährten unversehrt aus dem Labyrinth zu entkommen. Zusammen mit Ariadne flohen die Athener, nachdem sie durch Zerstörung der kretischen Schiffe – ein Vorschlag Ariadnes – ihre Verfolgung unmöglich gemacht hatten. Eng umschlungen segelten Theseus und Ariadne in Richtung Athen. Vor ihrer Ankunft in Athen – auf der Insel Naxos – erschien der Gott Bacchus Theseus im Traum und erklärte ihm, dass Ariadne zwar seine ihm vom Schicksal bestimmte Braut sei, er sie aber allein auf der Insel zurücklassen müsse, andernfalls würden er und seine Gefährten von Unheil verfolgt werden. Gottesfürchtig gehorchte Theseus, verließ die schlafende Ariadne und segelte weiter nach Attika, verlor sie damit für immer und überließ sie dem hinterlistigen Bacchus, der sie sich nun selbst zur Frau nahm.

Die Liebe und das Liebespaar entstehen hier gegen die politische Rationalität und die staatliche Raison. Der Ungehorsam gegenüber den politischen Verhältnissen, die hier gleichzeitig die Verhältnisse der Herkunftsfamilie sind, lässt das Paar entstehen. Das scheint aber nicht zu genügen. Damit das Paar weiter existieren kann, ist fortgesetzter Ungehorsam notwendig, selbst der Ungehorsam gegen die Götter.

Sollte das Liebespaar vielleicht sogar zugleich der größte Ungehorsam gegenüber den Göttern und eine Form der (menschlichen) Selbstvergöttlichung sein? Zumindest sprechen die literarischen Vorbilder dafür.

3.1.3 Die Ausgrenzung der Familie

Musste man sich früher gegen die Götter abgrenzen, um zum Liebespaar zu werden, so sind es heute die Vor- und die Nachfahren, gegenüber denen sich die exklusive Liebesfunktion zu bewähren hat: gegenüber den Eltern und Kindern. Hier ist also die Aufgabe der Ausgrenzung der Familie angesprochen, die besonders für das moderne Liebespaar, als auch für Paartherapeuten, bedeutsam sein dürfte.

Dabei fällt es wahrscheinlich oft leichter, sich gegen die Herkunftsfamilie abzugrenzen als gegenüber den eigenen Kindern. Das liegt vermutlich vor allem an deren physischer Präsenz. Wenn sie gerade nicht anwesend sind, kann leicht ihre Abwesenheit zu einem Thema werden, welches das Liebeszwiegespräch und die

Paarbeziehung gefährdet. Kinder sind nun einmal eine ganz massive Attacke auf und eine Gefährdung für eine Liebesbeziehung. Besonders dann, wenn der Mythos gilt, dass Kinder die eigentliche Bestimmung einer Paarbeziehung sind. Sind sie dann (mehr oder weniger wunschgemäß) da, hat man wieder mit ihrer Ausgrenzung zu schaffen, wenn man sich und seine Liebesbeziehung nicht im Dickicht des Familienlebens verlieren will.

Bei dieser Art der Abgrenzung hilft besonders das *Geheimnis*. Das Geheimnis und sein Gegenstück, der Verrat, öffnen und schließen soziale Grenzen durch Kommunikation. Insofern ist die Erzeugung eines Geheimnisses wie seine Auflösung durch Verrat eine grundlegende kommunikative Operation, mit der sich soziale Funktionen der Exklusion und Inklusion beschreiben lassen. Das Geheimnis ist eine der wichtigsten Möglichkeiten zur Differenzierung sozialer Systeme. Informativ abgedichtete Systeme und Subsysteme können über Verrat geöffnet werden. Das Geheimnis lädt zu einer intensiven Beziehung unter Ausschluß anderer ein. Es lässt sich durch Verratsverbot sogar verpflichtend steigern. Das Geheimnis verbindet, der Verrat trennt.

Für die Liebesbeziehung führen das Geheimnis und das Verratsverbot der Liebenden zu einer der wichtigsten Abgrenzungen von anderen, besonders von der Familie. Das Geheimnis des (Eltern-) Paares gegenüber den Kindern und umgekehrt der Kinder gegenüber den Eltern lässt sich als das *kommunikative Inzestverbot* bezeichnen. Es bringt Differenzierung in die Familie hinein und kann dadurch auch der Liebe eine Überlebenschance eröffnen.

Die für das Überleben des Einzelnen, von Liebesbeziehungen, Familien und anderen sozialen Systemen so ungeheuer nützliche Errungenschaft des Geheimnisses kann nicht deutlich genug hervorgehoben werden. Gegenwärtig wird derweil allzu oft dem Mythos der Transparenz und der heilenden Kraft des Verrates das Wort geredet. Die Ratgeberliteratur und die Talkshows sind voll von Verteufelungen und Austreibungsritualen von Familiengeheimnissen. Die Familie gäbe es aber ohne Familiengeheimnisse sicher schon lange nicht mehr. Sie hätte sich ohne das Geheimnis wahrscheinlich auch nie in der Form, wie wir sie heute kennen, entwickeln können.

Die betonte Ausgrenzung aller Außenstehenden erzeugt bei den Ausgrenzenden oft starke Eigentumsgefühle. Für die an einer Liebesgeschichte Beteiligten hat der Besitz (einer Liebesbeziehung bzw. des/der Geliebten) seine Bedeutung nicht allein schon durch das positive Haben; sie kann gesteigert werden oder sich dadurch überhaupt erst entfalten, dass andere ihn (den Geliebten/die Liebesbeziehung) gerade entbehren müssen.

Hier lässt sich die *Eifersucht* als eine exklusive Funktion, die soziale Differenzierung hervorbringt, verorten. Wenn man weiß, dass Eifersucht aufgrund sexueller Untreue der Scheidungsgrund Nummer eins ist (Betzig 1989) und das häufigste

Motiv der Ermordung von Ehefrauen durch ihre Ehemänner (Daly & Wilson 1988), mag es einem manchmal erscheinen, als könnten sich Nicht-Eifersüchtige glücklich schätzen, dass ihnen dieses unerträgliche Gefühl erspart geblieben ist. Das Ganze hat jedoch einen Haken: Will man der Soziobiologie Glauben schenken, dann hätten nämlich genau die Nicht-Eifersüchtigen keine Nachkommen hinterlassen, die ihr sorgenfreies Gemüt erben könnten, weil sie keinen Grund (Eifersucht) hatten, andere Bewerber aus dem Feld zu schlagen. Eifersucht erscheint also als eine Strategie, die alles andere als perfekt sein mag. Aber sie hat sich, in manchen Situationen, als wirksamer herausgestellt als Gleichmut und Gelassenheit.

3.1.4 Die Ausgrenzung von Herrschaft und Beherrschung
Eifersucht steht natürlich in unmittelbarem Zusammenhang mit der Ausgrenzung von Herrschaft und Beherrschung.

Ist diese Furcht vor dem Außer-sich-Geraten beim Zu-ihr-Wollen statt Bei-sich-Bleiben so groß, das sie dich erschüttern könnte? So fasst der Dichter Thomas Brasch (1999) den Gegenstand dieser Ausgrenzung prägnant zusammen. Ein moderner, wenn auch nicht ganz junger Mythos ist der des Fortschritts, der Autonomie und der vernünftigen Beherrschung der eigenen Lebensbedingungen.

In Anbetracht dieses Mythos ist natürlich die Liebe ein Skandal. Sie stellt all dies radikal in Frage. Sie ist alles andere als vernünftige Beherrschung oder gar Selbstbeherrschung. Nicht umsonst wird angesichts der üblichen Ortsbestimmung der beherrschenden Vernunft im menschlichen Kopf der von Liebe Überwältigte als *kopflos* oder *kopfverdreht* bezeichnet. Die Liebe stellt einen radikalen Angriff auf die Vorstellung von der eigenen Autonomie dar. An Fortschritt ist schon gar nicht mehr zu denken. Die Ausgrenzung dieser (selbst-) beherrschenden Vernunft ist daher eine weitere zentrale Ausgrenzungsfunktion der Liebe. All die Herausforderungen des vernünftigen Ausgrenzens der unvernünftigen Liebe und des unvernünftigen Ausgrenzens der Vernunft durch die Liebe sind allbekannte Themen unserer Kultur.

Der 12. Gesang der *Odyssee* gibt davon Zeugnis: Es ist die bekannte Geschichte der Versuchung des Odysseus durch den unwiderstehlichen Gesang der Sirenen. Realistisch wird dort die Versuchung durch die Sirenen als mächtiger eingeschätzt als die Macht einer wie auch immer sich (selbst) beherrschenden Vernunft. Die gefürchtete unbeherrschte Eifersucht ist eine Form der Ausgrenzung von vernünftiger Beherrschung in der Liebe. Dabei ist, nüchtern betrachtet, Eifersucht nichts anderes als die Realisierung der exklusiven Funktion des Liebesmythos. Man möchte einfach den/die Geliebte mit niemand und nichts anderem teilen. Insofern kann nicht nur die Liebe, sondern auch die Eifersucht nichts anderes als asozial sein.

Ich unterscheide daher verschiedene Formen von Eifersucht, die mehr oder weniger ausgrenzende Operationen des Liebesmythos sind: Eine Eifersucht, die ich als *asoziale Eifersucht* im eben definierten Sinne bezeichnet habe, nimmt ihre Gründe aus dem (vielleicht) vergeblichen Versuch, den anderen ganz besitzen zu wollen und zu können. Hier scheint mir aber eine Unterscheidung von Gründen und Motiven nützlich: In der Liebe wird das meiste grundlos getan. So kann es beispielsweise Vertrauen nur unbegründet geben; andernfalls ist es wohl etwas anderes. Die Suche nach Gründen etwa für Eifersucht wird dem Motiv nicht gerecht, denn es kann keine Gründe für Eifersucht geben, aber sehr wohl Motive für Eifersucht, z.B. die grenzbildende und paarkonstituierende Funktion der Eifersucht. Gründe verweisen in die Vergangenheit und erklären allenfalls das Problem, vielleicht aber nur noch das Ende oder den Tod von etwas, mit dem man dann glaubt leben zu müssen. Motive dagegen verweisen in die Zukunft. Wo es Motive gibt, gibt es Zukunft und kann Leben geschaffen oder am Leben erhalten werden, und sei es das Liebesleben – was aber nicht das Geringste wäre.

Deutlich von der asozialen Eifersucht zu unterscheiden ist eine Eifersucht, die ich *soziale Eifersucht* nenne. Diese Eifersucht ist keine liebende Eifersucht, die den Geliebten und die anderen im Auge hat, sondern eine, die sich selbst und die anderen im Auge hat, oder besser: sich selbst in den Augen der anderen. Sie entsteht aus einem verletzten Ehrgefühl des Eifersüchtigen und versucht sich mit dem in Rache verwandelten Zorn des verletzten, beleidigten Partners des Verlusts der eigenen Ehre zu erwehren und sich von der Befleckung einer verlorenen Ehre zu reinigen. Hier sind die Eifersüchtigen nicht Wächter der Ausschließlichkeit, indem sie andere und anderes ausgrenzen, sondern sie sind Hüter ihres Ansehens. Sie sind Sklaven der öffentlichen Meinung über sie. Ein (vermuteter) Gesellschaftskodex der Ehre ist hier maßgebend und handlungsanleitend. Das Dritte – die Gesellschaft, die Kultur, die öffentliche Meinung und das öffentliche Ansehen – wird durch diese Art der Eifersucht gerade nicht ausgeschlossen, sondern integriert. Der sozial Eifersüchtige versucht nicht den Blick des Geliebten wieder ausschließlich auf sich selbst zu richten, um im Blick des Geliebten aufgehoben zu sein, sondern er fühlt sich im Blick der Öffentlichkeit geschädigt. Sein soziales Ansehen hat gelitten, und dieses Ansehen soll wieder hergestellt werden bzw. der andere soll nun ebenfalls in seinem sozialen Ansehen geschädigt werden. Was einer vorstellt, genauer: was sich die anderen für eine Vorstellung von ihm selbst machen, ist Gegenstand der Sorge der sozialen Eifersucht. Die soziale Eifersucht ist ein Scheitern des Ausgrenzens der Beherrschung. Die anderen und deren Vorstellung werden in die Paarbeziehung inkludiert. Ergebnis: Die Liebesbeziehung löst sich auf.

Neben der Ausgrenzung von Tod und Alter als Funktion des Liebesmythos, die ich an anderer Stelle (Retzer 2004) ausführlich beschrieben habe, soll hier die Ausgrenzung von gegenwärtiger institutioneller Verfügbarkeit als eine weiter Funktion des Liebesmythos dargestellt werden.

3.1.5 Die Ausgrenzung von Funktionalität

Aus der Liebe lässt sich keine Institution machen. Moderne Personen haben immer mehr die Vorstellung von sich und anderen als einer Ressource von Organen, Funktionen und Prozessen. Personenzentriertheit wird zur Funktionszentriertheit. Die Liebe führt hier zu einer radikalen Ausgrenzung dieser selektierenden Funktionssysteme. Dadurch entsteht eine – in den Augen mancher Beobachter – scheinbar anachronistische und asoziale Rückwärtsbewegung. Die Liebe versucht, aus funktionalen Kommunikatoren Personen zu machen.

Funktionieren, Funktionen und Fortschritt finden in der Liebe ihre Gegenposition. Vielleicht ähnlich, wie es Walter Benjamin beschreibt; er formuliert angesichts der Katastrophen des 20. Jahrhunderts 1940 seine Thesen »Über den Begriff der Geschichte« als Gedankenexperiment. Er stellt damit nicht nur eine eindrucksvolle Gegenposition zur optimistischen Geschichtsdialektik von Hegel und Marx dar, sondern auch einen Kontrapunkt gegenüber der fortschrittsoptimistischen Begleitmusik differenzierter Funktionssysteme. – In der IX. These beschreibt Benjamin den *Angulus Novus* von Paul Klee:

»Es gibt ein Bild von Klee, das Angulus Novus heißt. Ein Engel ist darauf dargestellt, der aussieht, als wäre er im Begriff, sich von etwas zu entfernen, worauf er starrt. Seine Augen sind aufgerissen, sein Mund steht offen und seine Flügel sind ausgespannt. Der Engel der Geschichte muß so aussehen. Er hat das Antlitz der Vergangenheit zugewendet. Wo eine Kette von Begebenheiten vor uns erscheint, da sieht er eine einzige Katastrophe, die unablässig Trümmer auf Trümmer häuft und sie ihm vor die Füße schleudert. Er möchte wohl verweilen, die Toten wecken und das Zerschlagene zusammenfügen. Aber ein Sturm weht vom Paradies her, der sich in seinen Flügeln verfangen hat und so stark ist, daß der Engel sie nicht mehr schließen kann. Dieser Sturm treibt ihn unaufhaltsam in die Zukunft, der er den Rücken kehrt, während der Trümmerhaufen vor ihm zum Himmel wächst. Das, was wir den Fortschritt nennen, ist dieser Sturm« (Benjamin 1940, S. 146).

Auch wenn der fortschrittsgläubige Marx noch meinte, die Revolutionen wären die Lokomotive der Weltgeschichte, ist es vielleicht doch gänzlich anders. Vielleicht sind die Revolutionen nichts anderes als der Griff des Menschengeschlechts, das in diesem Zuge reist, nach der Notbremse. Vielleicht ist aber auch die Kunst und sind vor allem und besonders die Liebe, Liebesgeschichte und Liebesbeziehungen nichts anderes als der Griff zur Notbremse.

Die Liebe kann zu einem Gegengewicht zur utilitaristischen Entzauberung der Welt werden. Sie wird zu einem asozialen Phänomen. Liebe kann zu etwas führen, was über das Lebensdienliche und Realitätstüchtige hinausgeht und sich von Vernunft, Politik und Moral nicht in die Pflicht nehmen lässt. Die Liebe entbehrt der

Nützlichkeit. Nützlichkeit bindet an diese Welt; die unnütze und unökonomische Liebe grenzt dagegen von der Welt ab und ist dazu da, verschwendet, aufgeopfert, verspielt und verausgabt zu werden. Aber: Man muss es sich leisten können, den anderen nicht zur Kasse zu bitten. Liebende können sich das wohl leisten.

Soweit einige der Bereiche, die über die exklusive Funktion des Liebesmythos abgegrenzt und ausgeschlossen werden können. Ich komme nun zu der zweiten Gruppe räumlicher Funktionen des Liebesmythos, den inklusiven Funktionen.

3.2 Die inklusive Funktion

»Noch stundenlang miteinander geredet, als würde alles Erlebte erst wirklich, wenn wir es einander erzählen.« So beschreibt Monika Maron (2002) die inklusive Funktion. Brigitte Kronauer (2004) definiert noch etwas radikaler, dass nämlich die Welt nur als Begleitumstand einer Liebe zu ertragen ist.

Der Liebesanspruch auf Wiederherstellung der Welt scheint zunächst im Gegensatz zur exklusiven Weltabgewandtheit des Liebespaares zu stehen. Dort, wo die Liebe weltabwendend das Paar entstehen lässt, eröffnet sie aber gerade dadurch eine Weltherstellung, eine Herstellung oder Wiederherstellung der Liebenden und der Welt, wie sie eigentlich gemeint waren, genauer: wie wir meinen, dass wir und sie gemeint waren. Auch hier übernehmen wir uns und die Welt. Wir nehmen uns und die Welt wieder in Besitz. Die Liebe verspricht die entzauberte Welt (Weber 1919) wieder zu verzaubern, damit wir sie uns dann und dadurch wieder aneignen.

Schon in der Romantik wird der Weltverlust des modernen Subjekts beklagt. *Ich* und *Welt* fallen auseinander, Sinn ist nicht mehr aus der Welt zu gewinnen. Die Entzauberung der Welt meint, dass immer mehr Tatsachenzusammenhänge, vor allem mit Hilfe der Wissenschaft, vorgeführt und begriffen werden, dass es keine prinzipiell geheimnisvollen unberechenbare Mächte gebe, sondern alles im Prinzip beherrscht und berechnet werden könne. Mit der Entzauberung geht jedoch auch der Sinn verloren. Weder ist Sinn in der Welt zu finden, noch haben Methoden wie etwa Wissenschaft oder Technik einen Sinn. Die Entzauberung der Welt bezeichnet ein Lebensgefühl, das sich parallel zur Entwicklung differenzierter Funktionssysteme entwickelt.

Unsere wichtigen Fragen bleiben aber unbeantwortet: Was sollen wir tun? Wie sollen wir leben? Oder allgemeiner: Welchen Sinn sollen wir der Welt und uns in ihr geben? Wir sind gezwungen, durch Selbstbesinnung uns selbst Rechenschaft über den Sinn unseres eigenen Tuns zu geben. Oder, um es mit der Metapher des Zaubers auszudrücken: wir sind nach der Entzauberung der Welt darauf angewiesen, uns und die Welt selbst wieder zu verzaubern.

Der inklusiven Funktion der Liebe wird diese Art der Selbst- und Weltverzauberung zugetraut oder zugemutet. Der Geliebte soll zum Universum werden, indem man sich selbst – als Liebender und Geliebter der Welt – Sinn zuschreiben kann. Dem Geliebten wird zugestanden, dass man durch ihn und durch die Liebe zu ihm das eigene Ich entfalten kann, Identität gewinnt und herstellt und damit auch die Welt wieder herstellen kann.

Milan Kundera (1997) beschreibt eindrucksvoll die Liebe als ein Beobachtungsphänomen, durch das die Geliebte sich selbst und die verlorene Welt hervorzubringen hofft: »Der Gedanke an den Mann, der sie liebte, tauchte wieder auf. Wenn er hier wäre, würde er sie beim Namen rufen. Wenn es ihr gelänge, sich an sein Gesicht zu erinnern, könnte sie sich vielleicht den Mund vorstellen, der ihren Namen spricht. Das scheint ihr ein guter Weg: auf dem Umweg über diesen Mann zu ihrem Namen zu gelangen« (ebd., S. 161). Diese Vorstellung des Beobachtet- und Benanntwerdens findet sich schon im alten Ägypten. Dort galt das Sprichwort: Einer lebt, wenn sein Name genannt wird. Die Ägypter waren an der Überwindung des Todes interessiert. Und dafür setzten sie alle ihre Hoffnung auf die symbolischen Formen, die Sprache, die Nennung des Namens. Liebe, Gedächtnis und Sprache stiften für den Ägypter eine Konnektivität, die das einzelne Leben auch über die Todesschwelle, den Stillstand des Herzens und den Zerfall der organischen Einheit hinwegzutragen vermag.

Damit kann etwas entstehen, was ich als die *Selbstaneignung durch Besessenheit* bezeichnet habe. Max Frisch (1975, S. 27) hatte dies vielleicht auch im Sinn, als er schrieb: »Was soll der Partner? Er soll verstehen, was ich nicht auszudrücken vermag; er soll einverstanden sein. Ich ertrage mich nicht.« Im liebenden Blick des anderen entsteht der Geliebte als Hergestellter. Er wird dadurch vielleicht sogar ganz oder heil, zumindest so verzaubert, dass er sich selbst besinnen kann. Gesehen werden, um zu sein.

Ich werde immer weniger sehen, auch wenn ich das Augenlicht nicht verliere, werde ich immer blinder, mit jedem Tag, weil ich niemanden habe, der mich sehen kann (so José Saramago [1995]). Hier zeigt sich die Dialektik der Liebe: die Aufhebung von Identität, Autonomie oder Bewusstsein des einen, ein Aufgehen, ein Sich-Verlieren im anderen und möglicherweise daran anschließend Wiedergewinnung von all dem, aber auf andere Weise. Wer liebt, hat einen Teil seiner gewohnten Selbstverteidigungsinstanzen gegenüber der geliebten Person außer Kraft gesetzt. Er befindet sich in einem Zustand der selbstgewollten Wehrlosigkeit.

Die Liebe scheint also nicht nur aus dem beliebigen Paar das einzigartige Liebespaar, sondern sie scheint dann auch aus der austauschbaren Figur – dem Funktionsträger – den einzigartigen Menschen zu machen. Die Funktionen der Liebe bewirken, dass die Liebe zugleich exklusiv und inklusiv, weltabgewandt und dadurch weltherstellend sein kann.

4. Die Liebe, das Paar und der Paartherapeut

Es soll nun bedacht werden, wie der Liebesmythos, der bisher in seinen Funktionen für das (Liebes-) Paar beschrieben wurde, Funktionen für die Paartherapie bzw. das Vorgehen des Paartherapeuten haben kann:

Dabei begeben wir uns in ein schwieriges und unwegsames Gelände, und wir tun gut daran, die Warnung von Undine Gruenter (2004) in ihrem letzten Roman zum Thema im Ohr zu behalten: »… wie jede wirkliche Liebe auf Geheimhaltung beruhen sollte. Nur Schwätzer tragen die Geheimnisse ihrer Liebe zu den Freunden und bis in die Therapien« (ebd., S. 40). Aber das Gebot der Geheimhaltung bzw. der Vermeidung von Geschwätz ist andererseits auch wiederum nicht so schwierig, denn Liebespaare kommen bekanntlich nicht in die Paartherapie, die haben offensichtlich besseres zu tun.

4.1 Den Liebesmythos erzählen

Daraus ergibt sich aber auch schon eine der Funktionen des Liebesmythos für den Paartherapeuten. Er kann dazu einladen, diesen Mythos wieder zu erzählen. Dies kann gelingen, indem man an den Anfang zurückgeht und der Ursprungsmythos aktiviert wird. Gelingt dies, kann man häufig beobachten, wie sich das ganze Bild des Paares dreht, wie sich die Atmosphäre verändert und man plötzlich den Eindruck gewinnt, dieses Paar habe, weil es eine Vergangenheit hat, nun auch eine Zukunft. Dies muss aber nicht immer und notwendigerweise so sein. Der Liebesmythos kann auch nicht mehr erzählbar sein. Etwa, weil sich die Gegenwart oder was man dafür hält nicht mehr mit dem Liebesmythos in plausible Verbindung bringen lässt.

Stattdessen zahlen sich manche – und das sind nicht wenige – Bürger als Männer und Frauen in Ehekriegen das heim, was sich eine hochzivilisierte Gesellschaft an Bürgerkriegen – vielleicht – erspart. In kleiner Münze, könnte man sagen – aber nicht weniger vernichtend. Ein großer Teil aller Gewalt entsteht nun mal aus Liebe und Enttäuschung.

4.2 Das Wunder der Ehe

Gleichwohl kann die Erzählbarkeit des Liebesmythos nicht nur eine besondere Ressource für den Ehealltag sein, sondern ihr kommt auch eine besondere prognostische Bedeutung zu. Denn die Ehe unter Gleichen hat ihre Tragik in der Tatsache, dass die Verheißung der Gleichheit nicht eingelöst wird und daher viele die Chance nutzen wollen, eine nächste, bessere Partnerschaft einzugehen, in der sich die enttäuschte Verheißung doch noch erfüllen könnte. Deshalb sind nicht sosehr Gewalt,

Scheidungen und Trennungen erklärungsbedürftig; das eigentliche »Wunder der Ehe« liegt vielmehr darin, dass sie diese Tragik aushält: Die meisten Ehen überleben und dauern heute viel länger als früher. Und hier scheint mir wiederum eine der Funktionen des Liebesmythos aufzutauchen bzw. eine Erklärung zu sein.

4.3 Vergeben und Verzeihen

Der Liebesmythos ermöglicht es, den Anspruch auf Gerechtigkeit und gerechten Ausgleich dort, wo er sich nicht erfüllt, aufzugeben. Und ich meine, er erfüllt sich viel weniger, als wir gemeinhin anzunehmen und zuzugeben bereit sind. Stattdessen kann der Liebesmythos ein Leben mit der Ungerechtigkeit und der Ungleichheit möglich machen. Freilich unter Rückgriff auf solche archaischen oder vormodernen Verfahrensweisen wie die Vergebung und das Verzeihen.

Hier stellt sich auch eine Funktion des Liebesmythos im Hinblick auf die gängigen, vor allem auch traditionellen systemischen und paartherapeutischen Theorien und Methoden dar. Ich meine die Relativierung der weit verbreiteten ökonomischen Austauschtheorien des *Do ut des*[3] oder *Quid pro quo*[4], die den gerechten Handel bzw. das Aushandeln von vertraglich zugesicherten Bedingungen zum Prinzip erhoben haben. Aber in der Liebe gibt es nun einmal keine Gerechtigkeit, keinen Ausgleich und auch kein Aushandeln. In der Liebe werden vielmehr völlig unökonomisch Geschenke verteilt. Man vergibt sich dabei nichts, wenn man vergibt. Aber man muss es sich auch leisten können, den anderen nicht zur Kasse zu bitten. Die Liebe lässt sich auch da nicht lumpen.

4.4 Systematische Verkennung

Eine nicht zu unterschätzende weitere Funktion des Liebesmythos für die Realisierung des »Wunders der Ehe« scheint mir die Erzeugung systematischer wechselseitiger Fehleinschätzungen oder eines wechselseitigen Verkennens der Liebenden zu sein (Murray & Holmes 1997; Murray et al. 1996a und b, 2000).

Liebende sehen sich und zeigen sich zunächst ja bekanntlich von ihrer besten Seite. Sie sehen und zeigen dabei aber kein falsches Bild. Denn auch die beste Seite stellt ja eine Wirklichkeit dar. Dass sie nicht die ganze Wirklichkeit ist, werfen sich die beiden – später – oft vor. Später, beim Durchschreiten der verschiedenen Paarbeziehungsphasen: von der konstitutiven über die destruktive bis hin zur fugitiven Phase. Erst vor dem Scheidungsrichter merkt dann mancher, mit wem er da eigentlich verheiratet war. Die Desillusionierung ist vollkommen – und zugleich: eine vollkommen neue Art der Illusion. Denn das Bild des Bösen, das sich vom jeweils anderen im Prozess der Scheidung abzeichnet, ist nicht wahrer und wirklicher als das Bild der Güte, das ihn in der Phase des Verliebtseins so anziehend gemacht hat. Oder, anders formuliert: beide sind falsch.

Aber mit einem falsch positiven Bild scheint sich besser leben zu lassen. Zumindest lassen sich so auch einige empirische Befunde über die Verkennung in Paarbeziehungen verstehen. Das wichtigste Mittel zur Verkennung ist dann wieder der Liebesmythos. Wenn man also einen Ratschlag geben mag, dann den: Färben Sie sich Ihren Partner schön, glauben Sie an die positive Kraft der Illusion. Das erinnert vielleicht an die systemische Alltagsweisheit, dass mancher und manche sich ihren Partner »schönsaufen« oder mit anderen chemischen Mitteln nachhelfen. Daran scheint etwas zu sein, bzw. auch hier erweist sich der Liebesmythos wieder als wahrnehmungsverändernde Ersatzdroge. Es sei an unsere Mandelkerne vom Anfang erinnert.

So klar und deutlich wie kaum ein anderer hat der italienische Dichter Giacomo Leopardi schon vor fast 200 Jahren auf diese (über-) lebensnotwendige Verkennung hingewiesen. In seinem *Zibaldone*, dem kürzlich endlich eine deutsche Übersetzung unter dem prägnanten Titel *Das Massaker der Illusionen* (2002) gegönnt wurde, formuliert Leopardi seinen Kerngedanken von der Illusion als eine Kraft, die die Welt trägt und bewegt, und andererseits von den negativen Konsequenzen, die ihre Vernichtung im Leben des Einzelnen wie von sozialen Gruppen und Völkern ausgelöst hat. Dies gilt ebenso – so ließe sich nun ergänzen – für das Leben bzw. Überleben von Paaren und ist nun auch noch empirisch abgesichert worden, obwohl es ja jeder, der Augen zu sehen und Ohren zu hören hat, selbst schon lange wusste.

4.5 Die Liebe: der Platzverweis für Paartherapeuten

Zu guter Letzt sei aber das grundlegende Kunststück erwähnt, das jeder Paartherapeut im Auge haben sollte. Wenn eine der Funktionen des Liebesmythos die exklusive Funktion ist, dann hat der Paartherapeut damit zu rechnen, dass er spätestens in dem Moment, in dem sich der Liebesmythos wieder konstituiert, ausgeschlossen wird, bzw. er sollte sich dann nicht zu eindringlich oder gar anhänglich geben. Wie das geschehen kann, ist allerdings dann wirklich ein anderes Thema bzw. wird an anderer Stelle thematisiert (Retzer 2004).

Der Paartherapeut kann zwar Leibseelisch-Intimes und Liebesangelegenheiten behandeln, aber nicht intim, sondern nur sachlich. Unaufhörlich nagt auch in Paartherapien der Verrat am fragilen Sockel der Liebesbeziehung. Der Verrat, der sich auch in der Preisgabe von Geheimnissen und in Indiskretionen äußern kann. Das besondere Kunststück der Liebe besteht ja darin, dass sie die Mitteilung von Nichtmitteilbarem ist. Hier ist dann die Liebe nicht nur ein Kunststück, sondern sie ähnelt der Kunst selbst. Kunstwerke bedeuten nicht, sondern sie sind, es ist nur schwer möglich, zwischen Darstellung und Dargestelltem zu unterscheiden. Eine Säule sagt nichts als sich selbst. Liebe wie Kunst lassen sich dann wohl doch nur produzieren, nicht kommunizieren. Beide sind ohne Wohin und Wozu – ohne Ökonomie und ohne Fortschritt.

Für die Liebenden ist Liebe allenfalls durch einen Sprung zum anderen möglich, über den Abgrund hinweg, der zwei Menschen trennt, und ist dabei natürlich auch gefährlich. Denn: Wo das Meer beginnt, ist der Ort, an dem wir den Boden unter den Füßen verlieren können, von Wellen leicht getragen sind und uns selbst dabei leichter ertragen. Wellen, die uns aber auch im nächsten Moment zu verschlingen drohen. Der Abgrund und die Untiefen sind in Kauf zu nehmen: das ist eine Einsicht, die zu vermitteln vielleicht aber nur die Dichter fähig sind – wenn überhaupt jemand.

Anmerkungen

1 Zu Liebesmythen und ihren vielfältigen Funktionen siehe auch mein Buch *Systemische Paartherapie*, Stuttgart (Klett-Cotta) 2004, mit dem sich diese Arbeit in einigen Punkten überschneidet, insbesondere mit dem 1. Kapitel.
2 Gemeint ist die bekannte Geschichte der Bestrafung und Vertreibung der Kugelmenschen (im Aristophanes-Mythos in Platons *Symposion*) bzw. die Verbannung der »gefiederten« Seelen (im Phaidros).
3 Das *Do ut des* (»Ich tue, damit du tust«) ist ein Bestandteil des römischen Rechts, also eine juristische Festlegung von Recht und Gerechtigkeit. Leicht lässt sich daraus ein Rechtsanspruch auf Gerechtigkeit und gerechten Ausgleich ableiten.
4 Das eheliche *Quid pro quo* ist eine Vorstellung, die von Jackson (1965) in die paartherapeutische Literatur und Konzeptbildung eingeführt wurde, um die Regeln zu beschreiben, nach denen in einer Paarbeziehung Gewinne und Verluste bilanziert werden und entsprechend ausbalanciert sind oder eben auch nicht.

Literatur

Assmann, J. (1997): *Das kulturelle Gedächtnis*. München: C. H. Beck.
Bartels, A. & Zeki, S. (2002): The neural basis of romantic love. *Neuroreport* 11, S. 3829–3834.
Benjamin, W. (1940): Über den Begriff der Geschichte. In: Ders. (1992): *Sprache und Geschichte*. Stuttgart: Reclam.
Betzig, L. (1989): Causes of conjugal dissolution: A cross-culture study. *Current Anthropology* 30, S. 654–676.
Brasch, T. (1999): *Mädchenmörder Brunke*. Frankfurt a. M.: Suhrkamp.
Daly, M. & Wilson, M. (1988): *Homicide*. New York: Aldine de Gruyter.
Frisch, M. (1975): *Montauk. Eine Erzählung*. Frankfurt a. M.: Suhrkamp 2001.

Gruenter, U. (2004): *Der verschlossene Garten*. München, Wien: Hanser.
Jackson, D. D. (1965): Familienregeln: Das eheliche Quid pro quo. In: Watzlawick, P. & Weakland, J. H. (Hrsg.): *Interaktion*. Bern: Huber 1980, S. 47–60.
Kirchhoff, B. (2004): *Wo das Meer beginnt*. Frankfurt a. M.: Frankfurter Verlagsanstalt.
Kronauer, B. (2004): *Verlangen nach Musik und Gebirge*. Stuttgart: Klett-Cotta.
Kundera, M. (1997): *Identität*. München, Wien: Hanser 1998.
Leopardi, G. (1898): *Das Massaker der Illusionen*. Frankfurt a. M.: Eichborn 2002.
Lévi-Strauss, C. (1962): *Das wilde Denken*. Frankfurt a. M.: Suhrkamp 1973.
Maron, M. (2002): *Endmoränen*. Frankfurt a. M.: S. Fischer.
Murray, S. L. & Holmes, J. G. (1997): A leap of faith? Positive illusions in romantic relationship. *Personality and Social Psychology Bulletin* 23, S. 586–604.
–, Holmes, J. G. & Griffin, D. W. (1996a): The benefits of positive illusions: Idealization and the construction of satisfaction in close relationships. *Journal of Personal and Social Psychology* 70, S. 79–98.
–, J. G. Holmes & Griffin, D. W. (1996b): The self-fulfilling nature of positive illusions in romantic relationships: Love is not blind, but prescient. *Journal of Personal and Social Psychology* 71, S. 1155–1180.
–, Holmes, J. G., Dolderman, D. & Griffin, D. W. (2000): What the motivated mind sees: Comparing friends' perspectives to married partners' view of each other. *Journal of Experimental Social Psychology* 36, S. 600–620.
Retzer, A. (2004): *Systemische Paartherapie. Konzepte, Methode, Praxis*. Stuttgart: Klett-Cotta.
– (2005): Tod und Töten in der Familie: Opfer – Täter – Erinnern – Vergessen. *Familiendynamik* 30, S. 23–43.
Saramago, J. (1995): *Die Stadt der Blinden*. Reinbek b. Hamburg: Rowohlt 1997.
Weber, M. (1919): *Wissenschaft als Beruf*. Stuttgart: Reclam 1995.

Astrid Riehl-Emde Liebe im Fokus der Paartherapie

In diesem Beitrag werden die unterschiedlichen Handlungslogiken von Partnerschaft und Liebe herausgearbeitet. Seit etwa 1980 wurde gesellschaftlich, aber auch in der Paartherapie der Schwerpunkt auf das Beziehungsmodell der Partnerschaft gelegt. Astrid Riehl-Emde stellt fest, dass eine Paartherapie, die sich vor allem auf die Funktionalität einer Partnerschaft sowie auf Kommunikation und Problemlösen konzentriert, vielen Paartherapeuten heute nicht mehr genügt, genauso wenig wie vielen Paaren. Wenn das Verständnis einer Paarbeziehung auf Liebe verzichtet, verpasst es deren spezifische Bindungskraft. Allzu sehr würde dabei die komplexe Dynamik der Liebe, das Hintergründige und Unbewusste, die Motivationen, Ängste und Ambivalenzen, ausgeklammert. Astrid Riehl-Emde plädiert dafür, die Paartherapie um die Dimension der Liebe zu ergänzen, um den therapeutischen Prozess zu vertiefen und näher bei den Anliegen vieler Paare zu bleiben.

1. Einleitung

In Deutschland ist am 1. August 2004 ein internationaler Wettbewerb um das schönste deutsche Wort zu Ende gegangen. Der deutsche Sprachrat und das Goethe-Institut haben diesen Wettbewerb angeregt, der ein großes Echo in den Medien ausgelöst hat. Die Worte »Liebe«, »Heimat« und »Glück« führten im Wettbewerb lange Zeit die Rangfolge an. Obwohl »Liebe« schließlich nicht den ersten, sondern das Verb »lieben« den dritten Rang unter den schönsten deutschen Worten errungen hat, zeigt das Ergebnis den hohen Stellenwert der Liebe. Warum gerade jetzt? Warum rückt gerade jetzt die »Liebe in den Fokus der Paartherapie«?

Wer nach Erklärungen sucht, landet ganz schnell beim Befund der enormen Bedeutungssteigerung der Liebe in unserer Zeit. Repräsentative Befragungen in den alten und neuen deutschen Bundesländern (Brähler & Richter 2000) zeigen, dass die auf Liebe basierende Paarbeziehung nicht nur bei jungen Menschen, sondern in allen Altersstufen die bevorzugte Option darstellt, noch wichtiger als Berufserfolg und Kinder. Dieser Befund ist vermutlich auf die Schweiz und auf Österreich übertragbar. Die Paarbeziehung soll Selbstverwirklichung und persönliches Glück durch

Liebe und sexuelle Erfüllung ermöglichen. Wenn dies nicht (mehr) gelingt, steht sie zur Disposition. Die Ansprüche an die Beziehung sind also enorm hoch, und es ist sogar die Rede davon, dass wir in eine »Liebesfalle« geraten sind. – Auch wir als Paartherapeuten müssen uns natürlich fragen, wie weit wir noch von der Liebesfalle entfernt sind oder ob wir gar schon mittendrin sitzen.

Ohne unseren Diskussionen (während des Kongresses) vorgreifen zu wollen, meine ich, als erste Antwort auf das Thema des Kongresses: Ja, die Liebe soll in den Fokus der Paartherapie rücken:

- weil es folgerichtig ist angesichts der Bedeutung der Liebesbeziehung für das Zusammenbleiben;
- weil wir damit näher dran sind am Anliegen vieler Paare. Denn Paare kommen zur Paartherapie mehrheitlich in Situationen, in denen die Liebesbeziehung nur noch eingeschränkt oder gar nicht mehr besteht oder Zweifel an der Liebe – an der eigenen oder der des Partners – ein erträgliches Maß überschritten haben und damit das Fundament der Beziehung in Frage stellen.

In welcher Art wir Therapeuten beim Thema »Liebe« mitmachen, steht natürlich noch auf einem anderen Blatt. Genau genommen ist die Liebe schon seit einigen Jahren stärker in den Fokus gerückt; das Thema lag offenbar an vielen Orten gleichzeitig »in der Luft«. Wer das Literaturaufkommen unseres Fachgebiets verfolgt hat, weiß, dass seit Mitte der 90er Jahre im psychologisch-psychotherapeutischen, im soziologischen und sogar im philosophischen Gebiet diverse Fachbücher und Artikel zum Thema »Liebe« erschienen sind (z.B. Alberoni 1998; Burkart 1998; Cöllen 1997; Grunebaum 1997; Retzer 2002; Revenstorf 1999; Thomä 2000; Willi 2002). Nicht zuletzt die Hirnforscher haben die Liebe entdeckt und wollen zumindest deren topographische und biochemische Grundlagen dingfest machen (Bartels & Zeki 2000).

Wie ist es dazu gekommen?

Die Liebe habe eine solche Bedeutungssteigerung erlebt, weil sie nicht oder nur sehr begrenzt organisierbar und rationalisierbar sei, lautet eine Hypothese von Ulrich Beck (1990). Das Thema »Liebe« könnte deswegen auch für uns Paartherapeuten attraktiv sein. Denn das, was sich klar und eindeutig operationalisieren und messen lässt, genügt unseren Vorstellungen von der Komplexität zwischenmenschlicher Beziehungen in der Regel nicht. Therapeutinnen und Therapeuten sind heute nicht mehr so stark wie in den letzten 15 bis 20 Jahren auf das Machbare, Pragmatische ausgerichtet, sondern viel stärker auf der Suche nach Ressourcen, nach Humor, nach Begehren, nach den nicht einfach machbaren oder organisierbaren Komponenten – dazu gehört auch die Liebesbeziehung.

Das »Reparieren« von Beziehungen – hin zu einer besseren Funktionalität –, das sich hin und wieder in der Praxis vollzieht, reicht vielen Paartherapeuten nicht mehr aus. Wenn mir ein Paar sagt, die Paartherapie habe zwar geholfen, sich weniger zu streiten, aber der Preis dafür sei eine weniger intensive Sexualität, so bringt dies mein Unbehagen auf den Punkt. Ich beginne zu zweifeln, ob das Paar im Wissen um dieses Ergebnis eine Paartherapie aufgesucht hätte.

Auch vielen Paaren reicht die Funktionalität allein (Kommunikation, Problemlösen) nicht: Im Schnitt wissen Paare heute mehr über die Psychologie von Beziehungen als früher. Es ist zu einer erheblichen Psychologisierung des Zusammenlebens gekommen. Paare wollen »mehr«, obwohl Beziehungen natürlich auch immer einen pragmatischen Kern haben.

Ich persönlich verdanke meinen Zugang zum Thema einer empirischen Untersuchung, die ich Anfang der 90er Jahre mit Unterstützung der Arbeitsgemeinschaft Koevolution (heute Institut für Ökologisch-systemische Therapie) im Raum Zürich durchgeführt habe.[1] Doch dies soll hier nicht das Thema sein, sondern ich will:

(1) zunächst die Hypothese in den Mittelpunkt stellen, dass die Liebe vor 30 Jahren eine wichtigere Rolle in der Paartherapie gespielt hat als in den letzten 20 Jahren, allerdings noch nicht in Form eines ausformulierten Konzeptes. Ich werde dazu ein historisches Dokument aus der Paartherapie präsentieren;
(2) des Weiteren kurz darauf eingehen, dass die Liebe in der Paartherapie zwischenzeitlich vernachlässigt wurde und zulasten der Partnerschaft in den Hintergrund geriet;
(3) schließlich darlegen, was es für meinen therapeutischen Zugang zu Paaren bedeutet, die Liebe in den Fokus zu stellen.

2. Zur Hypothese: »Die Zweierbeziehung« – und die Liebe

Mir kommt es so vor, als wären die »Paartherapeuten der ersten Stunde« mit ihren Konzepten vom Unbewussten näher an der Liebe »dran gewesen«, als es heutige Paartherapeuten mit vielen der aktuellen Konzepte sind. Damals wurde nach unbewussten Dynamiken gesucht, mit denen der Spielraum für das letztlich Unbegreifliche der Liebe zwangsläufig größer war als heute.

Bei dem folgenden historischen Dokument handelt es sich um einen Ausschnitt aus der *Therapie der Zweierbeziehung* (Willi 1978). Die Paargeschichte wurde Ende der 70er Jahre unter dem Titel »Die Ängste sitzen ganz tief« verfilmt und im Ersten Deutschen Fernsehen (ARD) ausgestrahlt. Dargestellt sind ein Teil der Abschlusssitzung mit dem Paar und der anschließende Austausch des Therapeuten mit seinem Supervisor.

2.1 Das historische Dokument

Szene 1: Abschlussgespräch in der paartherapeutischen Praxis
Herr und Frau Gassmann, beide Anfang 30, sitzen dem Therapeuten gegenüber. Frau Gassmann wirkt vital und energisch, ihre Stimme ist etwas rau und kräftiger als die ihres Mannes, der insgesamt eher blass und unscheinbar erscheint. Der Paartherapeut tritt auf als ein ernster, nachdenklicher Mann Mitte 50.

Therapeut: Wenn Sie sich jetzt nach ½ Jahr Therapie trennen wollen, empfinden Sie diesen Entschluss als eine Befreiung? Oder haben Sie das Gefühl, dass Ihnen die Therapie etwas schuldig geblieben ist? Dass in Ihnen eher etwas kaputtgegangen ist?
Frau G: Im Moment empfinde ich diesen Entschluss als Befreiung und doch tut es weh.
Therapeut: Wie fühlen Sie das?
Herr G: Wenn Vera das wirklich will, werde ich die Scheidung akzeptieren.
Therapeut: Wenn nun das Ende der Therapie die Scheidung ist, wie denken Sie dann über die ganze Therapie?
Frau G: Ich habe daraus gelernt. Meine Erwartungen sind nicht mehr so hoch, und deshalb kann ich nicht mehr so enttäuscht sein.
Herr G: Ich habe das Gefühl, dass wir jetzt besser verstehen, weshalb das alles so gekommen ist, ja, und weshalb wir so reagieren.
Frau G: Am Anfang, das muss ich schon sagen, am Anfang bin ich schon mit anderen Erwartungen hierher gekommen. Ich habe gedacht, dass am Ende ein glückliches Paar herauskommt.
Therapeut: Und jetzt? Sind Sie enttäuscht, wenn jetzt die Vorstellung vom glücklichen Paar nicht eingetreten ist? Fühlen Sie da eine Resignation, vielleicht Trauer um etwas Verlorengegangenes?
Frau G: So ein Gefühl von nicht richtig lebendig sein.
Herr G: Ich bin viel sicherer geworden, glaube ich, ihr gegenüber. Ich habe jetzt keine Angst mehr. Es ist mir leichter möglich, das zu tun und auch zu sagen, was ich möchte. Dadurch kann ich mich ihr besser nähern als früher.
Frau G: Wenn wir versuchen, uns näher zu kommen, dann kommen bei mir auch wieder die Ansprüche. Vielleicht könnten wir ja auch ein freundschaftliches Verhältnis miteinander haben, wenn wir geschieden sind.
Herr G: Wenn du so sprichst, dann habe ich das Gefühl, du unterdrückst irgendetwas. Vielleicht eine Art Gefühl für mich oder so.
Frau G: Was nützt es mir, dich zu lieben? So wie du bist und so wie ich bin, würden wir uns nicht näher kommen können. Und wenn wir uns nicht näher kommen können, dann trennen wir uns eben besser.

Therapeut: Sie trauern einer gemeinsamen Vergangenheit nach und Sie trauern dem Verlust eines gewohnten Bildes nach, das Sie von sich selber hatten. Sie werden viel Zeit brauchen, um mit dieser Trauer fertig zu werden. Ich sehe aber gute Chancen, dass sie auf einer neuen und realistischen Basis eine bessere Beziehung miteinander beginnen können. Sie werden sehen, dass eine vernünftige und realistische Einstellung nicht zu einem Verlust an Liebesfähigkeit führt, sondern vielleicht erst eine gute Partnerschaft ermöglicht.

Szene 2: Therapeut beim Supervisor
Das Gespräch findet im Arbeitszimmer des Supervisors statt. Er ist ein eher kräftig gebauter, warmherzig wirkender Mittsechziger. Beide Männer sitzen rechtwinklig zueinander auf bequemen Ledersesseln, nachdenklich ins Gespräch vertieft. Der Therapeut zündet sich anfangs eine Zigarette an.
Supervisor: Enttäuscht?
Therapeut: Vor dir sitzt – wie sagt man so schön? – ein hilfloser Helfer.
Supervisor: Du meinst die Diskrepanz zwischen dem Therapeuten, von dem erwartet wird, dass er alles weiß und alles kann, und zwischen dem Menschen, der seine 100 Probleme und Problemchen hat und selber hilfsbedürftig ist?
Therapeut: Das ist es ja eben. Einerseits sollen wir uns menschlich engagieren und keine gefühllosen Seelentechniker sein; andererseits hängen wir dann mit unserer ganzen Person drin.
Supervisor: Nun erzähl mal ...
Therapeut: Vera und Uli Gassmann werden ihre Ehe vermutlich nicht fortsetzen.
Supervisor: Das ist statistisch gesehen nichts Außergewöhnliches.
Therapeut: Nun lass die Statistik mal aus dem Spiel. Ich bin ich und keine statistische Größe. Ich frage mich einfach: Habe ich in der Therapie dieses Paares versagt?
Supervisor: Woran denkst du dabei?
Therapeut: Na ja, ich hätte der Entwicklung nicht ihren Lauf lassen brauchen, ich hätte stärker eingreifen können.
Supervisor: Schicksal spielen? Frau Gassmann wollte in ihrem Mann den Idealvater sehen, und er suchte in ihr immer noch die Idealmutter. Darüber hättest du deine Vorstellung von der idealen Partnerschaft gestülpt. Ein Kartenhaus, das beim ersten Windstoß zusammengefallen wäre, und dann wäre das Paar zum nächsten Therapeuten gerannt.
Therapeut: Scheiß-Job. Nichts wird wirklich fertig. Stell dir mal vor, so würde ein Brückenbauer arbeiten, überall nur halbfertig herumstehende Brücken.
Supervisor: Nun mal nicht so dramatisch, Christopher. Alle haben etwas verloren: Frau Gassmann, Herr Gassmann und auch du. Du am allerwenigsten. Aber haben

nicht auch alle etwas dabei gewonnen? Die Therapie hat doch immerhin bewirkt, dass sich die beiden langsam aus ihrem Teufelskreis lösen, und vielleicht lieben sie sich noch, aber mit mehr Distanz? Unsere Ehe ist eben nicht für jedermann geeignet. Vielleicht gehören die Gassmanns zu der Sorte Menschen, die bei größerer äußerer Distanz einander näher sein können.
Therapeut: Vielleicht habe ich den beiden nicht genug Mitgefühl gezeigt?
Supervisor: Hast du es denn gehabt?
Therapeut: Ich weiß nicht. Natürlich habe ich mich auch geärgert über die beiden. Aber im Großen und Ganzen habe ich sie ganz gern gehabt.
Supervisor: Und hast du es ihnen gezeigt?
Therapeut: Vielleicht nicht genug.
Supervisor: Und was hätte es geändert?
Therapeut: … Achselzucken …
Supervisor: Wie wird es weitergehen?
Therapeut: Sie werden traurig sein, die beiden. Dass ihre Kinderträume vom Leben zu zweit nicht in Erfüllung gegangen sind. Mit dieser Trauer fertig zu werden, dazu brauchen sie Zeit. Ein hartes Stück Arbeit.
Supervisor: Trauerarbeit.

2.2 Kommentar

Aus heutiger Sicht finde ich dieses Dokument sehr interessant. Sogar wenn es in der Realität etwas anders abgelaufen sein sollte, zeigt es uns etwas über den Stand der damaligen Paartherapie und dass die Liebe damals durchaus ein Thema war. Die therapeutische Bedeutung des Kollusionsmodells (Willi 1975), auf dem die Therapie der Zweierbeziehung fußt, und seine identitätsstiftende Funktion für unser Fachgebiet der Paartherapie sind ganz unbestritten. Daher werde ich mir erlauben, nur wenige Punkte kritisch zu kommentieren, und besonders auf den Aspekt der Liebesbeziehung eingehen.

Therapeut und Paar sitzen einander frontal gegenüber, es besteht wenig Spielraum für alle drei. Die Atmosphäre wirkt ernst, vermutlich kommt hier die ganze Schwere der damaligen Psychoanalyse zum Ausdruck. Auffällig ist die grüblerische Haltung des Therapeuten, sein hoher Anspruch, sein Hadern mit der Trennung des Paares.

Bei aller Schwere und Pathologie-Orientierung geht es um die Liebe, sowohl implizit als auch explizit: Mann und Frau kämpfen mit Ambivalenzen, die – natürlich in unterschiedlichem Ausmaß – zu jeder Liebesbeziehung dazugehören. Die Themen sind vielfältig: der Wunsch nach Nähe und die Befürchtung, die eigenen Grenzen zu verlieren; der Wunsch nach Geborgenheit und gleichzeitig die Furcht vor

Abhängigkeit; der Wunsch nach Verschmelzung und die Befürchtung, die eigene Autonomie zu verlieren; der Wunsch nach dem Ungewöhnlichen, Ekstatischen und Unkontrollierten und gleichzeitig die Befürchtung von Kontrollverlust bis hin zum Wahnsinn usw.

Beide ringen um Möglichkeiten, mit ihrer Angst vor Nähe umzugehen:

- *Frau G.* begründet ihre Angst damit, dass bei größerer Nähe ihre Ansprüche steigen – das bedeutet wohl: dass das Risiko steigt, dass sie sich verletzt fühlt und in schwierige Selbstwertkrisen gerät, wenn ihre Ansprüche nicht erfüllt werden. Deswegen will sie sich lieber nicht nochmals auf die Liebesbeziehung einlassen. Herr Gassmann hat sicher Recht mit seiner Vermutung, dass seine Frau noch Gefühle für ihn hegt. Sie muss das auch gar nicht leugnen, sondern sagt: *Obwohl wir uns lieben*, können wir uns wegen unserer individuellen Begrenzungen nicht näher kommen – und wenn das nicht geht, dann will sie sich lieber trennen. Der Therapeut könnte versuchen, mehr Spielraum zu schaffen, und ihre Erlebensmuster in Frage stellen: »Interessant – ist das wirklich so, dass Sie sich nicht näher kommen können? Gibt es Situationen, in denen es Ihnen besser/schlechter gelingt? Usw. ...« Ob beide um ihrer Liebe willen Nähe und Distanz anders regulieren könnten? Selbst wenn Frau G. nicht bereit ist, ihre Wünsche zu reduzieren, wenigstens mal probehalber oder zwischenzeitlich – sie könnte ja vielleicht auch anders darum kämpfen.

- *Herr G.* befürchtet, von seiner temperamentvollen, spontanen und vermutlich triebfreudigen Frau ganz vereinnahmt zu werden, vielleicht auch ihre emotionale Bedürftigkeit nicht erfüllen zu können – es geht wohl um die Angst, sich gar nicht mehr zu spüren, sich ihr ausgeliefert zu fühlen und dann im Stich gelassen zu werden. Ihm dienen Außenbeziehungen zur Abgrenzung von seiner Frau. Während Frau Gassmann ihre Ambivalenz mit der Trennungs-Entscheidung sehr offen zeigt (»Im Moment empfinde ich diesen Entschluss als Befreiung und doch tut es weh«), passt sich Herr Gassmann an (»Wenn Vera das wirklich will, werde ich die Scheidung akzeptieren«). Seine Ambivalenz bleibt verdeckt. Möglicherweise müsste er weniger Angst vor Nähe haben, wenn er ihr gegenüber noch klarer für seine Interessen einstehen könnte. Wäre er dafür zu gewinnen? Ich würde ihn gern fragen, ob es noch eine andere Seite in ihm gibt, die nicht einverstanden ist, die kämpfen will. Das Dilemma liegt ja oft darin, dass wir den Klienten zu schnell glauben – d. h. mit ihrer Einengung im Denken mitgehen, statt den Möglichkeitssinn anzuregen: Was wäre, wenn? Sie fühlt sich von ihm nicht akzeptiert, nicht geliebt und neigt dazu, ihn zu bedrängen, was bei ihm zu Ausweichen und Rückzug führt.

Die Thematik der Ambivalenz wurde damals im Sinne von unbewussten Kollusionen bearbeitet. Eine therapeutische Zielvorstellung lautete, Ambivalenzen intrapsychisch zu erleben, statt sie interaktionell aufzuteilen. Um den Umgang mit Ambivalenzen geht es u. a. auch, wenn wir die Liebe in den Fokus stellen: zwiespältige Gefühle als zur Liebe dazugehörig anzuerkennen und auszuhalten. Was beide Perspektiven unterscheidet, ist die Rahmung – es macht einen Unterschied, ob wir uns im therapeutischen Denken und Handeln von unbewussten Kollusionsthemen leiten lassen oder die in einer Liebesbeziehung immanenten Widersprüchlichkeiten anerkennen.

Gern würde ich mit beiden über ihre Vorstellungen von Liebe sprechen – was versteht Frau G. darunter? Was versteht Herr G. darunter? In welchem Ausmaß sind ihre Vorstellungen kompatibel, und welche Liebesgeschichte verbindet das Paar? Gibt es andere Optionen zu den aktuellen Beziehungsvorstellungen? Da offensichtlich noch »Glut unter der Asche« ist, tun sich durchaus Möglichkeiten auf, die Liebesbeziehung zu fördern.

Der Therapeut hätte als Ergebnis lieber ein glückliches, wieder vereintes Paar gesehen. Er hadert mit dem Ergebnis, vermutlich sogar mit seinem Beruf (»Scheiß-Job«). Dass er Unterstützung braucht, um mit dem Therapieergebnis fertig zu werden, wird in der Supervision besonders deutlich. Er ärgert sich über den Hinweis des Supervisors auf die Statistik. Er kommt mit seinen Gefühlen und Bewertungen angesichts der Trennung nicht klar und plagt sich mit Selbstkritik, er meint, dass er mehr hätte tun können oder dem Paar noch mehr Mitgefühl hätte zeigen müssen.

Der Supervisor stellt den hohen Anspruch des Therapeuten in den Mittelpunkt und warnt vor der Gefahr, dem Paar das eigene Ideal überstülpen zu wollen. Er »erdet« ihn – der Therapeut solle mal nicht so dramatisieren – und macht deutlich, dass sich die Gassmanns aus einem Teufelskreis gelöst haben: derzeit wohl das entscheidende und bestmögliche Ergebnis. Er geht sogar noch weiter und fokussiert auf die Liebe: es gehe eventuell um ein Paar, *das sich mit mehr Distanz weiterhin liebt*; das vielleicht sogar bei größerer äußerer Distanz mehr Nähe erleben kann. Sehr weise macht er darauf aufmerksam, dass die Ehe als Lebensform gar nicht für jedermann geeignet ist!

Am Ende der Stunde plädiert der Therapeut für eine vernünftige, realistische Einstellung, die »sogar eine bessere *Partnerschaft* ermöglichen« könne. Ich vermute, dass der Therapeut von Partnerschaft im Sinne der Paarbeziehung gesprochen hat. Ich neige jedoch auch dazu, seine Aussage bereits als eine Verschiebung von der Liebe hin zur Partnerschaft zu interpretieren, was ich im nächsten Teil dieses Beitrags verdeutlichen möchte.

3. Die Vernachlässigung der Liebe zugunsten der Partnerschaft

Die Unterscheidung von Liebe und Partnerschaft stammt aus der Tradition soziologischer Zugangsweisen (vgl. Leupold 1983, Luhmann 1982, Koppetsch 1998). Es handelt sich um unterschiedliche Leitvorstellungen bzw. Handlungslogiken, die zum Aufbau einer Paarbeziehung beitragen und in der Interaktion von Paaren unterschiedliche Aufgaben erfüllen.

Tabelle: Handlungslogiken von Liebe und Partnerschaft

Liebe	Partnerschaft
Anfang und Ende bewusst nicht beeinflussbar, »Himmelsmacht«, nicht vertragsfähig	Bewusstes Ein- und Austreten (z.B. juristische Form der Ehe, Scheidung)
Irrationalität	Vernunft, Verständnis, dauerhafte Kooperation
Verzicht auf Herrschaftsfreiheit: Überwältigung/freiwillige Unterwerfung	Anspruch auf Herrschaftsfreiheit
Bedingungslosigkeit; Ansprüche sind nicht ableitbar: es wird nichts geschuldet.	Bedingungen werden ausgehandelt, Kompromisse geschlossen, Ansprüche abgeleitet, Regeln festgelegt.
Verzicht auf Gerechtigkeit	Anspruch auf Gerechtigkeit
Verzicht auf Gleichberechtigung	Anspruch auf Gleichberechtigung (egalitär, symmetrisch)
Kein Tauschhandel, Gabentausch	Austauschverhältnis: Leistung – Gegenleistung
Funktionsspezifisches Sinnangebot (exklusiver Sinn)	Funktionsunspezifisches Sinnangebot

Partnerschaft ist ein gegenseitiges Vertrags- und Austauschverhältnis und impliziert Vernunft, Verständnis, dauerhafte Kooperation sowie Gleichberechtigung. Sie dient dazu, die alltäglichen Fragen der Aufteilung von Zuständigkeitsbereichen, der Lösung von Konflikten usw. zu regeln. *Liebe* hingegen ist eine existenzielle Beziehungsdimension; sie hat irrationale Elemente, Anfang und Ende sind bewusst nur begrenzt steuerbar, sie ist bedingungslos, ergreifend, ermöglicht Lebenssinn. Sie kann Ungleichgewichte lebbar und Beziehungsbelastungen erträglich machen.

Die Bereitschaft, sich auf partnerschaftliche Formen der Gegenseitigkeit einzulassen, genügt zwar als Motiv für eine Geschäftsbeziehung, reicht aber nicht aus für eine Paarbeziehung. Sie bietet auch keine Antwort auf die Frage, welchen tieferen (transzendenten) Sinn die Beziehung hat. Wenn die Paarbeziehung auf Liebe verzichtet, verliert sie ihre spezifische Bindungskraft.

In der Paartherapie wurde etwa seit 1980 der Schwerpunkt auf Partnerschaft gelegt. Mit dem Einbezug verhaltens- und kommunikationstheoretischer Konzepte sind sowohl das Unbewusste als auch die Liebe in den Hintergrund geraten, dafür ist die Partnerschaft in den Vordergrund getreten. Seither ging es ganz wesentlich um Ausgleich und Aushandeln im Sinne der Austauschtheorie (quid pro quo), um Kommunikation, Üben, Stressbewältigung bzw. Problemlösung. Dieser Ansatz ist – vermutlich unbeabsichtigt – von der systemischen Therapie sogar unterstützt worden, die ihren Schwerpunkt in den Interventionsmustern des Handelns hat und sich schwer tut mit Gefühlen, zumindest wenn diese als intrapsychische Phänomene verstanden werden. Die Verlagerung des Schwerpunkts auf die Partnerschaft ist in gewisser Weise sogar nachvollziehbar, da Paare mehrheitlich in Situationen zur Therapie kommen, in denen ihre Liebesbeziehung nur noch eingeschränkt oder gar nicht mehr besteht. Doch wer in der Paartherapie das Aushandeln der Lebensbedingungen in den Vordergrund stellt, auf mehr Gleichheit und Gerechtigkeit setzt, der behandelt das Paar nicht als Liebespaar, sondern eben als zwei Personen einer Partnerschaft. Das kann manchmal sinnvoll sein. Alleiniger Ausgleich im Sinne eines Tauschhandels kann jedoch allenfalls Partnerschaftsprobleme, aber keine Liebesprobleme lösen. Metaphern von Ausgleich und Gerechtigkeit bleiben innerhalb der Logik der Partnerschaft.

Dem Schwerpunkt Partnerschaft entsprechend war in der Paartherapie über lange Jahre eine ungewöhnliche Zurückhaltung gegenüber dem Thema »Liebe« zu beobachten; man kann sogar von ihrer Vernachlässigung sprechen. Das Thema der Verliebtheit wurde durchaus geschätzt, doch mit der Liebe des Paares verhielt es sich ganz anders: Dazu hat wohl auch beigetragen, dass Liebe sich weder verordnen noch willentlich erzeugen lässt, ferner die Vorstellung, man könne nicht über die Liebe reden, ohne dass diese sich verflüchtigt, und schließlich auch die Sorge, ein Paartherapeut werde den Liebesdialog eines Paares eher stören als befördern. Kommunikation und sexuelle Verhaltensweisen gelten als leichter beeinflussbar als Gefühle.

4. Zum therapeutischen Zugang: Liebe im Fokus der Paartherapie

Wenn die Liebe ins Zentrum der Paartherapie rückt (vgl. Riehl-Emde 2003), sind mir vor allem drei Aspekte besonders hilfreich und wichtig:

- das Ergänzungsverhältnis von Liebe und Partnerschaft,
- die Beschreibung von Liebe,
- der Umgang mit Ambivalenzen in der Liebesbeziehung.

4.1 Ergänzungsverhältnis von Liebe und Partnerschaft

Die Vermischung dieser beiden Handlungslogiken bzw. Leitvorstellungen von Liebe und Partnerschaft führt bei Paaren oft zu Missverständnissen, so dass hier eine Klärung hilfreich sein kann. Wenn in der Paartherapie Geschichten über Gerechtigkeitsprobleme im Alltag erzählt werden, lassen sich viele Therapeutinnen und Therapeuten schnell einladen, auf die Aushandlungsebene zu gehen. Im Grunde *zu schnell*, weil die meisten Paare gar nicht die Partnerschaft, sondern die Liebesbeziehung suchen (Retzer 2002). Wir müssen uns folglich darüber im Klaren sein, innerhalb welcher Logik wir arbeiten und weshalb wir das tun.

Mit mangelndem Gleichgewicht innerhalb der Partnerschaft muss man anders umgehen als mit Verletzungen der Liebe. Bei der Pflege der Partnerschaft geht es um konstruktive Kommunikation und sinnvolle Aufgabenverteilung. Bei der Ermöglichung der Liebe geht es um das Verstehen ihrer »dunklen Seiten«, welche die Beziehung belasten, und um die Realisierung von Grundsätzen, die der Liebe entsprechen: Die Nicht-Aufrechenbarkeit von Fehlern, Verzeihung und Hingabe, Vergessen durch Vergeben, all dies ist weit wichtiger für die Rekonstituierung der Liebesbeziehung als die unmittelbare Reziprozität und Balance in der Beziehung. Statt also im Sinne der Gerechtigkeit auf Ausgleich zu bestehen, statt eins zu eins aufzurechnen bzw. Wiedergutmachung zu fordern, wie es der Partnerschaftslogik entspricht, wird sich innerhalb einer Liebeslogik der Blick auf Hoffnungen und Wünsche richten, auf Werte wie Humor oder auf die Bereitschaft, eigene Bedürfnisse um des anderen willen hintanzustellen – derartige Werte lassen sich nicht verrechnen. Das gilt auch für die Fähigkeit, mit Hilfe einer liebevollen Geste eine Situation zu »retten«.

Wenn ich hier dafür plädiere, die Liebe in den Fokus bzw. ins Zentrum der Paartherapie zu stellen, so möchte ich keinesfalls ein Dogma aufstellen. Ich meine vielmehr: Unabhängig davon, ob das Paar in der Therapie zunächst die Partnerschaft oder die Liebe thematisiert, sollte man als Therapeut das andere Prinzip ergänzen. Wenn Paare zunächst über mangelnde emotionale oder sexuelle Intimität klagen und ihre Liebesbeziehung in Frage stellen, jedoch andere Aspekte der gemeinsamen Lebensgestaltung hintanstellen, ist gleichfalls »die andere (vernachlässigte) Seite« einzubringen: der soziale Kontext, der Lebenszyklus und die Gestaltung des Alltags beider Partner, wie z.B. die Aufteilung von Erwerbs- und Haushaltstätigkeit, der Umgang mit Geld, das Einteilen von Zeit für Beruf, Familie, das Paar, für sich selbst. Hierin kommen oftmals Macht- und Abhängigkeitsverhältnisse zum Ausdruck, welche die Liebesbeziehung beeinflussen. In diesem Sinne wäre es bei den Gassmanns – im präsentierten Ausschnitt – vielleicht sogar sinnvoll gewesen, ergänzend zur Liebesbeziehung die Partnerschaft »ins Visier« zu nehmen: mit der Möglichkeit, die Ansprüche an die Liebesbeziehung zu relativieren.

Die Glückserwartung an die Paarbeziehung, bis hin zur Sinnstiftung durch Liebe, kann die Beziehung eigentlich nur überfordern. Hat eine oder haben beide Personen keinen anderen Lebenssinn, wird häufig das, was zusammenhalten soll, zum potenziell Trennenden. Anders gesagt: Die Dominanz *eines* Weges zur Sinnstiftung für alle artet leicht in Terror aus, weswegen die Optionen für Sinnsuche und Sinnstiftung vermehrt werden sollten. Es wäre doch fatal, denjenigen, die (gerade) nicht lieben oder sich ungeliebt fühlen, ein sinnvolles Leben abzusprechen.

Wir sollten uns außerdem sachkundig machen, ob eine oder beide Personen sich um ihre körperliche oder seelische Sicherheit innerhalb der Beziehung sorgen (Grunebaum 1997). Derartige Themen haben Vorrang, bevor wir uns dem Thema »Liebe« zuwenden.

4.2 Was ist Liebe?

Als Therapeutinnen und Therapeuten müssen wir etwas von der Liebe wissen, um Optionen im Denken und Handeln zu haben. Besonders wichtig ist jedoch, welche Vorstellung die Patienten von der Liebe haben und wie sie die Liebe beschreiben.

Wir können Verliebtheit, Liebes-Leidenschaft und Liebe – aber auch noch weitere Unterarten – unterscheiden (Person 1990, Wyss 1988). Liebe kann als ein breites Spektrum verstanden werden: als Zuneigung mit allen Möglichkeiten, die sich aus Sympathie ergeben können, angefangen mit einer ausschließlich intellektuellen und bis hin zu einer sinnlich-erotisch-sexuellen Verbindung.

Die Liebe eines Paares durchläuft Transformationen. Liebe in langjährigen Paarbeziehungen wird allgemein als eine spezielle Form der Bindung betrachtet, als eine Kombination aus Zuneigung, Freundschaft, Sexualität, Verpflichtung (»commitment«), gemeinsamer Problembewältigung und einem von beiden Partnern geteilten sozialen Netz aus Kindern, Freunden und Nachbarschaft (Grunebaum 1997, Willi 1991).

Weil die Liebe voller Widersprüchlichkeiten steckt, oftmals ambivalent, teilweise paradox ist, lässt sie sich schwer definieren bzw. operationalisieren. Sie gilt als ein Mysterium, auch als etwas Metaphysisches, eine Dimension, die über das Paar hinausreicht. Jedenfalls sind auch andere als wissenschaftliche Kategorien notwendig, um sich dem Thema anzunähern, z.B. Dankbarkeit, Demut, Gnade, Hoffnung. Und meines Erachtens geht es auch darum, immer wieder das Unbegreifliche der Liebe anzuerkennen.

Mir persönlich gefällt die konstruktivistische Perspektive sehr gut, derzufolge die Liebe den Beobachter und seinen Blick verändert. Bereits Stendhal (1822, S. 45) hat im Bild der »Kristallisation« die Idealisierung der geliebten Person beschrieben, als »Tätigkeit des Geistes, in einem jeden Wesenszuge eines geliebten Menschen neue

Vorzüge zu entdecken«. Auch der Soziologe Georg Simmel (1907, S. 230) bezeichnete die Liebe als eine der großen »Gestaltungskategorien des Daseienden«.

Die Imagination bzw. die Phantasie ist an jeder Art von Liebe, ob sie verwirklicht, idealisiert oder imaginär ist, entscheidend beteiligt. Es geht aber nicht nur um den Blick auf die andere Person: Den Blick durch die imaginierten Augen der geliebten Person auf sich selbst zu richten, birgt die Chance, auch sich selbst in den besten Möglichkeiten zu sehen und zu zeigen.

Die Liebe kann beschrieben werden, sie lässt sich aber nicht befriedigend erklären. Es scheint sogar wichtig und konstitutiv für die Liebesbeziehung, dass ihr Ursprung im Dunkeln bleibt. Erklärungsversuche entstammen vorwiegend dem Bereich der Mythologie. In der Therapie ist es wichtig, ob der Liebesmythos des Paars (wenn es einen solchen gab) reaktiviert werden kann (Retzer 2004).

4.3 Ambivalenz in der Liebe

Normalerweise nehmen nach der ersten Verliebtheit die *Ambivalenzen* zu. Es geht nicht nur darum, dass einen das Schnarchen des Partners zu stören beginnt, das in den ersten Nächten eher entzückt und dankbar als Lebenszeichen aufgenommen wird, sondern dass eine Liebesbeziehung die Beteiligten unausweichlich mit gewissen Widersprüchlichkeiten und Paradoxien konfrontiert.

In einer Liebesbeziehung haben wir es gleichzeitig mit zwei Subjekten und zwei Objekten zu tun: Denn beide Personen eines Liebespaares sind Liebende und Geliebte zugleich. »Indem A B liebt, liebt A zugleich sich selbst.« Diese Doppelrelation hat bereits Hegel so ausgelegt, dass wir uns in der Liebe »gewinnen«, indem wir uns in einem anderen »aufgeben« und »vergessen« (Saner 1999, S. 386). Die Zwischenmenschlichkeit »ist die Dynamik zwischen zwei Polen, die [beide] der Möglichkeit nach Freiheit sind. Mit der doppelten Freiheit aber sind die Instabilität und die Komplexität der Dynamik notwendig gegeben« (Saner 1999, S. 387). Dass daraus einerseits der Drang nach Inbesitznahme der geliebten Person entstehen kann, andererseits die Neigung zu sklavischer Selbstaufgabe oder andere Obsessionen, macht die Schattenseiten der Liebe aus (Person 1990). Die Zwischenmenschlichkeit ist also nicht nur das Krisenfeld der Liebe, sondern auch der Grund ihrer Krisenanfälligkeit. Denn es geht zentral um die Anerkennung der anderen Person als Subjekt, mit eigenen Freiheiten, und um die Anerkennung der eigenen und der mit der Liebesbeziehung einhergehenden Ambivalenzen.

In Verbindung mit dem präsentierten Therapieausschnitt habe ich bereits einige mit der Liebesbeziehung verbundene Widersprüchlichkeiten genannt. Die wesentliche Paradoxie der Liebe bezieht sich auf die Sehnsucht nach Aufhebung der existenziellen Einsamkeit und auf die gleichzeitig bestehende Angst vor dieser Aufhebung, die ja letztlich eine »Ver-Nichtung« des Individuums bedeutet. Gerade in der existenziellen Sehnsucht, die – mythologisch gesprochen – aus der Teilung der »Kugelwesen« (vgl. den Aristophanes-Mythos in Platons *Symposion*) herrührt, enthüllt sich die Liebe als »Mangelleiden, als Leiden an der Unmöglichkeit, sich je zu erfüllen«, so Dieter Wyss (Wyss 1988, S. 113).

Eine weitere Paradoxie bringt Wyss ganz knapp auf den Punkt: »Die Bindung, nach der die Liebesbeziehung natürlicherweise strebt, gräbt ihr auch das Grab« (ebd., S. 82). Das bedeutet: Wenn das Bedürfnis nach andauernder Nähe erfüllt wird, geht die Liebe verloren: Es entsteht eine Verpflichtung, die gemeinsame Vertrauensbasis wird selbstverständlich, Langeweile und Gleichgültigkeit kommen auf. Es geht also darum, Nähe bzw. Vereinigung zu erstreben und gleichzeitig – um der Liebe willen – Nähe zu regulieren, d.h. Distanz zu ermöglichen.

Dass die Liebe weder ein harmloses noch ein ausschließlich positives Geschehen ist, dass sie Menschen in völlig unpassenden Situationen überwältigen kann und dass auch destruktive Phänomene dazugehören, macht Lieben und das Erhalten einer Liebesbeziehung zu einer schwierigen Aufgaben. Dieter Wyss (1988) meint sogar, es sei die schwierigste Lebensaufgabe, die sich dem Menschen stellt. – Jedes Paar steht vor der Aufgabe, einen für beide zuträglichen Umgang mit diesen gegensätzlichen Strebungen und den daraus erwachsenden Enttäuschungen zu finden, wenn es seine Liebesbeziehung erhalten will. Kein Wunder, dass viele Paare dazu um eine Paartherapie nachsuchen. Es ist wohl zu wenig bekannt, dass die Liebe nicht nur zu den großen Freuden, sondern auch zu den großen Leiden der Menschheit gehört.

5. Schlusswort

Zum Schluss eine kurze Zusammenfassung und eine Empfehlung: In den 70er Jahren war die Paartherapie – unter dem Einfluss der Psychoanalyse – »näher dran« am Thema »Liebe«, allerdings ohne ein ausformuliertes Konzept. Die zunehmende Tendenz, Paarbeziehungen nüchtern, pragmatisch, sachlich zu sehen, auch der Einfluss der Kommunikations- und Verhaltenstherapie, führten zur Fokussierung auf Partnerschaft und zu einer Vernachlässigung des Themas »Liebe«, das jetzt wieder verstärkt in den Blick gerät.

Meine Empfehlung: Es gibt keine Patentrezepte, wie Liebesbeziehungen herzustellen und zu erhalten sind. Liebe lässt sich nicht mit Hilfe eines Therapeuten bzw. einer Therapeutin erzeugen, dies ist allerdings kein Grund, sie nicht zum Thema zu machen. Denn die Liebe kann gefördert werden und der Liebe – was immer ein Paar darunter versteht – können andere Optionen zur Seite gestellt werden. Es geht darum, Handlungsspielräume im therapeutischen Umgang mit der oftmals auf dem Prüfstand stehenden Liebe des Paares auszuweiten und damit die Paartherapie um die grundlegende Dimension der Liebe zu ergänzen. Die Liebe in den Fokus der Paartherapie zu stellen, beinhaltet eine Möglichkeit, den therapeutischen Prozess zu vertiefen und »näher dran« zu sein am Anliegen vieler Paare.

Anmerkung

1 Im Rahmen einer Paar-Befragung – Zufallsstichprobe von 204 Paaren aus dem Kanton Zürich und eine Stichprobe von 31 Paaren aus laufenden Paartherapien – erwies sich die Liebe als die wichtigste Dimension für den Zusammenhalt des Paares, für die Qualität der Beziehung und für das eigene Wohlbefinden. Ein größeres Ausmaß an Verbundenheit in der Liebe ging mit einem höheren Wohlbefinden von Mann und Frau einher. Therapie-Paare, Männer und Frauen, klagen über ein reduziertes Wohlbefinden, und insbesondere gehen die Männer davon aus, dass sie ihre Frauen mehr liebten, als dass sie sich wiedergeliebt fühlten (Riehl-Emde 1998, 2000, 2003; Riehl-Emde et al. 2003).

Literatur

Alberoni, F. (1998): *Liebe. Das höchste der Gefühle*. München: Heyne.

Bartels, A. & Zeki, S. (2000): The neural basis of romantic love. *Neuroreport* 11, S. 3829–3834.

Beck, U. (1990): Die irdische Religion der Liebe. In: Beck, U. & Beck-Gernsheim, E.: *Das ganz normale Chaos der Liebe*. Frankfurt a. M.: Suhrkamp, S. 222–266.

Brähler, E. & Richter, H. E. (2000): Das psychologische Selbstbild der Deutschen im Giessen-Test zur Jahrhundertwende. In: Decker, O. & Brähler, E. (Hrsg.): *Deutsche – 10 Jahre nach der Wende. Psychosozial* 80 (Jg. 23, H. 2): Gießen: Psychosozial-Verlag, S. 47–51.

Burkart, G. (1998): Auf dem Weg zu einer Soziologie der Liebe. In: Hahn & Burkart (Hrsg.): *Liebe am Ende des 20. Jahrhunderts*, a.a.O., S. 15–49.

Cöllen, M. (1997): *Paartherapie und Paarsynthese. Lernmodell Liebe*. Wien: Springer.

Grunebaum, H. (1997): Thinking about romantic/erotic love. *Journal of Marriage and Family Therapy* 23, S. 295–307.

Hahn, K. & Burkart, G. (Hrsg): *Liebe am Ende des 20. Jahrhunderts*. Opladen: Leske + Budrich.

Koppetsch, C. (1998): Liebe und Partnerschaft: Gerechtigkeit in modernen Paarbeziehungen. In: Hahn & Burkart (Hrsg.): *Liebe am Ende des 20. Jahrhunderts*, a.a.O., S. 111–129.

Leupold, A. (1983): Liebe und Partnerschaft: Formen der Codierung von Ehen. *Zeitschrift für Soziologie* 12, S. 297–327.

Luhmann, N. (1982): *Liebe als Passion. Zur Codierung von Intimität*. Frankfurt a. M.: Suhrkamp.

Person, E.(1990): *Lust auf Liebe*. Reinbek b. Hamburg: Rowohlt. (Original: *Dreams of Love and Fateful Encounters. The Power of Romantic Passion*. New York: W. W. Norton & Company 1988.)

Retzer, A. (2002): Das Paar. Eine systemische Beschreibung intimer Komplexität. Teil I: Liebesbeziehungen. Teil II: Partnerschaften. *Familiendynamik* 27, 1 und 2, S. 5–42, 186–217.
- (2004): *Systemische Paartherapie. Konzepte – Methoden – Praxis.* Stuttgart: Klett-Cotta.

Revenstorf, D. (1999): *Wenn das Glück zum Unglück wird. Psychologie der Paarbeziehung.* München: C. H. Beck.

Riehl-Emde, A. (1998): *Die Liebe – eine vernachlässigte Dimension in Paartherapie und Eheforschung. Untersuchung zur Qualität und Stabilität von Ehen mit Hilfe eines neu entwickelten Fragebogens an »normalen« Paaren und an Paaren in Paartherapie.* Habilitationsschrift: Universität Zürich.
- (2000): »Kann denn Liebe Sünde sein?« – Paarforschung und Paartherapie entdecken ein neues Gebiet. *Psychotherapie im Dialog* 1 (2), S. 76–80.
- (2003): *Liebe im Fokus der Paartherapie.* Stuttgart: Klett-Cotta.
- , Thomas, V. & Willi, J. (2003): Love – an important dimension in marital research and therapy. *Family Process* 42, S. 253–267.

Saner, H. (1999): Über die Liebe zu außermenschlichen Objekten und ihre Folgen für das Leben. *Familiendynamik* 24, S. 383–394.

Simmel, G. (1907): Fragmente aus einer Philosophie der Liebe. In: Ders. (1985): *Schriften zur Philosophie und Soziologie der Geschlechter.* Hrsg. und eingeleitet von H.-J. Dahme und K. C. Köhnke. Frankfurt a. M.: Suhrkamp, S. 183–186.

Stendhal (d. i. Henri Beyle) (1822): *De l'Amour.* Dt.: *Über die Liebe* (1975). Aus dem Franz. und mit einer Einführung von Walter Hoyer. Frankfurt a. M.: Insel-Verlag.

Thomä, D. (Hrsg.) (2000): *Analytische Philosophie der Liebe.* Paderborn: Mentis.

Willi, J. (1975): *Die Zweierbeziehung.* Reinbek b. Hamburg: Rowohlt.
- (1978): *Therapie der Zweierbeziehung.* Reinbek b. Hamburg: Rowohlt.
- (1991): *Was hält Paare zusammen?* Reinbek b. Hamburg: Rowohlt
- (2002): *Psychologie der Liebe. Persönliche Entwicklung durch Partnerbeziehungen.* Stuttgart: Klett-Cotta.

Wyss, D. (1988): *Lieben als Lernprozeß.* Göttingen: Vandenhoeck und Ruprecht (3. Aufl.).

B Therapeutische Praxis

Alice Holzhey-Kunz

Kann und soll die Liebe in den Fokus zweckrational konzipierter Paartherapie rücken?

Der Beitrag von Alice Holzhey-Kunz ist eine Kritik an einer Paartherapie, die an eine zweckrationale Herstellbarkeit von »Liebe« glaubt. Alice Holzhey-Kunz zweifelt aber auch an einer Paartherapie, welche sich auf die Herstellung von Rahmenbedingungen beschränkt, in welchen Liebe wachsen und zu neuem Leben erwachen kann, wenn der dahinter verborgene Konflikt, nämlich das Leiden an der Unerfüllbarkeit der Liebessehnsucht, nicht bearbeitet wird. Paartherapeuten können versucht sein, dieses Leiden auf das Leiden an den konkreten Mängeln des Partners oder an sich selber zu verschieben, um damit die Illusion einer möglichen Erfüllung der Liebessehnsucht aufrechtzuerhalten. Demgegenüber will die Psychoanalyse erreichen, dass der Klient sich von seinen illusionären Liebeswünschen verabschiedet. Sie versucht nicht, die Mängel der Liebesbeziehung zu beheben oder Ressourcen zu aktivieren, sondern will durch den Gewinn von Einsicht zur Wahrheit gegenüber sich selbst erziehen.

Die im Titel meines Beitrags formulierte Frage nimmt Bezug auf das Leitthema des Kongresses: Paartherapie – im Fokus die Liebe. Dieses Leitthema beinhaltet eine Kritik am derzeitigen Stand der Paartherapie und zugleich ein Plädoyer für eine Wende: hin zu einer Paartherapie, welche die Liebe nicht mehr ausklammert, wie dies bisher – so jedenfalls die Behauptung – der Fall war, sondern sogar ins Zentrum stellt. Die bisherige Absenz des Liebesthemas wird also als ein Versäumnis eingeklagt. Meine Frage bezieht sich auf diese Beurteilung und das ihr entspringende Plädoyer und stellt beides in Frage: War die Absenz ein Versäumnis, das man beheben kann, oder gehört es zur Paartherapie, dass in ihr die Liebe keinen Platz hat? Erlaubt die Paartherapie aufgrund ihrer Eigenart überhaupt, die Liebe zu ihrem Fokus zu machen? Unter welchen Bedingungen ist das möglich? Was ist das für eine »Liebe«, die in den Fokus gerückt wird, und welche Folgen hat diese Neuausrichtung für die Paartherapie?

Die folgenden Ausführungen gehen von einer Verneinung der Titelfrage aus, die als vorläufige These zu verstehen ist. Diese Verneinung wird im Folgenden nicht einfach begründet, sondern unterwegs auch relativiert, um zu einer differenzierten Beurteilung zu gelangen.

1. Die Liebe eignet sich nicht als Gegenstand von therapeutischen Strategien und Techniken

Diese vorläufige These hebt auf eine Eigenart der zur Debatte stehenden Paartherapie ab, die im Titel dieses Beitrags mit der Bezeichnung »zweckrational konzipiert« angedeutet ist. Mein Zweifel daran, ob die Liebe in den Fokus systemischer oder auch systemisch-ökologischer Paartherapie rücken kann und soll, basiert auf der begründeten Vermutung, dass die Paartherapie dem Paradigma der Zweckrationalität folgt. Dass dem so ist, schließe ich aus der Vorankündigung zu diesem Kongress, in der Jürg Willi ganz selbstverständlich von »Strategien und Techniken einer auf Liebe fokussierten Paartherapie« spricht.

Meine Frage, ob die Liebe in den Fokus einer von Strategien und Techniken bestimmten Paartherapie rücken soll, ist also rhetorisch gemeint, enthält selber schon das Gegenplädoyer, das in etwa lautet: In einer Paartherapie, ja generell in einer Psychotherapie, die in anzuwendenden Strategien und Techniken besteht, ist für die Liebe kein Platz, hier kann sie gar nicht Thema werden, und wenn sie es dennoch wird, dann nur in verkürzter oder gar »denaturierter« Form. Wenn die Liebe also bisher in Paartherapien kein Thema war, so ist darin kein Defizit zu sehen, das zu beheben wäre, sondern eine konsequente und auch ehrliche Selbstbegrenzung, getreu der Maxime, sich nur mit dem zu befassen, was strategisch-technisch auch zu behandeln ist.

2. Liebe contra Zweckrationalität

Zur Begründung meines Gegenplädoyers gehe ich zunächst von einem Statement des Soziologen *Ulrich Beck* aus, wonach die Liebe »das Gegenmuster zur Zweckrationalität« bilde (Beck & Beck-Gernsheim 1990, S. 256; vgl. Beck 1993, S. 99 ff.). Der Begriff »Zweckrationalität« stammt von *Max Weber* und diente ihm zur Charakterisierung der westlichen Moderne (Weber 1922; dazu Habermas 1981). Als *zweckrational* bezeichnete er ein Handeln, das durch rationale Abwägungen anstatt durch Tradition oder durch Affekte gesteuert ist. Wichtig war ihm dabei, dass nicht nur die Mittel rational begründbar sind, die wir einsetzen, um etwas zu erreichen, sondern auch der Zweck. Mittelrationalität gab es auch in der Vormoderne, z. B. in der religiös begründeten Askese oder in der mystischen Versenkung.

In heutiger – nachreligiöser – Sicht gelten diese Zwecke als irrational. Für die Moderne ist es nach Max Weber typisch, dass das Verhältnis sowohl zur Natur als auch zur Gesellschaft zunehmend zweckrational bestimmt wird. Dem liegt ein neues Realitätsverständnis zugrunde, das nicht mehr religiös-transzendent, sondern innerweltlich-rational bestimmt ist und vor allem kausal-mechanischen Erklärungsmodellen folgt. Die Realität – und zwar nicht nur die äußere, sondern auch die innere, nicht nur die materielle, sondern auch die seelische – gilt von nun an als rational durchschaubar, damit auch als kontrollierbar, und dank dessen zumindest partiell auch als planbar bzw. mittels geeigneter »Strategien und Techniken« als beherrschbar.

Diese Durchrationalisierung der Welt hatte Max Weber zufolge einen hohen Preis, nämlich ihre Entzauberung: kein Walten Gottes mehr in der Natur und in der Geschichte, keine Vorsehung mehr, sondern nur noch pure Gesetzmäßigkeit einerseits, Herrschaft des Zufalls oder Verfolgung von durch Menschen gesetzte Zwecke andererseits. Die enormen Fortschritte der Technik erlauben zwar, immer mehr in die eigene Hand zu nehmen, was früher nur vertrauensvoll in die Hand Gottes gelegt werden konnte, sie hinterlassen aber auch eine Leere. Ich beziehe mich nun noch einmal auf Ulrich Beck, der die Liebe als eine »irdische Religion« bzw. als »moderne Nachreligion« bezeichnet (Beck & Beck-Gernsheim 1990, S. 222, 231). Damit will er darauf hinweisen, dass die Liebe eben darum für den modernen Menschen eine so große Bedeutung gewonnen hat, weil sie eine quasireligiöse Funktion erfüllt, nämlich jene Leere aufzufüllen, welche die Durchrationalisierung der Welt und des Menschen unweigerlich mit sich brachten.

Moderne technische Verfügbarmachung der Welt einerseits und moderne Liebe andererseits sind also die beiden Universalerben jener vormodernen, umfassenden und religiös abgestützten Weltsicht, in der sich das Individuum ehemals einigermaßen aufgehoben und gehalten fühlen konnte – dies allerdings wiederum für einen hohen Preis, der nicht unerwähnt bleiben soll, um keine falschen Nostalgien zu wecken: den Preis religös induzierter (Höllen-) Ängste und Schuldgefühle. Zweckrationalität und Liebe sind, ob man sie nun als Weltsichten oder als Grundhaltungen bezeichnen will, grundsätzlich voneinander verschieden: Die zweckrationale Haltung schließt die Liebe ebenso notwendig aus sich aus wie umgekehrt die Liebe die Zweckrationalität. Wer liebt bzw. wer geliebt werden will, fühlt und handelt nicht nach zweckrationalen Prinzipien, mag er auch in den Techniken und Strategien noch so erfinderisch sein, um sein Ziel zu erreichen; rational sind allenfalls nur die eingesetzten Mittel, um das irrationale Ziel zu erreichen.

3. Psychotherapie unter der zunehmenden Herrschaft der Zweckrationalität

In den vergangenen zwei Jahrzehnten hat sich das Verständnis von Psychotherapie grundlegend gewandelt – ein Wandel, der vorwiegend unter ökonomischem Druck erfolgte, aber unter dem Deckmantel der Professionalisierung bzw. der Verwissenschaftlichung vor sich ging. Psychotherapie wird nicht mehr als eine Interaktion zweier – oder bei einer Paartherapie dreier – Subjekte verstanden, in der jeder seinen besonderen Part zu spielen hat, sondern das Subjekt wird auf beiden Seiten überflüssig.

Diese Aussage könnte so missverstanden werden, dass der Patient wieder in die alte Rolle des Behandlungsobjekts zurückgestuft worden wäre, was ich aber durchaus nicht meine. Den Patienten zu »objektivieren« gilt heute im Gegenteil als äußerst unprofessionell, auch als unethisch, weil damit seine so genannte »Mündigkeit« nicht respektiert würde. Die Rolle des Patienten ist heute anders definiert: Er präsentiert als (mündiges) Subjekt sein klar definierbares, klar diagnostizierbares Problem – seine Störung eben – und verlangt dafür eine fachmännische Behandlung; der Therapeut umgekehrt versteht sich seinerseits als Fachmann, der verpflichtet ist, jene Strategien und Techniken anzuwenden, die sich durch die neuesten wissenschaftlichen Forschungen als für diese Störung am wirkkräftigsten erwiesen haben. Was der Psychotherapeut also »behandelt«, ist nicht mehr ein Subjekt, nicht mehr dieses Individuum mit diesem Leiden, sondern die vorliegende Störung, die ganz unabhängig vom individuellen »Träger« typischen Mechanismen gehorcht. Die richtige Anwendung der wissenschaftlich geprüften Methode enthebt den Psychotherapeuten ebenfalls der Aufgabe, sich noch als Subjekt ins Spiel zu bringen, es macht ihn als Anwender der richtigen Methode tendenziell genauso auswechselbar, wie es wohl nicht der Hausarzt, aber der für bestimmte körperliche Erkrankungen zuständige Facharzt für somatische Medizin schon lange ist.

Nun hat sich zwar die systemische Paartherapie erfreulicherweise nicht dem allgemeinen Medizinalisierungstrend unterworfen, indem sie – im Unterschied zu fast allen anderen psychotherapeutischen Richtungen – nicht mit den Begriffen *gesund* und *krank* bzw. *ungestört* und *gestört* operiert. Dem zweckrationalen Denken hat sie sich aber gleichwohl verschrieben, wenn nicht noch mehr als die medizinalisierte Psychotherapie.

4. Die zweckrational konzipierte Paartherapie ist geeignet für Partnerschaftsprobleme, aber nicht für das Leiden an der Liebe

Man darf zu Recht fordern, dass eine wissenschaftliche Methode ihrem Gegenstand, den sie erforschen oder behandeln will, kongruent sein muss. Was damit gemeint ist, lässt sich am eben erwähnten allgemeinen Wandel des Psychotherapieverständnisses gut demonstrieren: Solange man noch annahm, dass das seelische Leiden den ganzen Menschen in seiner Individualität und auch Subjektivität betreffe, musste man auch das Tun des Therapeuten entsprechend definieren: nämlich als ein Handeln, in dem ebenfalls die ganze Person des Therapeuten mitsamt seiner Kreativität gefragt war. Jetzt, wo weithin die isolierte Störung als der Gegenstand der Psychotherapie gilt, ist konsequenterweise für deren Behebung nur noch eine nach Manual anwendbare Technik nötig, die derzeit aufgrund empirischer Studien als die störungsspezifisch wirksamste gilt. Entsprechend arbeitet heute jener Psychotherapeut am professionellsten, ja kann gar das höchste wissenschaftlich-therapeutische Ethos für sich beanspruchen, der klar angibt, für die Behandlung welcher Störungen er nachweislich ausgebildet ist.

Für die Frage, welcher »Gegenstand« nun einer zweckrational konzipierten Paartherapie kongruent ist, ist die Unterscheidung von Liebesbeziehung und Paarbeziehung äußerst hilfreich, die *Arnold Retzer* in zwei 2002 in der Zeitschrift *Familiendynamik* erschienenen umfangreichen Artikeln vorlegt. Sie basiert auf der Luhmannschen Systemtheorie, die sich nicht mehr mit »personenzentrierten Systemen«, sondern mit »sinnproduzierenden Kommunikationssystemen« befasst, und definiert entsprechend die Liebesbeziehung und die Partnerschaft als zwei unterschiedliche »Kommunikationscodes«. *Astrid Riehl-Emde* fasst in ihrem 2003 erschienenen Buch über *Liebe im Fokus der Paartherapie* diese neue systemisch-kommunikationstheoretische Sicht auf Liebe und Partnerschaft zusammen und bietet auch eine schematische Gegenüberstellung der beiden Kommunikationscodes (Riehl-Emde 2003, S. 40 ff., 44). Ihr entnehme ich die folgenden typischen Merkmale, welche die Partnerschaft – im Unterschied zur Liebesbeziehung – charakterisieren:

- das bewusste Ein- und Austreten aus der Beziehung (man heiratet, man lässt sich scheiden);
- eine dauerhafte Kooperation, in der Vernunft und Verständnis zentral sind;
- Aushandlung der Bedingungen des Zusammenlebens: es werden Kompromisse geschlossen, Ansprüche abgeleitet, Regeln festgelegt; es besteht ein Anspruch auf Gerechtigkeit, Gleichberechtigung und Herrschaftsfreiheit;
- ein Austauschverhältnis nach dem Prinzip »do ut des« (ich tue, damit du tust); man hat Leistungen zu erbringen, darf dafür aber auch Gegenleistungen erwarten.

Beim Betrachten dieser Auflistung der typischen Merkmale einer Partnerschaft springt in die Augen, dass die Partnerschaft als Beziehungsform exakt demselben Code gehorcht wie die systemische Paartherapie; diese ist ja ihrerseits darauf ausgerichtet, Paare anzuleiten, wie Bedingungen des Zusammenlebens ausgehandelt und mit Gegenseitigkeit auch mehr Gerechtigkeit hergestellt werden kann. In ihrem Verhältnis ist also die Bedingung der Kongruenz von Methode und Gegenstand erfüllt: beide funktionieren nach dem Prinzip der Zweckrationalität. Und weil es sich so verhält, weil der (die) systemische Paartherapeut(in) und die Hilfe suchenden Beziehungspartner derselben Welt zugehören, gleichsam wie Schlüssel und Schloss zusammenpassen, kann die systemische Paartherapie hier auch eine Veränderung zum Besseren bringen. Sie hat ja das anzubieten, was den beiden Partnern augenscheinlich fehlt: Strategien und Techniken, um ein funktionsfähiges, d.h. verhandlungsfähiges und kooperatives Team zu bilden, in welchem den Bedürfnissen beider Seiten Rechnung getragen wird, in dem sich jeder vom Anderen verstanden, respektiert, ja eventuell sogar fürsorglich behandelt fühlt und in dem sich beide in ihrer Individualität verwirklichen können. Greifen diese Strategien und Techniken nicht, weil sich das Paar bereits zu sehr entfremdet hat oder zumindest der eine Partner in Wahrheit gar nicht mehr an der Erhaltung der Beziehung interessiert ist, sondern eher an deren Auflösung, dann kommen die alternativen Techniken zum Einsatz, die ein Auseinandergehen des Paares bewirken, welches vernünftigen Regeln gehorcht und also im gegenseitigen Einvernehmen stattfindet.

Das funktioniert unter der Voraussssetzung, dass es sich um Probleme des Funktionierens einer Partnerschaft und nicht um so genannte »Liebesprobleme« handelt. Es kann darum nicht erstaunen, wenn Arnold Retzer zufolge paartherapeutische Bemühungen, die Liebe zum Gegenstand zweckrationaler Behandlung zu machen, wenig ergiebig sind, eben weil sich die Grundlagen einer Liebesbeziehung weder aushandeln noch festschreiben noch bestätigen noch auf der Verhandlungsbasis revidieren lassen, weshalb Retzer (2002, S. 191) auch ironisch vom »paartherapeutisch gecouchten Liebesbekenntnis« spricht, das eben kein Liebesbekenntnis sein kann. Wie radikal sich die Welt, in der Liebespaare zu Hause sind, von der Welt unterscheidet, wie sie durch die zweckrational konzipierte Paartherapie verkörpert wird, wird anhand von Retzers Zusammenfassung der Merkmale des Liebescodes deutlich:

»In der Liebe lassen sich keine Ansprüche ableiten oder geltend machen. [...] Sie entzieht sich jeglicher Vertragsfähigkeit. [...] Es kann also bei der Liebe nicht darum gehen, sich zu vertragen [...]. Für enttäuschte oder verlorene Liebe besteht kein Recht auf Schadenersatz. Wer als Liebesopfer an- oder einklagt, argumentiert [...] schon lange nicht mehr aus der Liebe. [...] In der Liebe kann der Tauschhandel nicht herrschen«, und sogar: »die Liebe kann nicht auf Gegenliebe rechnen« (S. 198f.).

5. Die Liebe stand von Anfang an im Fokus der Psychoanalyse

Wenn der Liebescode durch diese Merkmale bestimmt ist, dann muss man sich fragen, ob er überhaupt Gegenstand irgendeiner Therapie sein kann, zielt doch jede Psychotherapie, die diesen Namen verdient, darauf ab, Vernunft an die Stelle von Unvernunft zu setzen – gemäß dem berühmten Diktum *Sigmund Freuds:* »Wo Es war, soll Ich werden«. Aber gerade für Freud stand das Phänomen der Liebe im Zentrum der psychoanalytischen Kur, und zwar immer, nicht nur dann, wenn jemand wegen eines Liebesleids analytische Hilfe suchte. Denn er glaubte, entdeckt zu haben, dass der Ödipuskomplex, und d. h. die ödipale Liebe des Knaben zu seiner Mutter bzw. des Mädchens zum Vater, mitsamt den daraus entstehenden Konflikten und Ängsten den »Kern der Neurosen« bilde (Freud 1915–16, S. 349). Wenn das zutrifft, dann ist jedes neurotische Leiden, welche Symptome auch immer vorherrschen mögen, im Grunde ein Leiden an der Liebesproblematik und muss deshalb auch als solche behandelt werden.

Damit stellt sich sogleich die Frage, ob in diesem Fall die Methode dem Gegenstand kongruent sein kann. Statt einer Antwort, die den vorgegebenen Rahmen sprengen würde, muss der Hinweis genügen, dass die psychoanalytische Methode mit der »Übertragungsliebe« arbeitet, was heißt, dass die Übertragung der ödipalen Liebe des Patienten auf den Analytiker als erster Schritt des Veränderungsprozesses nötig ist und entsprechend gefördert wird, um sie dann in einem zweiten Schritt zu deuten und sie mit der Deutung auch wieder aufzulösen. Diese psychoanalytische Inszenierung der Liebe im Verhältnis zwischen Analysand und Analytiker, in die beide, wenn auch mit unterschiedlichen Rollen, involviert sind, folgt zwar durchaus technischen Regeln und verlangt vom Analytiker ein hohes Maß an fachmännischem Können, steht aber dennoch völlig außerhalb des zweckrationalen Paradigmas. Auch das damit verfolgte Ziel hat mit dem Ziel zweckrationaler Psychotherapie wenig gemein: Es geht weder um eine technisch zu bewerkstelligende Entstörung der gestörten Liebe noch um die Förderung verschütteter Liebesressourcen, sondern darum, eine unmögliche und darum Leiden schaffende Liebe »untergehen« zu lassen, genauer: auf sie Verzicht zu leisten.

Man wird ungeduldig fragen: Was ist die ödipale Liebe? Freuds Genie liegt meines Erachtens darin, dass er gerade nicht in dieser durchaus üblichen Art und Weise gefragt hat. Seine Frage lautete vielmehr: Was will der Kleine mit seiner Liebe zur Mutter, welchen Zweck verfolgt er? Die folgenden Darlegungen basieren auf dieser Fragestellung.

6. »Was *ist* die Liebe?« contra: »Was *will* die Liebe?«

Die systemtheoretische Unterscheidung von Liebe und Partnerschaft ist der »Was ist«-Frage verpflichtet, die man auch als »Wesensfrage« bezeichnen kann: Was ist das je für ein Code, dem Liebe und Partnerschaft folgen? Worin besteht ihre je andersartige Handlungslogik? Ihr steht Freuds Frage nach der Intention bzw. dem Zweck gegenüber, der mit der Liebe verfolgt wird. Betrachten wir genauer, welche unterschiedlichen Antworten durch die beiden Frageweisen vorgezeichnet sind.

Die »Was ist«-Frage zielt auf die Gewinnung von Merkmalen, von Eigenschaften, allenfalls auch von Strukturen, die typisch sind für die Liebe; man erhält Angaben, die man darlegen und mit Angaben, die für eine andere Beziehungsform typisch sind (hier die Partnerschaft), vergleichen kann. Die »Was will«-Frage zielt hingegen auf den Zweck und damit auf den »Sinn« der Liebe bzw. der Partnerschaft. Auf den »Sinn« von etwas stoßen wir nicht durch bloße Deskription, sondern durch Interpretation, denn »Sinn« ist immer das Korrelat einer Verstehensleistung. Das Verstehen aber bewegt sich *per definitionem* immer zwischen Teil und Ganzem. Das lässt sich leicht am Verständnis einer mündlichen Aussage oder eines geschriebenen Satzes zeigen. Was eine Aussage bzw. ein Satz wirklich bedeuten, ihr Sinngehalt, lässt sich nur der Situation, in dem die Aussage gemacht, bzw. dem Textzusammenhang, in dem der Satz steht, entnehmen. Daher die Erfahrung, dass einem »Sätze im Munde herumgedreht« werden, wenn man sie aus dem Kontext reißt, dem sie zugehören. Das gilt auch für den »Sinn« der Liebe, wobei unter »Sinn« hier die Absicht, der Zweck bzw. die Funktion zu verstehen ist. Um zu erfassen, was die Liebe will, muss man den Blick über das Phänomen Liebe hinausrichten, muss nach jenem größeren Zweckzusammenhang Ausschau halten, in dem es steht. Das ist anders bei der Was-Frage, denn mit ihr kann ich, ja muss ich mit meinem Blick ganz bei der Liebe verweilen, um ihre spezifische Eigenart – allenfalls mittels des Vergleichens – herauszufinden.

Nun mag man einwenden, dass der »Sinn« bzw. »Zweck« der Liebe gar nicht universal zu bestimmen sei, weil er von Individuum zu Individuum variiere und insbesondere von der Zeit, der sozialen Schicht und der jeweiligen Kultur abhänge. Dass der Sinn immer auch historisch-gesellschaftlich wie individuell geprägt ist, soll nicht in Abrede gestellt werden. Die Frage ist nur, ob nicht in all diesen mannigfaltigen Sinnbestimmungen ein Gemeinsames liegt, auf das immer abgezielt wird, wenn jemand liebt oder sich nach Liebe sehnt. Trifft das zu, dann gibt es so etwas wie einen anthropologischen Sinn bzw. eine anthropologische Funktion der Liebe. Sigmund Freud hat der ödipalen Liebe einen solchen universalen Sinn unterstellt, ihn allerdings einer bestimmten Entwicklungsstufe des Kindes zugeordnet, den alle

Kinder aller Kulturen durchlaufen. Ich werde im Folgenden auf zwei andere anthropologische Sinnbestimmungen der Liebe eingehen: jene von *Jürg Willi* und jene von *Jean-Paul Sartre*.

7. Der Sinn der Liebe in verhaltensbiologischer Sicht

Die systemische Charakterisierung der Liebe in Abhebung von der Partnerschaft hat die anfangs zitierte These von Ulrich Beck, wonach die Liebe das Gegenmuster zur Zweckrationalität bilde, bestätigt und damit auch die Zweifel an Jürg Willis Plädoyer für einen Einbezug der Liebe in die systemische Paartherapie erhärtet. Dennoch wäre es voreilig, damit die Akten zu schließen, gilt doch die Bestätigung vorerst nur für die (durchaus diskutable) Charakterisierung der Liebe als ein durch spezifische Merkmale bestimmter Kommunikationscode. Jürg Willi legt nun in seinem Buch *Psychologie der Liebe* (2002) ein ganz anderes Liebesverständnis vor. Wichtig ist vorerst, dass es sich um ein Liebes*verständnis* handelt. Das meint, dass sich Jürg Willi wie Freud von der Frage leiten lässt, was die Liebe will, und diese Frage auch auf anthropologischer Ebene beantwortet. Sehen wir also zu, welchen »Sinn« er der Liebe im Rahmen der menschlichen Grundsituation bzw. der menschlichen Grundbedürftigkeit zuerkennt.

Seine Antwort lautet kurz und bündig: Der Mensch will sich in und durch die Liebe selber verwirklichen. Diese Antwort ist, wie der Autor einleitend ausführt, verhaltensbiologisch abgestützt (S. 24). In verhaltensbiologischer Sicht folgt das Leben prinzipiell dem »Eigennutz der Gene«. Ist damit tatsächlich das Grundgesetz allen Verhaltens gefunden, dann kennt der Forscher damit auch schon den geheimen, ›positiven‹ Sinn aller konkreten Lebensäußerungen – das, was es ihm möglich macht, im Einzelfall davon auszugehen, dass auch ein noch so unsinnig erscheinendes Verhalten der Arterhaltung dient, weil es sich sonst in der Evolution gar nicht hätte durchsetzen können. Dieses Grundgesetz lässt sich auf den Menschen anwenden. Allerdings zielt bei ihm der Eigennutz nicht mehr auf die Fortpflanzung der Art ab, sondern auf die Erhaltung und Entfaltung des Individuums. Es geht dem Menschen immer irgendwie um die »Verwirklichung des eigenen Potenzials« (S. 28). In diesem naturhaft vorgegebenen Zweckzusammenhang menschlichen Existierens hat die Liebe ihren Ort und ihre Funktion: Der Mensch sehnt sich nach Liebe, weil er sich selbst zu verwirklichen strebt und »nichts die persönliche Entwicklung stärker stimuliert als eine konstruktive Liebesbeziehung« (Klappentext des Buches). Dass die Liebe im Dienste der Selbstverwirklichung steht, darf man nicht als ein egoistisches Streben auf Kosten des Anderen missverstehen, weil sich die Partner im Idealfall gegenseitig Hilfe leisten, um die je eigene Entwicklung gemeinsam voranzutreiben.

Jürg Willis Darlegungen zur Liebe gehen weit über die Bestimmung ihrer anthropologischen Funktion hinaus. Er fasst die Liebesbeziehung als einen »Prozess« auf, der unweigerlich auch Konflikte und damit Leiden mit sich bringt, und grenzt sich damit dezidiert von einer »normativen Liebesethik« ab, die alle Spannungen und Probleme schon einem Misslingen der ›wahren‹ Liebesbeziehung zurechnet (vgl. S. 24ff., 216ff.). Die oft sehr schmerzlichen Auseinandersetzungen gehören nicht nur einfach zu einer Liebesbeziehung dazu, sondern geben sogar die wichtigsten Anstöße zur Verwirklichung des eigenen Potenzials, zumindest so lange, wie sie nicht »destruktiv« werden.

Für unsere Fragestellung ist aber weniger wichtig, wie Liebesprozess und Selbstverwirklichung zueinander stehen, als vielmehr der Umstand, dass die Liebe überhaupt in diesen Zusammenhang gestellt und aus ihm verstanden wird. Denn damit ist der von Ulrich Beck postulierte Gegensatz von Liebe und Zweckrationalität aufgehoben – ist die Liebe selber zweckrational definiert. Mag sie sich noch so irrational gebärden, sie dient jenem durch und durch rationalen, weil dem Menschen eingeborenen Zweck, die eigenen Potenziale bestmöglichst zu verwirklichen. Mag der Liebende auch nichts anderes im Sinn haben als den Anderen zu lieben und von ihm geliebt zu werden, so verfolgt er damit gleichwohl jenes Ziel, das ihm von Natur aufgetragen ist. Die Liebe hat also einen strategischen Sinn, auch wenn sie der Liebende nicht bewusst strategisch für seine Zwecke einsetzt.

Die so verstandene Liebe kann nun durchaus Gegenstand einer zweckrational konzipierten Paartherapie sein, die zum Ziel hat, die persönliche Entwicklung der Klienten zu fördern. »Persönliche Entwicklung durch Partnerbeziehungen«, lautet denn auch der Untertitel des Buches von Jürg Willi. Gelingt es, durch paartherapeutische Gespräche die Liebesbeziehung zu verbessern und von destruktiven Elementen zu reinigen, dann schafft man die Bedingungen, um das menschliche Grundbedürfnis nach Verwirklichung der eigenen Potenziale zu befriedigen.

Damit scheint mein Einwand gegen eine Einführung der Liebe in die systemische Paartherapie entkräftet, denn die so verstandene Liebe bildet keineswegs das Gegenmuster zur Zweckrationalität, sondern ist sogar unentbehrlicher Bestandteil der durch und durch zweckrational konzipierten menschlichen Natur. Sie ist dann auch nicht, wie Retzer in seinem Beitrag zu diesem Band formuliert, ein »Skandal«, insofern sie den modernen Mythos des Fortschritts unterminiert, sondern sogar das tauglichste Vehikel des Fortschritts in Richtung individueller Höherentwicklung. Damit wird auch der von Retzer postulierte Gegensatz zweier Kommunikationscodes hinfällig, und es ist nur konsequent, dass Jürg Willi in seinem Buch den Begriff »Partnerbeziehung« absichtlich durch »Liebesbeziehung« ersetzt (S. 13) und damit klarmacht, dass es für ihn die idealtypische Unterscheidung von Liebesbeziehung und Partnerschaft gar nicht gibt.

Mit diesem Fazit könnte ich meine Ausführungen beschließen. Das widerstrebt aber meinem Hang zur Philosophie. Deshalb nehme ich die Frage: »Was will die Liebe?« noch einmal auf, richte sie aber nicht an die Verhaltensbiologie, sondern an die Existenzphilosophie *Jean-Paul Sartres*. Auch dieser ist von einer normativen Sicht der Liebe weit entfernt; auch er fragt nicht nach dem Wesen der Liebe, sondern nach ihrem Sinn qua Zweck; auch er stellt die Liebe in den übergreifenden Zusammenhang des menschlichen Lebens, der »condition humaine«. Sehen wir aber genauer zu, wie Sartre den universalen Zweck der Liebe in seinem frühen Hauptwerk *Das Sein und das Nichts* von 1943 bestimmt (Sartre 1993, S. 538–652; vgl. dazu Holzhey-Kunz 2002, S. 159–176).

8. Der Sinn der Liebe in existenzphilosophischer Sicht

Was will der Liebende? Sartres Antwort auf die Frage ist zunächst ebenfalls kurz und bündig: Er will geliebt werden. Man liebt also, um geliebt zu werden, man will mit der eigenen Liebe den Anderen dahin bringen, die Liebe zu erwidern, seinerseits zu lieben. Warum ist es aber so erstrebenswert, geliebt zu werden? Für Sartre erlöst das Faktum, geliebt zu werden, von fundamentalen Bedrohungen. Auch wenn wir noch nicht wissen, welche Bedrohungen Sartre im Blick hat, springt doch schon der unterschiedliche anthropologische Ansatz in die Augen. Ist bei Jürg Willi der Mensch als jenes Wesen angesetzt, das primär lebensbejahend darauf aus ist, seine Potenziale zu verwirklichen, so ist er bei Sartre primär jenes Wesen, das Angst hat und vor ihr auf der Flucht ist. Natürlich kennt auch Jürg Willi viele Ängste, die in Liebesbeziehungen auftreten und nach Abwehrmechanismen rufen. Aber diese Ängste sind nichts Primäres, sondern sie tauchen erst sekundär auf, und zwar als (durchaus zweckrationale!) Signale, die anzeigen, dass sich der Mensch in seinem Urstreben nach Selbstverwirklichung bedroht fühlt.

Wovor hat der Mensch in existenzphilosophischer Sicht Angst? Ich erwähne hier drei anthropologische Grundtatsachen, die den Menschen notwendig ängstigen: a) die eigene Freiheit, b) die eigene Kontingenz, c) die Freiheit des anderen Menschen. Bevor ich auf diese drei Gefahren eingehe, ist der Hinweis wichtig, dass Sartre, in der Tradition Heideggers und Kierkegaards, »Angst« und »Furcht« voneinander unterscheidet. Die Furcht ist immer auf Gefahren gerichtet, die auch nicht sein könnten und denen man mit Glück entrinnen oder die man mit Mut besiegen kann. Sie ist Furcht vor Krankheit oder anderen Schicksalsschlägen, vor Armut, vor Einsamkeit, vor böswilligen Absichten anderer Menschen usw., wobei es sich immer auch um eingebildete Gefahren handeln kann. Die Angst hingegen ist auf Bedrohungen bezogen, die bestehen, solange man lebt, ohne Aussicht, ihnen zu entkommen oder aber sie zu besiegen, weshalb sie, im Unterschied zur Furcht, nie täuscht.

a) Die Angst vor der eigenen Freiheit. Nach Sartre ist der Mensch zur Freiheit »verurteilt«. Damit ist nicht jene Freiheit gemeint, die es einem ermöglicht, zu erreichen, was man sich wünscht, und die man dann, wenn man sie aus politischen oder anderen Gründen entbehren muss, als ›höchstes Gut‹ herbeisehnt, sondern jene viel grundlegendere Freiheit, die zwingt, das eigene Leben zu übernehmen, selber Entscheide zu fällen, ohne je ganz sicher sein zu können, ob die Wahl richtig ist und welche Konsequenzen sie haben wird. Diese Freiheit, die man nicht einmal im Gefängnis verliert, weil man auch dort noch wählen muss, wie man sein Gefangensein leben will (aktiv sich auflehnend oder passiv-resigniert usw.), ist das Wovor und Worum der Angst, denn sie konfrontiert damit, dass man der Aufgabe, das eigene Leben selber zu führen, nicht entrinnen kann, mag sie einen noch so belasten. Dieser Freiheit möchte man entfliehen, und man glaubt, von ihr loskommen zu können, wenn man geliebt wird, wenn der Andere und man selbst eine Einheit bilden, so dass die Last der Verantwortung nicht mehr auf ›meinen‹, sondern auf ›unseren‹ Schultern liegt.

b) Die Angst vor der Kontingenz. Nach Sartre ist der Mensch – und hierin folgt er Heidegger – in die Welt »geworfen«, ohne zu wissen, warum und wozu. Natürlich lassen sich immer konkrete Ursachen ausmachen, die zur eigenen Geburt geführt haben und die man in der Regel auch kennt. Was hingegen fehlt, ist der Sinngrund dafür, dass man überhaupt da ist, statt nicht geboren zu sein. Weil dieser Sinngrund mangelt, erfährt der Einzelne seine Existenz als zufällig, als kontingent und also auch als »überflüssig« (Sartre: »de trop«). Er leidet also an der Ungewissheit, wozu es denn gut sein soll, überhaupt zu sein, statt nicht zu sein, wenn doch die Welt genauso ihren Gang nimmt, ob er mit von der Partie ist oder nicht; er leidet aber noch viel mehr an der Ungewissheit, ob er denn überhaupt ein Recht hat, hier zu sein und mit seiner Existenz einen Platz auf dieser Welt zu beanspruchen, der genauso gut einem anderen gehören könnte. Die Angst, nur zufällig zu sein, wird zur Angst, unrechtmäßig hier zu sein, ohne ausweisbare Legitimation. Von dieser Angst ist man erlöst, wenn man geliebt wird. Wer geliebt wird, der ist wirklich ›gemeint‹, der wird nicht nur als Rollenträgerin oder Leistungserbringerin geduldet bzw. gebraucht, sondern als dieses unverwechselbare Individuum; wer geliebt wird, erfährt sich als unersetzlich und damit in seinem Dasein gerechtfertigt.

c) Die Angst vor der Freiheit des anderen Menschen betrifft die Erfahrung, dass der Andere selber Subjekt ist wie ich, frei wie ich, und darum niemals einfach zum Objekt meiner Ansprüche werden kann, niemals einfach verfügbar für meine Bedürfnisse ist und sich prinzipiell auch jeder Kalkulierbarkeit entzieht. Mag der Andere auch oft erwartungsgemäß und damit voraussehbar handeln – sicher ist es nie, da er prinzipiell die Freiheit hat ›auszuscheren‹, sich ganz anders als erwartet zu verhalten. Schlimmer noch: Weil er selber Subjekt ist, kann er mich seinerseits zum Objekt machen – zum Objekt seines Blicks und damit seines Urteils. Hierin liegt eine beängstigende Macht des Anderen, die Macht, mich so zu sehen und so zu beurteilen, wie es ihm beliebt, und zwar von einem Standpunkt aus, den ich selber nie einnehmen kann, weshalb er immer mehr über mich weiß als ich selber. »Der Andere besitzt ein Geheimnis: das Geheimnis dessen, was ich bin« (Sartre 1993, S. 638). Er hat auch die Macht, mich auf das festzulegen, was er an mir sieht, und mich beliebig mit anderen zu vergleichen und ein entsprechendes Vergleichsurteil über meine Qualitäten und Mängel zu fällen, auf das ich keinen Einfluss nehmen kann.

Dass der Andere durch seine pure Existenz diese Macht hat, ist ein »unüberwindbarer Skandal« (ebd., S. 797), der nach einer Lösung verlangt. Eine solche Lösung stellt die Liebe dar, denn wenn der Andere mich liebt, dann gibt er freiwillig seine Macht über mich auf, dann legt er seiner Freiheit freiwillig Fesseln an, dann »übersteigt« er mich nicht mehr zu Anderen hin, sondern macht mich zu seinem höchsten Zweck, zum Quell all seiner Werte, weshalb ich außer Gefahr bin, von ihm entwertet zu werden (vgl. ebd., S. 646). Weil sein Blick nur noch auf mir ruht, bin ich nun in seinem Blick in Sicherheit, kann mich sogar in seinem Blick »ausruhen«. Der andere Weg, um die Macht des Anderen zu brechen, bestünde in seiner Unterwerfung, also in seiner gewaltsamen Degradierung zum bloßen, von mir abhängigen Objekt, das aus Furcht vor mir nicht mehr wagt, mich anzublicken.

Resümieren wir abschließend noch einmal den Unterschied der beiden Liebeskonzepte, denen gemeinsam ist, dass sie die Liebe von ihrem Zweck her definieren: Bei Jürg Willi dient die gegenseitige Liebe bzw. das gegenseitige Geliebtwerden der Selbstverwirklichung der beiden Partner, bei Sartre dient sie der Erlösung von Urängsten, die zum Menschen als Menschen gehören. Darin liegt nun mehr als nur eine inhaltlich unterschiedliche Bestimmung dessen, was die Liebe ›will‹. Denn in der ersteren Konzeption gilt der Zweck als selbstverständlich erreichbar, in der letzteren als pure Illusion. Für Jürg Willi ist eine Liebesbeziehung das effizienteste Mittel zur Erreichung des Zwecks der Selbstverwirklichung, weshalb die Liebe grundsätzlich ein lohnendes Unterfangen ist, auch wenn sie mit Konflikten, Enttäuschungen und Ängsten einhergeht. Für Sartre hingegen ist sie eine der großen Illusionen. Sie muss schon darum scheitern, weil es eine gegenseitige Liebe, in der beide ihre Ziele erreichen, gar nicht geben kann. Jeder wünscht sich ja den Anderen in der Rolle des Liebenden, um selber als Liebesobjekt von den Ängsten erlöst zu sein. Aber sogar wenn ein gegenseitiges Liebesverhältnis möglich wäre, vermöchte die Liebe die in sie gesetzten Hoffnungen nicht zu erfüllen. Denn ich bleibe auch dann, wenn ich geliebt werde, in Tat und Wahrheit »Subjekt«, bleibe für das eigene Leben verantwortlich und also allem Geliebtwerden zum Trotz »zur Freiheit verurteilt«; auch der Liebhaber behält die Freiheit, mich mit seinem Blick jederzeit wieder auf andere hin zu übersteigen und mich damit zu relativieren, mich erneut zum bloßen Objekt seines Urteils zu machen, auf das ich keinen Einfluss habe – und wo das geschieht, entfällt auch der Sinngrund für mein Existieren, bin ich wieder auf meine pure Kontingenz zurückgeworfen. Die Liebe scheitert, weil man ihr etwas Unmögliches aufbürdet. Die beängstigenden Grundbedingungen des eigenen Seins lassen sich auf keine Art und Weise überwinden, sie lassen sich nur für eine kürzere oder längere Zeitspanne verleugnen.

Auf dem Hintergrund von Sartres Liebesverständnis leuchtet Ulrich Becks Bestimmung der romantischen Liebe als moderner Nachreligion unmittelbar ein. Was früher von der Religion erwartet wurde und was sie auch zu leisten vorgab, nämlich den Gläubigen von der Angst zu erlösen, wird nun von der irdischen Liebe erwartet. Dem Liebespartner wird heute aufgeladen, was früher Gott bzw. der göttlichen Liebe vorbehalten war: die Existenz des einzelnen Menschen zu rechtfertigen und ihn unabhängig vom Urteil der Welt als den zu erkennen, der er seinem Wesen nach ist. Das kann (und will) der irdische Liebespartner nicht leisten, er kann also nur versagen, und der Geliebte kann sich entsprechend nur als der Betrogene vorkommen.

Die Enttäuschung macht sich in den allbekannten gegenseitigen Vorwürfen und Anklagen, aber auch in Selbstzweifeln Luft. Man ist unendlich ent-täuscht, ohne in der Regel zu erkennen, dass man nur von einer Täuschung befreit wurde. Deshalb sucht man die Gründe für die Enttäuschung bei den konkreten Mängeln des Partners – Mängeln, die prinzipiell behebbar sein sollen oder die einem anderen, einem besseren, nämlich dem wirklich zu mir passenden oder gar für mich bestimmten Liebespartner nicht anhaften. Weil man generell Illusionen nur ungern aufgibt, ist es heute, da die Beendigung auch von ehelichen Beziehungen öffentlich toleriert wird, besonders verführerisch, die illusionären Erwartungen wieder in eine neue Liebesbeziehung zu legen, nochmals neu anzufangen. Andere ›Lösungen‹ bestehen darin, sich desillusioniert von der Liebe überhaupt abzuwenden, zu hassen, statt zu lieben, sich im Ressentiment einzuhausen, sich auf sadomasochistische Beziehungsformen einzulassen oder aber sich der Erfolgssucht, der Machtsucht, der Besitzgier zu ergeben. Auch diese Lebensprojekte scheitern, weil sie die beängstigenden Grundbedingungen menschlicher Existenz ebenfalls nicht aufzuheben vermögen. Dämmert die Erkenntnis, dass es letztlich nichts gibt, das von der eigenen wie der Freiheit des Anderen erlösen kann, führt das heute meist in die Depression, die dann medikamentös bekämpft wird.

9. Das Leiden an der Partnerschaft als ein verdecktes Leiden an der Unerfüllbarkeit der Liebessehnsucht

Folgt man Sartres Liebesverständnis, dann lässt sich die Trennung von Liebesbeziehung und Partnerschaft in der Tat nicht aufrechterhalten, womit Jürg Willis Kritik am Ungenügen der bisherigen Paartherapie, welche die Liebe ausklammert, nun doch Recht bekommt. Meine anfängliche These, wonach es sich dabei nicht um ein Versäumnis handle, weil die Paartherapie aufgrund ihrer methodischen Ausrichtung sehr wohl geeignet sei, Paarprobleme zu behandeln, aber ungeeignet, die Liebe zu thematisieren, ist damit zwar nicht widerlegt, erweist sich aber doch als voreilig. Denn die These basiert auf der Voraussetzung, man könne Partnerschaftsprobleme lösen, ohne auf die Liebe zu fokussieren. Genau das aber ist, so muss man vermuten, deshalb in den allerwenigsten Fällen möglich, weil hinter dem Leiden an den Defiziten der Partnerschaft meistens ein anderes Leiden verborgen liegt, das mit der Ent-täuschung, mit dem Fall aus der Illusion zu tun hat.

Damit wird nicht bestritten, dass viele Menschen in der Tat auch am Ungenügen der Partnerschaft bzw. des jeweiligen Partners leiden, es heißt nur, dass dieses Leiden meist von einem anderen Leiden her genährt wird: dem Leiden an der Liebe – dem Leiden daran, dass die Liebe nicht gehalten hat, was sie doch zu versprechen schien. Man verschiebt dieses Leiden auf das Leiden an den konkreten Mängeln des Partners oder an sich selber, weil man damit die Illusion einer möglichen Erfüllbarkeit der Liebessehnsucht aufrechterhalten, sich weiterhin vormachen kann, das Scheitern liege nur an den unzureichenden Voraussetzungen im konkreten Fall.

Um bessere Voraussetzungen zu schaffen, geht man zum Paartherapeuten. Damit gibt man ihm einen Auftrag, den er nicht erfüllen kann. Es mag ihm zwar gelingen, gemeinsam mit seinen beiden Klienten die Bedingungen für eine gut funktionierende Partnerschaft zu erarbeiten, aber diese Bedingungen sind nicht zu verwechseln mit den Voraussetzungen für die Verwirklichung dessen, was das Paar im Grunde suchte und immer noch sucht: jene Liebesgemeinschaft, die von den abgründigen und darum unheimlichen Bedingungen des Subjektseins erlöst. Hinter den manifesten Erwartungen an den Paartherapeuten, die er (sie) durchaus zu erfüllen in der Lage ist, verbergen sich also oftmals unausgesprochene illusionäre Sehnsüchte, die, solange sie nicht als solche erkannt und zur Sprache gebracht werden, auch die Arbeit des besten Paartherapeuten heimlich torpedieren. Das Problem liegt meines Erachtens nicht darin, dass auch er Erwartungen enttäuschen muss, sondern darin, dass sie je nach Menschenverständnis und entsprechendem Liebeskonzept gar nicht als solche erkannt werden können. Das aber scheint mir der Fall zu sein, wenn man die Liebe nur mit einem naturhaft angelegten und auch realisierbaren Selbstverwirklichungsstreben in Verbindung bringt.

10. Konklusion: Die Antwort auf die Frage, ob sich die Paartherapie eignet, auf die Liebe zu fokussieren oder nicht, hängt davon ab, wie man Liebe definiert

Kehren wir am Schluss nochmals zu Freud zurück. Für ihn leidet der Neurotiker an einer längst vergangenen Liebesgeschichte, die ihn damals, statt Erfüllung zu bringen, in schwere Konflikte gestürzt hat, so dass er sich nicht anders zu helfen wusste, als sie kurzerhand aus dem Bewusstsein zu verbannen. Mit dieser Liebesgeschichte hat es die psychoanalytische Behandlung zu tun, sie gilt es wieder ins Bewusstsein zu rufen und zu bearbeiten. Nur ist diese »Arbeit« an der Liebe bekanntlich – mit einem berühmt gewordenen Ausdruck Freuds – »Trauerarbeit«. Das kann den nicht verwundern, der weiß, dass die Liebe schon damals nicht deswegen unerfüllbar war, weil der Vater dazwischen stand und weil man als kleiner Junge für die Mutter noch keinen Sexualpartner abgeben konnte, sondern weil die Liebe als solche auf etwas Unmögliches abzielte, indem der kleine Junge die Mutter damals für sich allein haben wollte, um auf diese Weise die unaufhaltsame Entwicklung von der Mutter weg, hin zur eigenen Subjektwerdung, aufzuhalten, um dem aufbrechenden eigenen Subjektsein und den damit verbundenen Ängsten zu entrinnen.

Die psychoanalytische Arbeit ist darum auf eine eigentümliche Art und Weise »negativ«. Statt positive Resultate in Aussicht zu stellen, statt Hemmungen abzubauen, damit der Klient frei wird, sich seine ureigensten Wünsche endlich erfüllen zu können, will sie erreichen, dass er von sich aus bereit wird, sich von diesen Wünschen zu verabschieden. Das macht die Psychoanalyse zu einer merkwürdigen Form von Therapie, die gerade darum auch viel Anstoß erregt. Denn sie ist eine Therapieform, die nicht darauf setzt, Mängel zu beheben, Ressourcen zu fördern – also nicht darauf, etwas zu ›machen‹, zu ›bewerkstelligen‹, positive Veränderung zu bewirken, zu ›heilen‹ –, sondern bloss darauf, Verdrängtes wiederzuerinnern, Einsicht zu gewinnen. Einsicht worein? Freud (1915–16, S. 451) nannte die psychoanalytische Kur einmal eine »Erziehung zur Wahrheit gegen sich selbst«. Damit ist nicht die historische Wahrheit gemeint, der man sich durch Rekonstruktion dessen, was in der Kindheit wirklich war, annähern könnte, sondern die Wahrheit über den heimlichen Zweck der ödipalen Liebe, die als romantische Liebessehnsucht im Erwachsenen weiterlebt. Diese Wahrheit soll der Analysand erkennen, aber nicht nur erkennen, sondern auch an-erkennen, sich mit der Unerfüllbarkeit der Liebessehnsucht abfinden, statt ein Leben lang heimlich auf ihrer Erfüllbarkeit zu insistieren. Er muss nicht auf die Sehnsucht als solche verzichten, das wäre unmenschlich, aber ihren illusionären Charakter einsehen und einen lebensverträglichen (kultivierten oder so genannten »sublimierten«) Umgang mit ihr finden. Denn diese Sehnsucht hat gerade darum, weil sie dem Menschen ein unmögliches Glück vorgaukelt, etwas

Dämonisches und entfaltet immer dann ihr destruktives Potenzial, wenn man auf ihrer Realisierung beharrt.

Aus dieser Warte muss sich eine verhaltensbiologisch fundierte Theorie der Liebe die Frage gefallen lassen, ob sie dieses Phänomen nicht allzu sehr verharmlost, d.h. das der Liebe immer immanente Gewaltmoment unterschätzt. Und eine Paartherapie, die auf die Liebe fokussieren will, muss sich die Frage gefallen lassen, ob sie nicht selber wieder – unbewusst – diese letztlich destruktive Illusion nährt. Dies ist vor allem deshalb zu bedenken, weil die Sehnsucht nach einer Liebe, die das eigene Sein rechtfertigt, der eigenen Existenz einen fraglosen Sinn gibt und vor der Bedrohung durch den anderen Menschen schützt, in der heutigen, modern-postreligiösen Zeit, wenn auch meist uneingestanden, besonders virulent ist und darum auch besonders viel Leiden schafft.

Fazit: Man kann in einer Paartherapie sehr wohl von der Liebe reden, sie eignet sich aber nicht, die tieferen Motive des Leidens an der Liebe, die der Einzelne nicht nur vor dem Partner, sondern zumeist auch vor sich selber verbirgt, aufzudecken und zu bearbeiten. Das ist deshalb der Fall, weil sie erstens zu sehr aufs zweckrationale ›Machen‹ ausgerichtet ist und weil zweitens das Setting (die Gegenwart des Partners) dem rückhaltlos-freien Sich-Aussprechen zu viele Begrenzungen auferlegt.

Literatur

Beck, Ulrich (1993): *Die Erfindung des Politischen*. Stuttgart: Reclam.
– & Beck-Gernsheim, Elisabeth (1990): *Das ganz normale Chaos der Liebe*. Frankfurt a. M.: Suhrkamp.
Freud, S. (1915–16): *Vorlesungen zur Einführung in die Psychoanalyse*. GW, Bd. XI.
Habermas, Jürgen (1981): *Handlungsrationalität und gesellschaftliche Rationalisierung*. (Theorie des kommunikativen Handelns, Bd. 1) Frankfurt a. M.: Suhrkamp.
Holzhey-Kunz, Alice (2002): *Das Subjekt in der Kur. Über die Bedingungen psychoanalytischer Psychotherapie*. Wien: Passagen.
Retzer, A. (2002): Das Paar. Eine systemische Beschreibung intimer Komplexe. Teil I: Liebesbeziehungen. Teil II: Partnerschaften. *Familiendynamik* 27, 1 und 2, S. 5–42, 186–217.
Riehl-Emde, A. (2003): *Liebe im Fokus der Paartherapie*. Stuttgart: Klett-Cotta.
Sartre, J.-P. (1943): *Das Sein und das Nichts. Versuch einer phänomenologischen Ontologie*. Hrsg. von Traugott König. (Ges. Werke in Einzelausgaben. Philosophische Schriften, Bd. 3) Reinbek b. Hamburg: Rowohlt 1993.
Weber, Max (1922): *Wirtschaft und Gesellschaft. Grundriß der verstehenden Soziologie*. Tübingen: Mohr 1976 (5., revid. Aufl.).
Willi, Jürg (2002): *Psychologie der Liebe. Persönliche Entwicklung durch Partnerbeziehungen*. Stuttgart: Klett-Cotta (5. Aufl.).

Gisela Ana Cöppicus Lichtsteiner

Das Aufkeimen der Liebe nach frühen Verletzungen des Selbst

> In seinem Beitrag beschreibt Jürg Willi, wie in der Sehnsucht nach der absoluten Liebe oft die Sehnsucht nach einem transzendenten Aufgehobensein enthalten ist; dieses Thema wird von Gisela Ana Cöppicus Lichtsteiner eingehend behandelt. Sie arbeitet vor allem mit frühkindlich oft sexuell traumatisierten Frauen. In einem ausführlichen Beispiel stellt sie eine fünfeinhalbjährige Psychotherapie einer jungen Frau mit Inzesterfahrung dar, die gelernt hat, in Beziehungen keine tieferen Gefühle zuzulassen, sondern sich »tot zu machen«, um keinen Schmerz zu spüren. Unter katathym-imaginativer Psychotherapie (KIP) begannen Vorstellungen von etwas Großem, sie Bergenden und Umfassenden Gestalt anzunehmen. Die Patientin wagte es, sich ihren eigenen Abgründen zu stellen, und fand in der imaginierten Gottesmutter Maria eine Führerin, der sie sich auf ihrem gefährlichen Weg anvertrauen konnte. Das Fallbeispiel zeigt, wie die Liebe nach frühen Verletzungen des Selbst zunächst im Sich-Anvertrauen an die Beziehung zur Therapeutin aufkeimt, um dann in der imaginierten Führung der Gottesmutter Maria einen tragenden Grund zu finden. Erst nachdem sich das Urvertrauen in eine verlässliche Liebe ausreichend gefestigt hatte, wurde die Patientin fähig, sich auf eine konkrete, auf gegenseitigen Erwartungen und emotionalen Bindungen beruhende Partnerliebe einzulassen.

1. Einleitung

Es hat mich erstaunt, dass Liebe in der Paartherapie offenbar kein therapeutisches Thema ist und im Beratungsgespräch von Paartherapeutinnen und -therapeuten sogar bewusst vermieden wird (vgl. die Einleitung von Jürg Willi). Ich habe die Liebe im therapeutischen Kontext immer gesucht, in meiner persönlichen Analyse wie auch in der Ausbildung. Die tiefenpsychologisch orientierte Therapie arbeitet ganz bewusst mit dem Faktor Liebe: Die Liebe bestimmt die therapeutische Haltung; sie ist implizit die Grundlage jeglicher Heilung durch Beziehung.

Ich arbeite seit 15 Jahren mit Frauen, die in frühester Kindheit einen Mangel an Liebe erlebt haben, die statt fürsorgender Liebe sexualisierte Gewalterfahrungen machen mussten und deren Persönlichkeit von diesen falschen und destruktiven »Liebesmustern« durch und durch geprägt ist. Sie sind in ihrem Ursprung und Grund, in ihrem Wesen zutiefst verletzt und traumatisiert. Das Leiden an den Auswirkungen ist enorm und betrifft vor allem ihr Selbstgefühl und ihre Liebes- und Beziehungsfähigkeit. Wenn sie überhaupt eine dauerhafte Partnerschaft eingehen und zu einer Paartherapie kommen, können sie von dieser Therapieform oft nicht profitieren: Sie sind noch kein standfestes Gegenüber, wie es die Paartherapie konfrontieren will; sie sind instabil, ja brüchig, denn sie haben keine tragende Ich-Struktur ausgebildet – sie leiden an einer Grundstörung.

Mit meinem Beitrag möchte ich einerseits aufzeigen, wie eine Therapie bei diesen in ihrem Selbst so tief verletzten Patientinnen wirksam sein kann und wie sich Liebesfähigkeit überhaupt erst entwickelt; er soll aber auch die Aufmerksamkeit der Paartherapeutinnen und -therapeuten auf die besondere Qualität und Not dieser Störungen richten, um therapeutische Misserfolge im Rahmen einer Paartherapie vermeiden zu helfen.

2. Das Selbst und die Grundstörung

Was wissen wir heute über die Entwicklung der Persönlichkeit und die Ätiologie von Persönlichkeitsstörungen? Die empirische Säuglings- und Bindungsforschung (vgl. Bowlby 1975; Stern 2003) hat das Bild vom Säugling, von der Entstehung der Persönlichkeit und somit auch das Ätiologie-Verständnis in den letzten 30 Jahren revolutioniert. Sie bestätigt wissenschaftlich, was uns der Religionsphilosoph Martin Buber bereits 1923 mitteilte: »Im Anfang ist die Beziehung: als Kategorie des Wesens, als Bereitschaft, fassende Form, Seelenmodel; das Apriori der Beziehung; *das eingeborene Du*« (Buber 1994, S. 36). »Der Mensch wird am Du zum Ich« (ebd., S. 37).

Der Psychoanalytiker und Säuglingforscher Daniel N. Stern (2003) beschreibt die Entwicklung des Selbst als interaktiven Stufenprozess:

- Von Geburt an nimmt der Säugling mit seinem Körper ganzheitlich sensorische Daten auf (die »amodale« Wahrnehmung). Ein erstes körperhaftes Selbst taucht auf (*emerging self*).
- In der Interaktion mit der Umwelt, durch Affekte und Handlungsimpulse, kommt es ab dem 3. Monat zu Kohärenzgefühl und Kontinuitätsempfinden: das »Kernselbst« (*core self*) entsteht.
- Ab dem 9. Monat lernt der Säugling zwischen Selbst und Selbst-mit-anderen zu unterscheiden; ein Gefühl der Subjektivität entsteht (*subjektive self*).

- Dann beginnt das »verbale Selbst« sich mitzuteilen und wird zum »narrativen Selbst« und »autobiografischen Bewusstsein«.

Diese Beobachtungen stimmen mit den Annahmen der Objektbeziehungstheorie der neueren Psychoanalyse überein: Danach ist bereits ganz früh eine »Matrix vorhanden ..., die differenzierte, wenn auch noch rudimentäre Selbst- und Objektbilder entstehen lässt« (Herpertz & Sass 2002, S. 29): die Objektrepräsentanzen. Sie bilden die Grundlage der psychischen Strukturen, die sich unter der Dominanz eines bestimmten Affektes herausbilden. Die Affekte des Säuglings sind aber nicht losgelöst von den Interaktionen, sondern eine Folge der Qualität der Beziehungserfahrung, die er gemacht hat.

Ein *sicheres Bindungsverhalten* (vgl. Huber 2003, S. 90f.) – Prädiktor für die spätere Liebes- und Beziehungsfähigkeit – kann sich nur entwickeln, wenn die Mutter (oder eine andere fürsorgende Person) hinreichend verlässlich und liebevoll auf die Bedürfnisse des Säuglings eingeht und ihm Geborgenheit und Akzeptanz vermittelt. Vernachlässigungen, Ablehnung, Missachtung, körperliche und sexuelle Misshandlungen oder Verlusterfahrungen sind potentiell traumatisierende Erlebnisse. Die Auswirkungen früher und überdauernder Traumata zeigen sich als überwältigende Stressreaktion und sind verbunden mit Veränderungen in den biologischen Stresssystemen und mit Schädigungen der Hirnentwicklung.

»Was ist«, fragt Michaela Huber, die deutsche Pionierin auf dem Gebiet der Traumaforschung, »wenn ein Kind von denselben Menschen verraten, verlassen, misshandelt wird, die es versorgen, lieben und seiner Seele die sichere Verwurzelung bieten sollten? Heute können wir recht genau sagen, was dann geschieht. Dann nimmt das Kind auf allen Ebenen Schaden. Von der Hirnentwicklung bis zu seiner Beziehungsgestaltung, von der Leistungsfähigkeit bis zur Identität – alle Bereiche der kindlichen Entwicklung können, zum Teil sehr erheblich, beeinträchtigt werden« (Huber 2003, S. 87).

Verschiedene Begriffe versuchen die sich zum Teil überschneidenden Störungsbilder diagnostisch zu erfassen: Man spricht eher allgemein von *Frühstörungen* oder *ich-strukturellen Störungen*; spezifischer von der *Borderline-Persönlichkeitsstörung* (BPS), von *komplexer Posttraumatischer Belastungsstörung* (PTBS) oder *Dissoziativer Identitätsstörung* (DIS). Michael Balint (1997) prägte bereits in den 60er Jahren des 20. Jahrhunderts den Begriff der *Grundstörung*, der zwar unspezifisch ist, aber doch Wesentliches zum Ausdruck bringt – die Störung des Grundes, die Verletzung im Ursprung und Wesen des Menschen, die Verletzung des Selbst – und den ich den anderen Diagnosen vorziehe.

Sind Menschen mit einer Grundstörung überhaupt heilbar? Wie kann die so frühe Prägung von Affekten und Struktur einer Persönlichkeit berührt und korrigiert werden, zumal die konkrete Erinnerung daran oft fehlt und nicht verbalisierbar ist? Nötig sind Methoden, die den Menschen in der Tiefe seines Selbst ansprechen und erschüttern, die eine kathartische Wirkung haben, ohne das instabile Kartenhaus der Persönlichkeit zu Fall zu bringen. Therapien, die präverbale, d.h. symbolbildende, körperorientierte oder imaginative Elemente beinhalten, wie z.B. die katathym-imaginative Psychotherapie (KIP), reichen eher in diese frühe Entwicklungszeit des Menschen zurück als rein verbale Gesprächs- oder Verhaltenstechniken.

Welcher Art ist das therapeutische Vorgehen bei Grundstörungen? Als Modifikation der Technik bekannt sind folgende Elemente:

- Strukturbildende, das Ich stärkende, also schützende und stützende Interventionen und ein ressourcenorientiertes Vorgehen, die dem konfliktorientierten Vorgehen vorzuziehen sind.
- Methoden zur Ermöglichung einer kontrollierten »Regression im Dienste des Ich« auf eine präverbale Erlebnisebene zur korrektiven emotionalen Erfahrung in einer Halt gebenden mütterlichen Atmosphäre.
- Die Arbeit mit dem so genannten »inneren Kind« (bzw. abgespaltenen Persönlichkeitsanteilen), das umsorgt, getröstet, gehalten und liebevoll angenommen werden will – von der Therapeutin (dem Therapeuten) wie von der Patientin (dem Patienten) selbst.
- Eine emotionale Kommunikation fördert die Entwicklung eines »Übergangsraumes«, in dem spielerische Elemente wirksam werden können.
- Wichtiger als alle Technik und Methode ist jedoch die therapeutische Beziehung: Die Haltung der Therapeutin (des Therapeuten) sollte geprägt sein von unbedingter Authentizität; das schliesst die ausdrückliche Anerkennung eigener Fehler mit ein. Das Verhalten der Therapeutin (des Therapeuten) muss konsequent, vorhersagbar und verlässlich sein; sie (er) »hält« die Beziehung in hinhörender, fürsorgender und durchtragender Liebe.

3. Der psychotherapeutische Eros

Einige Psychoanalytiker, die nicht dem Mainstream angehörten, haben die besondere Not und Bedürftigkeit mancher ihrer Patientinnen und Patienten bereits vor Jahrzehnten erkannt und darauf mit ihrer ganzen Person geantwortet. Sie haben unsere heutigen Therapieformen vorbereitet und waren mir vor allem großartige Lehrer in Sachen therapeutischer Liebe. Ich möchte sie in Stichworten vorstellen:

- *Sandor Ferenczi* galt unter den Psychoanalytikern der ersten Generation als begnadeter Therapeut und als Spezialist für die so genannten »hoffnungslosen

Fälle«. Er ging von frühkindlich real erlittenen Traumata (meist aufgrund von sexuellen Übergriffen) seiner Patientinnen aus, und seine therapeutische Haltung folgte dieser Einsicht: Mit seiner »Mutterzärtlichkeit« und Bereitschaft, sich mit der Patientin zu identifizieren und die Regression mitzuvollziehen, brachte er sich in Gegensatz zu den Standards der orthodoxen Psychoanalyse. Er ist der eigentliche Vater der Objektbeziehungstheorie wie auch der Traumatherapie (Dupont 1988; Ferenczi 1988; Langer 1996).

- Auch *Michael Balint*, Ferenczis Schüler, hielt die Regression des Patienten auf die »Grundstörung« für einen potentiell heilsamen Prozess, von wo her ein »Neubeginn« erst möglich sei. Seine therapeutische Haltung hatte eine tragende, haltende und schützende Funktion. Er empfahl den Therapeuten, selbst zum »primären Stoff« (zur »primären Liebe«) zu werden und sich vom regredierten Patienten gebrauchen zu lassen wie eine »Ursubstanz«, die dessen Bedürfnisse vollkommen erfüllt (Balint 1997, S. 177, 181).

- *Donald W. Winnicott* kam von der Kinderheilkunde her. Die von ihm postulierte Haltefunktion des Therapeuten, das sowohl verbal wie auch körperlich vollzogene *holding*, und spieltherapeutische Elemente verschafften seiner Beziehung zum Kleinkind wie auch zum erwachsenen Patienten eine »Art intime Vertrautheit«. Der Therapeut selbst müsse sich dem Patienten in der Regression wie ein »Übergangsobjekt« zur Verfügung stellen und sich vor allem gegenüber destruktiven Tendenzen des Patienten als unzerstörbar erweisen (Winnicott 1974 und 2002, S. 101 f.; Khan 1977).

- *Carlos A. Seguin* prägte den Begriff »psychotherapeutischer Eros«. Es sei dies eine warme und bedeutungsvolle Beziehung, die sich von allen anderen Formen der Liebe klar unterscheide: Der Therapeut wolle nichts für sich; er sei in selbstloser Weise einzig und allein auf die Werte und das Wesen der geliebten Person ausgerichtet (Seguin 1965, S. 163).

- Für *Gaetano Benedetti* ist die therapeutische Interaktion eine existenzielle Begegnung und Herausforderung, ein dialogisches Ringen: Der Therapeut glaubt auch da, wo dem Patienten nur Hoffnungslosigkeit bleibt; der unbeirrbare Glaube des Therapeuten an einen unzerstörbaren Kern im Patienten geht diesem auf dem Weg des Glaubens an sich selbst voraus (Benedetti 1992). Das Wort »Hoffnung« ist der Leitfaden des therapeutischen Geschehens bei Benedetti: »Hoffnung des Therapeuten, die zugleich ein Glaube an die Möglichkeiten des Patienten ist, Hoffnung, die dadurch auch die einzige Liebe ist, deren er bedarf« (Benedetti 2000, S. 158; vgl. Bernhard 2000). »Hoffnung ist ... Ahnung der letzten, wirklichen Realität ...; sie gründet in der Erfahrung, dass die Urdimension der Existenz die Liebe ist« (Benedetti 1992, S. 262, 269).

Wenn man die langjährigen und schwierigen Therapieprozesse frühgestörter Patientinnen kennt oder liest, fragt man sich: Woher nimmt Benedetti die Hoffnung, Seguin die Selbstlosigkeit, Ferenczi die Intuition, die Regression mitzuvollziehen, woher nehmen Winnicott und Balint die Bereitschaft, sich zur Verfügung zu stellen und gebrauchen zu lassen? Wird hier nicht ein therapeutisches Liebesideal beschrieben – die bedingungslose Annahme des andern –, dem Menschen gar nicht entsprechen können? Wie gelingt es diesen Therapeuten trotz aller Schwierigkeiten im »Modus der Liebe« zu bleiben?

Es gelingt ihnen offenbar, weil etwas zu Hilfe kommt: Die Beziehungsdynamik wird von diesen Therapeuten als ein schöpferischer kreativer Akt beschrieben, der die Dyade Patient-Therapeut aufbricht, immer ein Aufleuchten von Erkenntnis beinhaltet und etwas Neues offenbart: ein gemeinsames Drittes.

- Ferenczi sprach (in Anlehnung an die Erfahrungen mit seiner Patientin N. R.) von »Orpha«: organisierenden Lebenstrieben bzw. einer allvermögenden Intelligenz, die wie ein Schutzengel dem »bis auf die Atome zerrütteten Wesen« (Ferenczi 1988, S. 47f.) in der traumatischen Situation zu Hilfe kam. Die Anerkennung und Wertschätzung dieser das Ich übersteigenden transzendenten Kraft, auch als das »wahre und größere Selbst« bezeichnet (vgl. Schneider 1994, S. 154), sei entscheidend für die Behandlung von Traumata (vgl. Kalsched 1996, 2003; Smith 1998).
- Für Seguin war es das »psychotherapeutische Ereignis« – die Erkenntnis des *Sinn*zusammenhangs der Leidensgeschichte –, das ihm half, im Modus der Liebe zu bleiben (Seguin 1965, S. 167).
- Winnicott nannte es den erhellenden »heiligen Augenblick«, der sich in der Wechselseitigkeit des therapeutischen Spielens offenbart (vgl. Khan 1977, S. 363).
- Benedetti spricht vom »Übergangs*subjekt*«: das von Patient und Therapeut in einer vorübergehenden Symbiose gemeinsam gestaltete (oft gemalte) »Dritte«, das positivierende, »progressive therapeutische Spiegelbild«, welches das Leiden transzendiert (Benedetti 1992, S. 214f.).

Dieser schöpferische transzendente Akt hat meines Erachtens viel mit einer gemeinsamen Öffnung zu tun: einer Offenheit, die etwas zulässt, was das rein Menschliche des therapeutischen Geschehens übersteigt. »Es gibt ... einen Ort«, sagt Benedetti, »wo die Liebe zu den Leidenden ... das Ewige ist, das im Vergänglichen erscheint. Eine solche Erscheinung ist insofern Transzendenz, als sie etwas Absolutes an sich hat« (Benedetti 1998, S. 128). In der Liebe der Therapeutin, die den Glauben an die Werdensmöglichkeiten der Patientin behält und die Hoffnung nicht aufgibt – so meine Schlussfolgerung in Anlehnung an Benedetti –, erscheint das

Ewige im Zeitlichen; sie wird so zur Mittlerin, zum Tor oder Ort der Liebe des Absoluten, die auch dort noch heilen kann, wo Heilung rein menschlich gesehen unmöglich erscheint.

4. Entdecken und Ausdruck individueller Religiosität im Rahmen katathymer Imaginationen

Aus der Traumatherapie ist heute bekannt, dass Inzest-Ueberlebende in besonderem Masse für spirituell-religiöse Erfahrungen offen, vielleicht sogar prädestiniert sind und dass ihr Heilungsprozess mit einer spirituellen Verankerung einhergehen kann (Krippner 2002, S. 28; Wirtz 2003). Es waren denn auch spontan auftretende spirituell-religiöse Bilder meiner Patientinnen im Rahmen der katathymen Imaginationen, die mir in meiner immer bedingten und begrenzten Liebesfähigkeit zu Hilfe kamen. Das konnten Anmutungen sein oder Gestimmtheiten (z.B. das Gefühl von Frieden oder die Wahrnehmung von Farben, Licht oder Energie), ein Sich-Aufhalten an heiligen Orten oder Landschaften; meist aber waren es Gestalten, die so genannten »inneren Führer« – wie sie Hanscarl Leuner, der Begründer der Katathym-imaginativen Psychotherapie (KIP) bereits in den 60er Jahren beobachtet und beschrieben hat, und die heute in der Traumatherapie »hilfreiche Helfer« genannt werden. Sie treten in der Imagination (dem therapeutischen Tagtraum) in tierischer oder menschlicher Gestalt auf, aber auch als archetypische oder heilige Figuren, z.B. als Große Mutter, Weise Alte, als Engel, als Jesus oder – so meine Erfahrung – häufig auch als Maria. Meist kommen diese übermenschlichen Figuren in ausweglosen Situationen zu Hilfe: beim ursprünglichen Erleben des Traumas z.B. als Lichterscheinung oder als mitfühlende heilige Mutter (vgl. Kalsched 2003, S. 479); oder sie treten Schutz und Kraft gebend auf, wenn es darum geht, das Trauma in der therapeutischen Situation erneut zu konfrontieren, so z.B. die Vorstellung einer »Maria in ihrem blauen Mantel« (vgl. Reddemann 2001, S. 79). Die Begegnung mit heiligen Gestalten ist meist von starker emotionaler Ergriffenheit begleitet.

Leuner kannte das Phänomen der religiösen Erfahrungen seiner Patientinnen und Patienten bereits aus der LSD-Forschung der 60er Jahre (Leuner 1981). Unter LSD kam es im therapeutischen Setting in der Regel zu kosmisch-mystischem, transzendentem Erleben und der Erfahrung ekstatisch erlebter Liebe: Die Patientinnen und Patienten fühlten sich gleichsam in Gottes Armen geborgen und von ihm geliebt und erstmals selbst liebesfähig. Leuner bezeichnete dieses Element der überströmenden Liebe und der Erfahrung des Transzendenten als das zentrale und heilende Moment (ebd., S. 186). »Der psychotoxische Regress auf die frühnarzisstische Periode mit dem überwältigenden Erleben von Sicherheit und Einheit kann offensichtlich jene frühen emotionalen Mängel selbst noch im Erwachsenenalter ausgleichen« (ebd., S. 202) – und sogar die funktionellen und/oder strukturellen neuronalen Beeinträchtigungen aufheben oder günstig beeinflussen, so könnten wir nach heutigem Wissensstand anfügen.

Inwiefern sind diese Heilungserfahrungen aus der »Psycholytischen Therapie« auf unsere Patientinnen und Patienten und eine zwar drogenfreie, aber doch regressionsfördernde Therapie, wie sie die KIP darstellt, übertragbar? Was kann, was will die KIP leisten, und für wen ist sie geeignet?

Die KIP ist eine »psychodynamische (tiefenpsychologisch fundierte) Psychotherapie, bei der in besonderer Weise Imaginationen genutzt werden, um unbewusste Motivationen, Fantasien, Konflikte und Abwehrmechanismen, Übertragungsbeziehungen und Widerstände zu veranschaulichen und ihre Bearbeitung sowohl auf der Symbolebene [des therapeutischen Tagtraumes, G.A.C.L.] als auch im [therapeutischen Nach-] Gespräch zu fördern« (Kottje-Birnbacher 2001, S. 7). Katathyme Bilder erleichtern das emotionale, auch regressive Sich-Einlassen: Sie aktivieren den Primärprozess und können direkt und unmittelbar das prozedurale, implizite Wissen der inneren Bilderwelt erfassen und verändern.

Die KIP stellt einen Imaginationsraum her, in dem Patientinnen und Patienten regressiv in die frühe, präverbale Phase ihrer Entwicklung eintauchen, ganzheitliche (amodale) Wahrnehmungen machen und Fähigkeiten zum Erleben von Selbstkohärenz und Kontingenz (durch das Erzeugen von Effekten und Wirkmechanismen) entwickeln können – Erfahrungen also, die den frühgestörten Patientinnen als Säugling vermutlich versagt geblieben waren. Die KIP fördert die Wiederbelebung und Bearbeitung von Affekten, die Fähigkeit zur Symbolbildung durch imaginiertes Wunschdenken und den antizipatorischen Umgang (Probehandeln) zur Veränderung von Realität, die Nachentwicklung von Ich-Strukturen sowie den Zugang zum »oft verschütteten kreativen Potential« (ebd., S. 65). Sie ist durch eine modifizierte Technik besonders für die Behandlung von Ich-strukturellen Störungen und in der Traumatherapie geeignet: Im Imaginationsraum kommt es zur Nachreifung von Objektrepräsentanzen, Spaltungen können durch Symbolisierungsprozesse überwunden werden (vgl. Dieter 2001; Krippner 2001, 2002; Reddemann & Sachsse 1997).

Die Imagination im Sinne der Vorstellungskraft ist so alt wie die Menschheit selbst und eine auch heilmächtige Technik; sie war immer schon ein Weg, den Göttern zu begegnen, z.B. durch den Heilschlaf im Tempel der Antike. Dies war nie eine Angelegenheit, die man leicht nehmen konnte, sondern ereignete sich meist erst in Ausnahme- oder Grenzsituationen. Es sind auch heute oft Not- oder Grenzsituationen, in denen sich Menschen für religiöses Erleben erst wieder öffnen: bei Schicksalsschlägen, schweren Krankheiten oder angesichts des Todes (vgl. Renz

2003). Das Sich-Versöhnen mit dem Schicksal, das Heilwerden- oder aber Sterben-Können steht dann oft in enger Verbindung zur Erfahrung eines bedingungslosen Angenommen- und Geliebtseins von einer anderen Dimension, die als »das ganz Andere«, das uns mit Liebe umfangende Absolute, das Höchste und Letztgültige, Gott, wahrgenommen wird. Das Leben mancher frühkindlich traumatisierter Menschen gleicht einer ständigen Grenzsituation. Eine meiner Patientinnen hat einen Text geschrieben, der einen Eindruck gibt, wie sich manche Inzest-Überlebende fühlen – dem Tod näher als dem Leben:

> »Ich habe gelernt, mich totzumachen, nicht zu leben.
> Ich habe gelernt, nicht darüber zu weinen, den Schmerz nicht zu spüren.
> Ich habe gelernt, ohne Grenzen zu sein.
> Ich habe gelernt, Sehnen und Leben zu ersticken.
> Ich habe gelernt, nicht zu sein.
> Und all das hab ich irgendwie überlebt, denn ich existiere noch.«

Dem Tod näher als dem Leben – wie kann sich in einem so tief verletzten Selbst Liebesfähigkeit entwickeln? Diese Frage muss uns beschäftigen. Und woher die Hoffnung auf Heilung? *Hoffnung ist ... Ahnung der letzten, wirklichen Realität ...; sie gründet in der Erfahrung, dass die Urdimension der Existenz die Liebe ist.* – Diese Aussage Benedettis möchte ich der Fallvignette von Salome zugrunde legen: zur Entgiftung eines verseuchten Bodens und im Glauben an einen unzerstörbaren Kern des Selbst.

5. Salome: »Dich wird niemand lieben!«

Die Urdimension der Existenz: Liebe? Salome, eine 23-jährige Studentin, hatte während ihrer Kindheit vom Vater anderes erfahren: »Dich wird niemand lieben. Du bist dazu da, gebraucht zu werden.« Dieser vernichtende Satz war der Kommentar bei dessen sexuellen Übergriffen, an die sie sich, aus früher Kindheit bis ins 11. Lebensjahr hinein, erinnerte. Sie hatte das gerade erschienene erste deutschsprachige Buch über die Therapie von sexuell ausgebeuteten Frauen gelesen, *Seelenmord* von Ursula Wirtz (Wirtz 1989), und bei der Autorin um eine Therapie nachgefragt. Diese verwies sie dann an mich.

Salome machte auf den ersten Blick einen unauffälligen Eindruck. Sie war die einzige und ersehnte Tochter ihrer Eltern. Hinter der Fassade von Normalität des Mittelstandes gab es jedoch ein schweres Familienerbe von Inzest, Gewalt und Wahnsinn. »Die Therapie, in die mich meine Mutter als 14-Jährige schleppte, hat mich am Leben erhalten. Jetzt geht es mir darum, *ich selbst* zu werden«, so formulierte Salome ihren Wunsch an die neue Therapie. Wer war dieses Selbst?

Sie klagte über Gefühle der Bodenlosigkeit: Ständig lauere etwas Bedrohliches auf sie, etwas Unheimliches, der Absturz in ein dunkles Nichts; sie habe keine innere Heimat, kenne ihre eigene Geschichte, ihre Wahrheit nicht; sei oft nicht da und bei sich, sondern weggetreten und wisse dann nicht mehr, wo und mit wem sie zusammen gewesen sei. Sie fühlte sich fremd und anders unter den Gleichaltrigen, dreckig, ausgestoßen, gespalten und zersplittert, oft gefühllos, und wurde nachts von panischen Aengsten heimgesucht. Als Jugendliche hatte sie die Macht über den Vater entdeckt, dem sie zu erkennen gab, dass sie wusste! Sie hatte einige Jahre lang ein Punker-Leben geführt, sich aber im Gymnasium – und auch in Beziehungen – gerade so halten können. Sie hatte verschiedentlich Liebesbeziehungen gehabt, stellte aber lakonisch fest, dass der Sex als Angelegenheit völlig ohne Zärtlichkeit stattfinde. Die Unverbindlichkeit der jetzigen Beziehung, die sich auch in der räumlichen Distanz ausdrückte, kam ihr gelegen. Ihr Studium hatte sie abgebrochen und wollte den Beruf lernen, der ihr seit vielen Jahren als höchste Vision vor Augen schwebte: Sie wollte Hebamme werden – und konnte sich nicht vorstellen, dass sie das mit ihrer Vergangenheit schaffen könnte.

Jetzt ging es ihr also darum, *sie selbst* zu werden und ihre Wahrheit zu finden. Aber wer war dieses Selbst? Es wurde bald deutlich, dass Salome an einer Dissoziativen Identitätsstörung (DIS) litt (vgl. dazu Schneider 1994; Huber 1995; Deistler & Vogler 2002). Die DIS ist eine Grundstörung, da sie auf sehr frühen, die integrative Kraft einer werdenden Persönlichkeit übersteigenden traumatischen Erfahrungen beruht und zu dissoziativen Zuständen oder einer in ihrem Selbst gespaltenen Person führt. Ob diese Spaltung eine horizontale sei und zu nebeneinander bestehenden Persönlichkeitsanteilen führe oder eine vertikale, die eine Spaltung des Selbst-Kerns mit sich bringe, wird unterschiedlich diskutiert. Die Therapie von Salome folgte dem Wissensstand, wie er vor 10 bis 15 Jahren möglich war; auch weiterentwickelte Traumatherapie-Konzepte verwenden heute meist imaginative Techniken.

Ich möchte bei der folgenden Darstellung des Therapieverlaufs die Bearbeitung der Heimatlosigkeit und des gefürchteten Bedrohlichen ins Zentrum stellen. Salome fand eine Beheimatung, indem sie in sich einen inneren heiligen Boden und Selbstkern entdeckte und ihre zersplitterten Personenanteile zu einem Selbst integrierte; sie befasste sich mit ihrer eigenen Täterschaft und überwand das gefürchtete Bedrohliche, indem sie die eigene Abgründigkeit mit Hilfe einer imaginierten Führungsfigur mit transzendentem Charakter auslotete. Die Therapie dauerte insgesamt fünfeinhalb Jahre; sie umfasste 330 Stunden mit 32 Tagtraum-Sitzungen.

5.1 Eine lebensrettende Vision

Im ersten Jahr der Therapie machte sich Salome nach und nach mit ihren abgespaltenen Personen bekannt: Sie beschrieb sie, malte sie und ordnete ihnen Farben zu; sie begegnete ihnen im Tagtraum und zeigte sich mir mit diesen Persönlichkeitsanteilen auch in den Sitzungen. Ganz im Sinne eines aktualisierten Geschehens war sie heftigsten posttraumatischen Symptomen ohnmächtig ausgeliefert. Neben dem Erleben dieser Ohnmacht kam auch das Thema der Machtausübung ins Gespräch. Salome wusste, in welchem Moment sie sich als Jugendliche auf die Seite der Macht geschlagen hatte, was sie damit hatte bewirken können und was sie heute von dieser Komplizenschaft mit der Macht auch befürchtete. »Wenn ich schon keine Liebe bekomme, will ich wenigstens Macht ausüben«, hatte sie sich damals gesagt, »ich weiß etwas, was die Familie vernichten könnte, sage es aber nicht und habe den Vater in der Hand.« Diese Erkenntnis erlebte die 13-Jährige wie eine Offenbarung; der Vater spürte die Gefahr, Salome schwieg.

Dass sie das Vernichtende nun in *ihrer* Hand hatte und dass ihre Hände nicht nur im übertragenen, sondern auch im wortwörtlichen Sinne, und auch wenn sie es gar nicht wollte, vernichtende Wirkung hatten bzw. haben konnten, wurde ihr erst nach und nach bewusst. Dies zeigte sich auch in ihrem ersten Tagtraum: Sie sah eine Akelei auf einer Waldlichtung stehen. Die friedliche Stimmung des Bildes änderte sich jäh bei meiner Aufforderung, die imaginierte Blume zu berühren. »Wenn ich sie anfasse, verdirbt sie«, sagte Salome voller Schrecken über sich selbst.

Auf tragische Weise verstärkte sich diese Vorstellung, machtvolle und vernichtende Hände zu haben, mit der Zeit noch, denn Salome wollte mit ihren Händen arbeiten: Sie wollte Hebamme werden! Wie eine Gegenstrategie zur Überwindung des Traumas war in der jugendlichen und punkigen Salome dieser Berufswunsch aufgestiegen. Die Arbeit mit Frauen in einer großen Tradition und ein Beteiligtsein an einem Leben gebenden Prozess: Diese Vorstellung, so verrückt sie rein äußerlich betrachtet damals auch ausgesehen haben mochte, rettete ihr buchstäblich das Leben. Sie klammerte sich an diesen Berufswunsch: Das war das einzige Ziel, weshalb es sich lohnen mochte, weiter zu leben. Hebamme-Sein schien wie das visionäre Gegengift gegen alles innere Unheil!

5.2 Eine Scheune und ein heiliger Boden

Als Salome im Tagtraum ein »Haus« imaginierte – symbolischer Ausdruck der Persönlichkeit –, entdeckte sie eine windige Scheune voller Gerümpel mit einem daran angrenzenden Raum: einer Art verfallenen Kirche aus grauem Stein. »Der Kirchenraum ist mir irgendwie vertraut, obwohl ich ihn nicht kenne«, sagte Salome im Tagtraum bewegt, »er ist wie ... ein bisschen heilig.« Sie wollte sich dort aber nicht länger aufhalten, fühlte sich auch nicht in der Lage, den Ort zu verstehen. So ging sie zurück in ihre Scheune, um sie in Ordnung zu bringen.

Im Nachgespräch hinterfragte sie skeptisch und kritisch das Bild von der Kirchenruine und ihre Gefühle dazu, bekannte dann aber, dass sie, die mit Gott und Kirche nichts anfangen konnte, sich an diesem »heiligen Ort« sehr willkommen gefühlt hatte, in Verbindung mit etwas Größerem. Salome, dem ungetauften Kind aufgeklärter Eltern, das keine religiöse Erziehung erhalten hatte, zeigte sich im Tagtraum ein innerer heiliger Ort. Dieser, wie auch ihre Scheune, war in schlechtem Zustand – viel sagendes Abbild ihrer Verfassung. Es ging Salome vorerst nur um das Alltägliche und Profane, die Scheune, die wollte sie instand setzen.

In weiteren Tagträumen besuchte Salome dann mehrfach ein anderes Haus, das »Haus des Systems«, wie wir es nannten. Dort gab es mehr Platz; dort fanden sich ihre verschiedenen Personen ein, um langsam so etwas wie eine Gemeinschaft zu werden. Da waren verletzte »Kinder« verschiedenen Alters und ein kleines, »ganz böses Mädchen«, eine gefühllose »Archivarin«, die über alles Bescheid wusste, und eine »Vater-Tochter«, die nichts mit den anderen zu tun haben wollte, weil sie den Vater liebte. Die Begegnung mit dem kleinsten Kind, dem »geschundenen, geschändeten Säugling«, löste Abscheu und Ekel in Salome aus und war besonders belastend. Scham und Schuld darüber, zu sein, so zu sein, stieg in ihr auf. »Ich habe kein Recht, im Gebärsaal zu sein, weil ich nicht rein bin; ich habe kein Recht, die Frauen und die Kinder zu berühren«, klagte sie – und um ihrer puren Verzweiflung etwas entgegenzuhalten, schlug ich Salome vor, ein weiteres Mal ihre Scheune zu besuchen, in der sie sich ja wohl gefühlt hatte, in Verbindung mit etwas Größerem und Heiligem. Diesmal war es Winter in ihrer Scheune, alles war gefroren, hart, kalt und erstarrt. Es herrschte aber eine stille und friedliche Stimmung und das helle, klare Licht überraschte sie. »Könnte es nicht sein«, fragte ich Salome, »dass auch Ihr Innerstes, Ihr Selbstkern, so eingefroren und dadurch geschützt und unberührt geblieben ist?« Über diese Interpretationsmöglichkeit, dass ihr innerstes Wesen rein geblieben wäre, war Salome sichtlich erleichtert.

Nach der nächsten Sitzung, in der Salome sich entschlossen innerlich gegen den Vater abgegrenzt und ihn lautstark aus sich herausgeworfen hatte, atmete sie auf, und etwas in ihr begann zu fühlen: Ihre innere »Archivarin«, die bisher gefühllos die Lebensereignisse Salomes sozusagen »in Akten aufbewahrt« hatte, die anteilnahmslos zugesehen hatte, wie das »ganz kleine Kind« der sexuellen Gewalt ausgeliefert war, die sich den Wünschen und Begierden der Männer unbeteiligt hingegeben und Sex ohne Liebe als Machtspiel betrieben hatte, diese »Archivarin« fühlte sich schuldig und schämte sich für ihr hurenhaftes Verhalten in Grund und Boden. Wieder im »Haus des Systems«, schlug ich der »Archivarin«, die plötzlich nicht mehr wusste, wer sie war und wohin sie gehörte, vor, zu den »anderen« in die Küche hinunterzugehen. Sie zögerte und fragte, warum ich das meine. »Weil *Sie* es sind, und weil Sie es *wert* sind; weil Sie dazugehören, und weil dort in der Küche bei den anderen Ihr Platz ist!« Meine Antwort, die auch diesen Persönlichkeitsanteil würdigte, erschütterte Salome. »Dass Sie das gesagt haben, dass ich einen Wert habe, dafür könnte ich beginnen, Sie zu lieben.« – »… dafür könnte ich beginnen, Sie zu lieben«, das ist kein merkwürdiger Satz, wenn man bedenkt, wer ihn spricht: die »Archivarin« – nicht Salome, nicht ihre »Kinder«, die schon längst in vertrauensvoll-liebender Beziehung zu mir standen, mit mir Kinderbücher angeschaut und Bilder gemalt hatten. Die »Archivarin« begann, Wertschätzung und Liebe an sich heranzulassen.

5.3 Maria – eine innere Führerin

Es genügte nicht mehr, dass Salome hie und da die Macht thematisierte; ihre Angstzustände und Blockaden schlugen nach einer Totgeburt im Gebärsaal um in blankes Entsetzen. Sie beschloss, die Ausbildung zu unterbrechen: Es ging nicht mehr darum, was sie werden wolle, sondern *wer sie sei*! Sie wollte sich mit ihrer eigenen Täterschaft konkret auseinander setzen: Dass sie mit der Sexualität gespielt und in Beziehungen damit Macht ausgeübt hatte, schien ihr jetzt ganz und gar unverzeihlich; sie *musste* sich der eigenen Abgründigkeit stellen.

Wie sieht so ein innerer Abgrund im Tagtraum aus? Salome imaginierte eine karge, steinige Kluft, die sich bis zum Horizont erstreckte. Sie konnte kaum hinschauen, so unheimlich war die Atmosphäre, in der sich das Licht und die Farben veränderten und alles irgendwie krank und falsch schien. »Ich befürchte, ich muss da runtergehen«, sagte sie, »da unten beginnt das Falsche; ich muss den Abgrund verändern, entgiften. – Wir brauchen einen Zauber, ein Amulett, damit es uns nicht ansteckt.«

Nach dieser ersten Inaugenscheinnahme war klar, dass besondere Vorkehrungen nötig waren. Als Modell dafür diente ihr ein Erlebnis von einer Frankreichreise: Da hatte sich ein befreundetes junges französisches Paar während seiner kirchlichen Hochzeitsfeier am Marienaltar der Mutter Gottes geweiht. Die tiefe Sehnsucht, sich jemandem anzuvertrauen, ja verbindlich anverloben zu können, wie sie es ausdrückte, stieg in ihr auf. Vor Beginn der nachfolgenden Tagträume stellte Salome deshalb jeweils ein Bild der Schwarzen Madonna von Einsiedeln auf ein Tischchen, dazu eine geweihte Kerze und einen Stein, der ihr wichtig war. Dieses kleine, im eigentlichen Sinne religiöse Ritual im Praxiszimmer fungierte als Anker: Anbindung, Halt, Rückversicherung. Hatte Salome den heiligen Boden der imaginierten Kirchenruine als einen zu sich gehörigen inneren Ort entdeckt und dann die Vorstellung von einem unzerstörten Selbstkern angenommen – eine Vorstellung, die ihr

Grund und Halt, Vertrauen und Hoffnung gab –, so war es im dritten Jahr der Therapie eine dynamische Seelen-Gestalt, Maria, der Salome in ihren Imaginationen begegnete und die ihr zur führenden Instanz durch die nächsten Tagträume wurde.

Es war dies für Salome zugleich die angstvollste Zeit der Therapie: Sie hatte ihre Ausbildung unterbrochen, und alles schien auf Messers Schneide zu stehen – was auch mich sehr beunruhigte. Dennoch stellte sich in mir ein zunehmendes und tiefes Vertrauen ein, mit dem ich die Bedeutung der Maria als Salomes Führerin durch die Tagträume erkannte, akzeptierte, ja begrüßte.

5.4 Sehnsucht nach Erlösung

Das erste Geschehen in Gegenwart der imaginierten Maria war die Integration ihrer »Personen«: »Wir müssen Eine werden, wir können sonst nicht bestehen da unten«, befand Salome angesichts ihres Abgrunds. Mit einem Gelübde vor Maria erklärten sich alle Personenanteile nun bereit, auf ihre Individualität zu verzichten. In angstvoller Konzentration nahm Salome dann im nächsten Tagtraum den Abstieg im Geröllhang unter die Füße. Alle Haare standen ihr zu Berge in dieser zunehmend leblosen, lähmenden und giftigen Atmosphäre des von einer Ascheschicht bedeckten Abgrunds: Hier war alles irgendwie falsch – und die größte Gefahr bestand darin, das Falsche nicht mehr als solches zu erkennen. Salome fühlte eine innere Anspannung wie bei einem Kampf oder einer Jagd: Es ging um die klare Entscheidung, sich vom Bösen und Falschen loszusagen, den Abgrund zu »erlösen« – was in diesem Tagtraum aus zeitlichen Gründen noch nicht möglich war. Bis zur nächsten Sitzung war sie daher ganz gelähmt und zu nichts fähig; und dieses Verhaftetsein in einem dissoziierten Zustand zeigte sich auch im nächsten Tagtraum: Sie sah sich in unnatürlichem Schlaf frierend im Abgrund liegen. »Ich muss aufwachen«, sagte sie, »aber ich da oben kann nichts machen. Ich muss durchdringen zu dem Ich, das da unten liegt. Das Ich beginnt schon, sich anzupassen an die Umwelt, es kann nicht mehr unterschieden werden von dem Falschen, es findet den Rückweg nicht mehr«, fuhr sie beunruhigt fort, »da herrscht eine andere Sphäre mit anderen Gesetzen. Ich habe ein Gefühl der Dringlichkeit. Ich muss etwas machen, sonst könnte ich sterben.«

Auch ich hatte beim Zuhören ein Gefühl der Dringlichkeit und regte Salome daher an, den Kontakt zu ihrer Mariengestalt zu suchen. Ein Teil des Problems sei, meinte Salome, dass sie da unten gar nicht aufwachen wolle. Maria sei zwar da, und sie hätte auch die Macht, aber sie könne nur helfen, wenn man es ihr erlaube. Dazu aber müsste sich Salome entscheiden; und sie vermutete, dass ein Teil von ihr nicht leben wolle. Wir standen vor einer auch therapeutisch sehr schwierigen Situation – als Salome plötzlich in der Imagination entdeckte, dass Maria ihren Mantel zurückgelassen und die Schlafende damit zugedeckt hatte! Die akute Bedrohung schien eingedämmt; unverhofft war diese Muttergottesgestalt zu Hilfe geeilt und hatte Salome, die von ihrer Mutter nicht vor den Übergriffen des Vaters geschützt worden war, fürsorglich ihren Schutzmantel umgelegt.

5.5 Entscheidung zum Aufwachen

Der nächste Tagtraum, von dem ich nur den zentralen Aspekt sehr gekürzt wiedergebe, war ein schwerer, innerer Kampf und ein langes, intensives, gemeinsames Ringen um die bewusste Entscheidung, zum Bösen Nein zu sagen und aus dem falschen Schlaf der unbewussten Täterschaft definitiv aufzuwachen. Dieser Tagtraum war eher ein Gespräch zwischen Salome, der imaginierten Maria und mir als ein aktives Geschehen. Salome berichtete von ihrer Angst im Gebärsaal und davon, wie sie jeweils ganz gelähmt war von der Furcht, ihre Macht, ihre Hände zu missbrauchen. Sie vertraute sich einfach nicht. »Vertraut Maria Ihnen«, fragte ich sie daher im Tagtraum, worauf sie mir die Frage zurückgab: »Vertraue ich *ihr*?« Ich erinnerte Salome nun daran, dass sie *mit* und vor Maria ganz geworden war, und setzte hinzu: »Wozu das Misstrauen?« Salome lenkte ein: »Ich glaube schon, dass *sie* mir vertraut …« – Und dann kam es wie ein Notschrei aus ihr heraus: »Ich *will* aufwachen! Ich *muss* aufwachen! Maria, hilf mir, hilf mir!« Tatsächlich wachte Salome nun endlich aus ihrem falschen Schlaf auf und trug noch Marias schützenden Umhang. Im Dialog mit Maria musste nun die Bedeutung der Macht geklärt werden: Salome sollte erkennen, dass auch Maria Macht hatte und dass das gut war, dass Salome mit Macht anders umgehen könne, als sie es gelernt hatte, und dass Maria ihr dabei helfen könne, wenn Salome sie in sich »reinlasse«. Mit diesem gegenseitigen Versprechen endete der Tagtraum.

In einer weiteren Imagination stieg Salome, wieder mit Marias Schutzmantel bekleidet und einem Schwert in der Hand, erneut kampfbereit in ihren Abgrund: Das Falsche und Giftige, das Böse an sich, musste unschädlich gemacht werden. Sie schrie zu Maria und erbat sich »alle Mächte des Himmels« zur Hilfe, bevor sie nochmals den Entscheid fällen musste, sich von dem Falschen loszusagen, und mit dem Schwert den Abgrund definitv verschloss.

Hebamme-Sein war für Salome nach diesem Tiefgang in die eigene Abgründigkeit nicht mehr eine *Notwendigkeit*, sondern eine *Möglichkeit*; sie *musste* nicht Hebamme werden, um existieren zu können und um eine Lebensberechtigung zu haben, aber sie *konnte* und *wollte* Hebamme werden! Nachdem sie sich im Tagtraum gegen die Unbewusstheit und gegen die Beeinflussung durch das Falsche und Böse entschieden hatte, fällte Salome jetzt einen weiteren Entscheid im Wachleben und Alltag: ihre Ausbildung wieder aufzunehmen und zu beenden.

Unsere Arbeit ging noch ein gutes Jahr weiter: Salome setzte sich auch im Alltag mit Maria auseinander und liess sie »in sich ein«; sie formte eine kleine Mariengestalt aus Ton, die ihren Platz in Salomes Gebetsecke fand; sie hörte hingebungsvoll das *Ave Maria* und betete den Rosenkranz auf dem Weg zur Arbeit – und gegen die Angst. Der Fluch der Hände war erlöst.

Und Salome versöhnte sich innerlich mit dem Vater und entwickelte nach einigen tränenreichen Aussprachen mit der Mutter ein sehr liebevolles Verhältnis zu ihr. Salome hatte sich von ihrem Freund getrennt, denn sie war bindungsfähiger geworden und wollte gegenseitige Verbindlichkeiten, die er aber nicht eingehen konnte. Sie fühlte erstmals selbst den Liebesverlust bei einer Trennung und die angemessene Trauer. Sie wurde als Hebamme diplomiert, verliebte sich und heiratete. Heute ist sie in ihrem Beruf erfolgreich und Mutter zweier Töchter.

Hoffnung ist Ahnung der letzten, wirklichen Realität; sie gründet in der Erfahrung, dass die Urdimension der Existenz die Liebe ist!

6. Von der Wirkmacht der inneren Bilder

Innere Bilder, Vorstellungen, Visionen trägt der Mensch vermutlich in sich, seit es ihn gibt. Sie dienen ihm zum Erkennen von Zusammenhängen, zur Verarbeitung und Veränderung der Welt. Bilder entstehen in uns als Repräsentanten gelebter Erfahrung und als Ausdruck der tiefen Weisheit der Menschen. Wenn wir an unseren Bildern etwas verändern, verändert sich unser emotionaler Zustand – das ist der therapeutische Wirkfaktor der KIP, die als zentrales Element den Einsatz von Imaginationen hat.

Manche Leserinnen und Leser mögen sich davon gestört fühlen, dass die Muttergottes Maria in den Imaginationen der Patientin einen so zentralen Platz einnimmt. Meine Erfahrung ist, dass Patientinnen katholischer Herkunft eher mehr Schwierigkeiten haben, derartige Imaginationen zuzulassen. Jedenfalls hat sich gezeigt, dass keine religiöse oder konfessionelle Vorbereitung nötig ist, um sich im Rahmen der Imaginationen transzendenten Bildern zu öffnen.

Was aber repräsentieren imaginierte Führungsgestalten? Sind sie Innere Heiler, also archetypische Symbole der Selbstheilungskraft? Objektrepräsentanzen oder »Personen« im System einer multiplen Persönlichkeit? Sind sie Hilfskonstruktionen zur Kompensation einer in ihrer Liebe immer bedingten Therapeutin oder Projektionen einer verinnerlichten, idealisierten Therapeutin? Sind sie Übergangs*objekte* oder Übergangs*subjekte*, das gemeinsam geschaffene »Dritte«? Und was ist das Mehr in der Begegnung mit Gestalten der Transzendenz, die heiligen Charakter haben, wie z. B. eine Maria? Genügen psychologische Deutungen?

Bedeutsam für das Heilungsgeschehen war der starke Affekt. Die Tiefe und Echtheit des Erlebens waren auch mir durch eigene Betroffenheit nachvollziehbar. Die Wirkung solcher Gestalten ist überzeugend durch die Erschütterung, die sie hervorrufen, begleitet von Gefühlen der Evidenz, von Verbundensein mit einem größeren Ganzen, von Gemeint- und Geliebtsein. Für Salome hatte Maria transzendenten Charakter: »Maria ist für mich mehr als irgendeine andere Gestalt im Tagtraum, sie ist eine Realität auf einer anderen Ebene.«

7. Das Selbst: Ort der Liebessehnsucht und der religiösen Erfahrung?

Winnicott (übrigens ein gläubiger und praktizierender Christ wie Benedetti) sprach vom »unantastbaren Kern des Selbst«: Im Kern jedes Individuums gebe es den Bereich des *incommunicado*, der »heilig und höchst bewahrenswert« ist und der »niemals mit der äußeren Realität kommunizieren oder von ihr beeinflusst werden darf« (Winnicott 1974, S. 245; Auchter 1994a, S. 17; Auchter 1994b, S. 308f.), weil sonst unvorstellbare psychotische Ängste ausgelöst werden – aber genau dies geschieht bei Übergriffen, die vom Kind traumatisch verarbeitet werden. Winnicott bezeichnete seine Ausführungen zum sich verbergenden, ja isolierenden zentralen Selbst als einen Hauptpunkt seiner gedanklichen Anschauungen (Winnicott 1974, S. 245); Auchter hält sie für die am schwierigsten »denkbaren« Teile von Winnicotts Theorie (Auchter 1994b, S. 308), die rein rational nicht begriffen werden könnten.

Der Kern des Selbst – ein Unaussprechliches, nicht Mitteilbares also, das sich verbirgt und nicht berührt werden darf, das nicht mit der Außenwelt kommuniziert und das sich nur in Sehnsucht, Symbolen und Bildern ausdrücken kann? Winnicott verweist in diesem Zusammenhang auf den »Rückzug des Mystikers auf eine Position, in der er insgeheim mit subjektiven Objekten und Phänomenen kommunizieren kann« (Winnicott 1974, S. 243) und der man bisher vielleicht zu wenig Aufmerksamkeit geschenkt habe. Benedetti spricht von einer »Urdimension der Existenz, die Liebe ist« (Benedetti 1992, S. 269). Ist dies unser Kern, unsere innerste Wahrheit, unser »Grund« – unsere Verbindung aber auch mit dem, was das Menschliche übersteigt?

Der tiefste Grund des Liebessehnens ist die Sehnsucht nach einem Aufgehobensein: nach einem Erkanntwerden im innersten Wesen, nach einem Geborgensein und Aufgehen in einem größeren Ganzen – das hat Jürg Willi bereits vor mehr als 10 Jahren beobachtet: »Es ist letztlich ein religiöses Sehnen nach der mystischen Vereinigung mit Gott« (Willi 1991, S. 35). Diese Sehnsucht wird jedoch meist schamhaft verborgen – ist vielleicht aber der Ausdruck des sich verbergenden zentralen Selbst? Der autonome, aufgeklärte und nüchterne Zeitgenosse will sich mit dieser spezifischen Bedürftigkeit nicht offenbaren; über religiöse Gefühle, zumal wenn sie bewegen und erschüttern, sprechen wir ungern, sie sind privater und tabuisierter als unser Sexualleben.

Seit etwa 20 Jahren zeigt sich diese Sehnsucht einerseits als spiritueller Hunger und hat eine ganz neue, außerkirchliche, privatisierte Religiosität hervorgebracht; andererseits ist sie irdisch geworden und überträgt alle Erwartungen auf die Liebesbeziehungen: Die »Liebe als Nachreligion« (Beck 1990, S. 231f.) ist eine Religion ohne Transzendenz und hat sich als untauglich erwiesen, die eigentlichen religiösen Sehnsüchte des Menschen zu befriedigen. Wenn diese nicht als solche erkannt und zugelassen werden, besteht die Gefahr, dass sie sich auf den Partner des irdischen Lebens richten – ihn damit heillos überfordernd. Die Partnerliebe berührt zwar die religiöse Dimension, und sie ist vielleicht dazu da, »unsere Sehnsucht nach der umfassenden Vereinigung mit jenem Transzendenten wachzuhalten« (Baumann 1994, S. 95), kann sie selbst aber nicht stillen. »Der Mensch wird am Du zum Ich« (Buber 1994, S. 37) – welches Du ist gemeint, die Mutter, der geliebte Partner? »... in jedem Du reden wir das ewige an« (ebd., S. 120f.) – das »ewige Du« aber ist für Buber ein personales Gegenüber, Gott, und kein Prinzip, wie er im Nachwort seines Buchs *Ich und Du* dezidiert erklärt (ebd., S. 158). Jürg Willi (2002) beschreibt die Möglichkeit, die Liebe religiös zu vertiefen; er meint, dass »viele Ehen scheitern, weil die Parner voneinander etwas Absolutes erwarten, ein absolutes Verständnis, eine absolute Liebe, eine absolute Treue. Wer etwas Absolutes vom Partner erwartet, wird enttäuscht werden. Wenn die eheliche Liebe offen ist für die Liebe Gottes, wird sie durch die Unvollkommenheit der Partnerliebe nicht gefährdet, sondern erfüllt. Die Liebe zu Gott verleiht der Unvollkommenheit der Liebe zueinander eine andere Dimension« (S. 118).

Die Sehnsucht nach bedingungsloser, *absoluter* Liebe ist ein universelles menschliches Motiv; es findet sich zu allen Zeiten, in allen Kulturen und Religionen. Diese Liebessehnsucht in der Therapie aufzuspüren, sie inneres Bild und Gestalt werden zu lassen, erachte ich als wirkmächtige therapeutische Kraft und große Ressource (vgl. Willi 2002). Das Fallbeispiel von Salome zeigt, wie, der Fähigkeit zur Partnerliebe vorausgehend, der Boden vorbereitet wird im Sich-Anvertrauen an einen tragenden Grund: zuerst durch die Beziehung zur Therapeutin, dann aber im Erleben der Gestalt der Mutterfigur Maria, ein Erleben, das die therapeutische Beziehung transzendiert. Erst nachdem sich das Urvertrauen in eine tragende Liebe ausreichend gefestigt hatte, wurde Salome fähig, sich auf eine konkrete, auf Gegenseitigkeit und Verantwortlichkeit beruhende Partnerliebe einzulassen.

Spirituelle Erfahrungen und Bilder sind nicht machbar und nicht instrumentalisierbar; wir können uns aber öffnen und bereiten, damit das Unverfügbare sich ereignen kann. Von der Offenheit – aber auch vom Glauben der Therapeutin und ihrer Hoffensfähigkeit – hängt es vermutlich ab, ob spirituell-religiöse Bedürfnisse unserer Patientinnen und Patienten überhaupt zur Sprache kommen und sich in heilenden Bildern zeigen können. Die Transzendenz aber spricht »sowohl im Traum als auch in der Helligkeit des wachen Geistes zum Menschen in *der* Sprache ..., mit welcher er sie anruft, und [erscheint] in *den* Bildern ..., in denen dieser sie sucht« (Benedetti 1998, S. 85).

Literatur

Auchter, T. (1994a): Winnicott – oder: Psychoanalyse mit menschlichem Gesicht. Vorwort zu D. W. Winnicott, *Die menschliche Natur.* Stuttgart: Klett-Cotta, S. 7–24.
– (1994b): Die Entwicklung des Wahren Selbst und des Falschen Selbst. Ein Beitrag zur Terminologie von D. W. Winnicott. *Individualpsychologie* 19, S. 305–317.
Balint, M. (1997): *Therapeutische Aspekte der Regression. Die Theorie der Grundstörung.* Stuttgart: Klett-Cotta.
Baumann, U. (1994): *Utopie Partnerschaft. Alte Leitbilder – neue Lebensformen.* Düsseldorf: Patmos.
Beck, U. (1990): Die irdische Religion der Liebe. In: Beck, U. & Beck-Gernsheim, E.: *Das ganz normale Chaos der Liebe.* Frankfurt a. M.: Suhrkamp, S. 222–266.
Benedetti, G. (1992): *Psychotherapie als existentielle Herausforderung.* Göttingen: Vandenhoeck & Ruprecht.
– (1998): *Die Botschaft der Träume.* Göttingen: Vandenhoeck & Ruprecht.
– (2000): Die verborgene Wahrheit. In: Rachel, B. (Hrsg.): *Die Kunst des Hoffens.* Begegnung mit Gaetano Benedetti. Göttingen: Vandenhoeck & Ruprecht, S. 153–159.
Bernhard, A. (2000): Wege des Hoffens. In: Rachel, B. (Hrsg.): *Die Kunst des Hoffens.* Begegnung mit Gaetano Benedetti. Göttingen: Vandenhoeck & Ruprecht, S. 87–152.
Bowlby, J. (1975): *Bindung.* München: Kindler.
Buber, M. (1994): *Ich und Du.* Gerlingen: Verlag Lambert Schneider (12. Aufl.).
Deistler, I. & Vogler, A. (2002): *Einführung in die Dissoziative Identitätsstörung.* Paderborn: Junfermann.
Dieter, W. (2001): Die Katathym Imaginative Psychotherapie – eine tiefenpsychologische Behandlungsmethode. *Imagination* 3/23, S. 5–41.
Dupont, J. (1988): Vorwort. In: Ferenczi, S.: *Ohne Sympathie keine Heilung.* Frankfurt a. M.: S. Fischer, S. 11–31.
Ferenczi, S. (1988): *Ohne Sympathie keine Heilung. Das klinische Tagebuch von 1932.* Frankfurt a. M.: S. Fischer.
Herpertz, S. C. & Sass, H. (2002): *Persönlichkeitsstörungen.* Stuttgart: Thieme.
Huber, M. (1995): *Multiple Persönlichkeit. Überlebende extremer Gewalt.* Frankfurt a. M.: S. Fischer.
– (2003): *Trauma und die Folgen.* Trauma und Traumabehandlung. Teil 1. Paderborn: Junfermann.

Kalsched, D. (1996): *The Inner World of Trauma. Archetypal Defenses of the Personal Spirit.* London: Routledge.
– (2003): Trauma and daimonic reality in Ferenczi's later work. *Journal of Analytic Psychology* 48/4, S. 479–489.
Khan, M. R. M. (1977): Das Werk von D. W. Winnicott. In: Eicke, D. (Hrsg.): *Psychologie des XX. Jahrhunderts*, Bd. III: *Freud und die Folgen* (II). Zürich: Kindler, S. 348–382.
Kottje-Birnbacher, L. (2001): Einführung in die Katathym-imaginative Psychotherapie. *Imagination* 4/23, S. 7–78.
Krippner, K. (2001): Der geistig-spirituelle Aspekt in der Traumatherapie mit der KiP. In: Bahrke, U. & Rosendahl, W. (Hrsg.): *Psychotraumatologie und Katathym-imaginative Psychotherapie.* Lengerich: Pabst, S. 100–107.
– (2002): Neue Wege in der Behandlung der posttraumatischen Belastungsstörungen mit der KIP. *Imagination* 24, S. 24–37.
Langer, R. (1996): Spurensuche in Budapest. Sandor Ferenczi als Ahnherr der Objektbeziehungstheorie. *Psychotherapie Forum* 4, S. 61–72.
Leuner, H. (1981): *Halluzinogene. Psychische Grenzzustände in Forschung und Psychotherpie.* Bern: Huber.
Reddemann, L. (2001): *Imagination als heilsame Kraft. Zur Behandlung von Traumafolgen mit ressourcenorientierten Verfahren.* Stuttgart: Pfeiffer bei Klett-Cotta.
– & Sachsse, U. (1997): Katathym-imaginative Psychotherapie in der Behandlung traumatisierter Patientinnen. In: Kottje-Birnbacher, L. et al. (Hrsg.): *Imagination in der Psychotherapie.* Bern: Huber, S. 222–228.
Renz, M. (2003): *Grenzerfahrung Gott. Spirituelle Erfahrungen in Leid und Krankheit.* Freiburg: Herder spektrum.
Schneider, P. K. (1994): *Ich bin Wir. Multiple Persönlichkeit.* Neuried: Ars Una Verlagsgesellschaft.
Seguin, C. A. (1965): *Der Arzt und sein Patient. Ein Beitrag zum Problem des therapeutischen Eros.* Bern: Huber.
Smith, N. A. (1998): »Orpha-Reviving«: Toward an Honorable Recognition of Elizabeth Severn. *International Forum of Psychoanalysis* 7/4, S. 241–246.
Stern, D. N. (2003): *Die Lebenserfahrung des Säuglings.* Stuttgart: Klett-Cotta (8. Aufl.).
Willi, J. (1991): *Was hält Paare zusammen?* Reinbek b. Hamburg: Rowohlt.
– (2002): *Psychologie der Liebe.* Stuttgart: Klett-Cotta.
Winnicott, D. W. (1974): *Reifungsprozesse und fördernde Umwelt.* München: Kindler.
– (1998): *Die menschliche Natur.* Stuttgart: Klett-Cotta (2. Aufl.).
– (2002): *Vom Spiel zur Kreativität.* Stuttgart: Klett-Cotta (10. Aufl.).
Wirtz, U. (1989): *Seelenmord. Inzest und Therapie.* Zürich: Kreuz.
– (2003): Die spirituelle Dimension der Traumatherapie. *Transpersonale Psychologie und Psychotherapie* 1, S. 4–17.

Monika Schäppi Paartherapeutin – Advokatin der Liebe*

> In diesem Beitrag wird das Thema des Psychotherapiekongresses »Paartherapie – im Fokus die Liebe« am direktesten und eindeutigsten auf die paartherapeutische Praxis übertragen. Mit dem Konzept »Advokatin der Liebe« zielt Monika Schäppi auf die Bearbeitung der Liebe hin, die als ein Drittes und Gemeinsames die Partner verbindet. Die Therapeutin stellt dabei Fragen nach dem Wohlbefinden der Liebe, wie etwa: »Was braucht die Liebe, damit es ihr gut geht?« Sie lenkt von einer einseitigen Parteinahme für die Frau oder den Mann ab, indem sie Partei für das Dritte, die Liebe, ergreift. Bei diesem Vorgehen geht es also nicht primär um das individuelle Wohlbefinden der beiden Partner. Es werden verschiedene therapeutische Fragen vorgestellt, aber auch gestalterische Methoden, welche der Darstellung der Liebe dienen und geeignet sind, positive Gefühle und Verhaltensweisen des Paares zu verstärken. Die angewandte Methode wird an Fallbeispielen illustriert.

1. Einleitung

Im vorliegenden Artikel will ich das Konzept »Advokatin der Liebe« vorstellen. Diese Bezeichnung ist das Kernelement des Konzeptes. Es eignet sich für Paare in Krisen oder Paare, die eine Standortbestimmung suchen. Bedingung ist, dass beide weiterhin aneinander interessiert sind und wollen, dass es dem je anderen gut geht. Das Konzept unterstützt die Therapeutin bzw. den Therapeuten, mit einer speziellen, ressourcenorientierten Haltung heikle Fallen in der Paartherapie zu umschiffen.

Anhand eines Fallbeispiels wird das Konzept eingeführt, anschließend wird es näher erläutert und werden die Kernelemente herausgestrichen. Im Abschnitt »Zum Vorgehen« erkläre ich die Handhabung, welche durch zwei weitere

---

* Ich nenne das Konzept »Paartherapeutin – Advokatin der Liebe«; aber natürlich ist es auch ein Konzept für männliche Therapeuten.

Fallbeispiele vertieft wird. Am Schluss finden sich Hinweise zur Indikation des Konzepts.

Ein kinderloses Paar, beide Partner etwa 50 Jahre alt, ist bei mir in Beratung. Die Frau hat ein eigenes Geschäft mit ca. 10 Angestellten, der Mann ist seit ungefähr zwei Jahren arbeitslos, nachdem er zuvor im oberen Kader der Wirtschaft tätig war. Die Frau ist eng mit ihrer Herkunftsfamilie verbunden – der Mann mit dem Alkohol. Bei ehelichen Schwierigkeiten benutzten beide die jeweilige Verbundenheit als Problemlösungsstrategie (d.h., sie zog sich zu ihrer Familie zurück und er trank). Eine gegenseitige Abmachung, auf diese Problemlösungsstrategie zu verzichten, half nur bedingt. Nachdem der Mann eine weitere, nun gerichtliche Belastung erleben musste, trank er erneut recht massiv. Die Frau begann daraufhin, erste Trennungsschritte in Erwägung zu ziehen.

Ein Telefonanruf des Mannes erreichte mich. Er wollte nicht mehr zur gemeinsamen Sitzung mit der Ehefrau kommen und bat mich, mit seiner Frau alleine weiterzuarbeiten. Sie hätte dies jetzt sehr nötig. Der Mann wurde immer noch von seinem Einzeltherapeuten aus einer vorausgegangenen stationären Behandlung betreut. Seine Frau war ebenfalls in Einzeltherapie. Dies bestärkte mich in meinem Ansinnen, nur mit dem Paar zu arbeiten. Mit dieser Haltung lehnte ich den Wunsch des Mannes ab und bat ihn, zu einer letzten Paarsitzung zu kommen. Als das Paar kam, war der Widerwille des Mannes sofort spürbar. Offenbar machte er mich in seiner Fantasie zur Verbündeten seiner Frau. Er glaubte, ich würde seine Frau bei ihrer Trennungsabsicht unterstützen.

Nachdem ich das Telefongespräch mit ihm zusammengefasst hatte, damit alle auf dem gleichen Wissensstand waren, begründete ich nochmals meinen Entschluss, diese Sitzung nur mit ihnen beiden durchzuführen. Ich wäre die *Advokatin ihrer Liebe* und könne deshalb nur mit ihnen beiden arbeiten. Diese Aussage brachte eine spürbare Wendung in die Stimmung des Mannes. Mit Tränen in den Augen dankte er mir für diese Formulierung. Die Sitzung konnte nun stattfinden, und die beiden lasen sich gegenseitig Briefe vor, welche Gedanken zur aktuellen Situation enthielten.

Es wurde die letzte gemeinsame Sitzung bei mir. Das Paar konnte sich nicht mehr finden. Die Bande zu den jeweiligen Außenpolen (Herkunftsfamilie einerseits und Alkohol andererseits) wurden verstärkt. Ich selbst war froh, dass ich bei den darauffolgenden Streitereien, in welche mich die beiden in ihrer Ohnmacht, schriftlich und telefonisch, immer wieder hineinzuziehen versuchten, mit der Haltung der *Advokatin der Liebe* reagieren konnte. Auf Telefonate von ihr, in welchen sie mir berichtete, wie ihr Mann sie auszunehmen versuche, reagierte ich einerseits, indem ich sie zu verstehen suchte, und andererseits warb ich um Verständnis für ihren Mann. Genauso ging ich mit Telefonaten von ihm um, in welchen er seine Frau als geizig und uneinfühlsam beschrieb.

Zudem schrieb ich den beiden einen Brief und bedauerte die schwierige Situation, in welcher beide sich befänden. Ich gab meiner Hoffnung Ausdruck, die Liebe, welche sie während Jahren verband, möge ihnen helfen, die nächsten Schritte sorgfältig zu tun.

2. Was verstehe ich unter »Liebe«

Für mich ist die Liebe unfassbar in Raum und Zeit, eine Erlebnisqualität zwischen zwei Menschen oder Wesen. Spürbar ist sie zwischen den sich vertraut fühlenden Menschen, wo oft auch eine Ausschließlichkeit besteht. Die Liebe ist ein Etwas, das berührt, verwandelt, verbindet und seit Ewigkeiten da ist. Sie zeigt sich auf der Verhaltensebene in gegenseitigem Akzeptieren, Respektieren und Würdigen. Auf der körperlichen Ebene kann Wärme und Kribbeln wahrgenommen werden. – Sätze, wie »Ich mag dich gut riechen« und »Ich hab dich zum Fressen gern« zeugen ebenfalls von diesem Etwas, das ich »Liebe« nennen will.

Liebe ist nicht identisch mit Sexualität.

Die Liebe zwischen Partnern wird sehr verschieden wahrgenommen und erlebt. Jedes Paar, jeder Mann und jede Frau, geben eine individuelle Beschreibung der Liebe. Diese Beschreibung ist nicht etwas Stabiles, Unverrückbares, sondern wandelbar, je nach dem Zustand, in dem sich das Paar befindet.

3. Die Advokatin

Das lateinische Wort *advocatus*, welches auch »der Herbeigerufene« (*ad-vocare* = herbeirufen, auch: zu Hilfe nehmen) bedeutet, gefällt mir für die Haltung, die ich einnehmen will. Das Wort »Fürsprecher«, welches in der Region Bern gebraucht wird, würde dem, was ich sein will, ebenfalls nahe kommen.

Nicht gefallen würde mir das Wort »Anwältin«. Das aus dem Altenglischen stammende *anwalda* gehört zu dem unter *walten* behandelten Verb und bedeutet eigentlich »einer, der über etwas Gewalt hat«, was nicht ins Repertoire einer Paartherapeutin passt.

4. Das Konzept »Advokatin der Liebe«

4.1 Wie ich zu diesem Konzept kam

Bei meiner Arbeit mit streitenden Eltern konnte ich erfahren, wie sehr die Frage »Was, glauben Sie, tut Ihrem Kinde gut?« die Stimmung veränderte. Ich ging davon aus, dass Vater und Mutter das Beste für ihr Kind wollen und dass auch bei großem Streit zwischen den Eltern die Sorge ums Kind bestehen bleibt. Mit der Frage um das Wohlergehen des Kindes kommen Eltern leichter von den gegenseitigen Beschuldigungen los (sie erkennen, dass diese dem Kind nicht das Gewünschte bringen). Das Kind ist das *Gemeinsame*, das *Verbindende*, das *Dritte*, um das sich beide, Mutter und Vater, sorgen, für das sie sich einsetzen wollen. Die gute Entwicklung des Kindes verbessert auch die eigene Lebensqualität.

Die Frage drängte sich mir auf: Gibt es auch etwas *Drittes, Verbindendes, Gemeinsames bei Paaren*? Etwas, das ausschließlich zum einzelnen Paar gehört und allenfalls die gemeinsame Zeit des Paares überdauert? Etwas, das beiden gut tut, in dem beide sich entwickeln können? Etwas, das sowohl zum Leben des Einzelnen wie zum Paar gehört? Was könnte das sein? Bei was kann ich davon ausgehen, dass Mann und Frau sich um dieses Etwas sorgen, weil es *beiden* wertvoll erscheint und weil es das eigene Leben positiv beeinflusst?

Folgendes Bild tauchte bei mir auf:

Mann · Frau

Liebe

Therapeutin
Advokatin der Liebe

Ich nannte das Gemeinsame »Liebe« und merkte, dass sich dieses Konzept für Paare, die noch aneinander interessiert sind und wollen, dass es dem je andern gut geht, eignet. Meine Erfahrung war, dass das bloße Erwähnen des Begriffs »Liebe« für etwas, das zwischen ihnen besteht und sie verbindet, zu einer atmosphärischen Veränderung zwischen dem Paar und im Raum führte. Um das, was von einem Paar »Liebe« genannt wird, zusätzlich sichtbar zu machen oder Gestalt werden zu lassen, greife ich in den Therapien zu gestalterischen Methoden wie Malen, mit Ton arbeiten, Collagen, Bilder aussuchen oder katathymem Bilderleben.

4.2 Das Konzept ist eine Haltung

Das Konzept ist mehr als eine Technik, es ist eine Haltung. Eine Haltung, in der Worte wie »Dienen«, »Gnade«, »Würde«, »Demut« einen Platz haben; eine Haltung, in der der Glaube an das Mess- und Machbare erweitert wird mit dem Wissen, dass Unfassbares zwischen zwei Menschen ebenso wirken kann. Es ist mir als Therapeutin wichtig, Strukturen – wie z.B. »Zeitfenster für das Paar« oder »Abgrenzungen gegenüber Herkunftsfamilien und Kindern« – vorzuschlagen und Fragen nach der »Gerechtigkeit« zu stellen, wie z.B.: »Wer trägt wie viel zum gemeinsamen Unterhalt oder Haushalt bei?« Eine ebenso grosse Bedeutung gebe ich jedoch der Frage nach dem Wohlbefinden der Liebe. Tun ihr Struktur und Gerechtigkeit gut? Wird die Liebe durch Strukturen oder Fragen nach Gerechtigkeit gefördert? Diese Haltung lässt auch zu, dass nicht alles immer zwischen den Partnern ausgeglichen sein muss oder kann. Das Ziel heißt nicht primär *quid pro quo*, sondern »Was tut unserer Liebe gut?«

In der Paartherapie geht es um das *Dritte*, die *Sorge um die Liebe*. Fragen, die mich beschäftigen und die ich dem Paar stelle, sind: »Was braucht die Liebe, dass es ihr gut geht?« oder »Was können Sie tun, damit es ihr besser geht?« Die Frage, was der Mann für sich oder die Frau für sich braucht, damit es ihm/ihr gut geht, interessiert mich nicht primär. Mir geht es in erster Linie nicht um die Maximierung des individuellen Wohlbefindens, sondern um die Maximierung des Wohlbefindens der gemeinsamen Liebe. Das heißt nicht, dass ich Fragen nach dem individuellen Wohlbefinden ausklammere, sie werden lediglich der Liebesfrage untergeordnet.

Es kann durchaus sinnvoll sein, während einer Paarsitzung das Erleben in der eigenen Herkunftsfamilie des einen oder andern ins Zentrum zu stellen oder Projektionen aufzuzeigen, die Eltern als Paarvorbild zu betrachten usw. Ebenso kann es angezeigt sein, ein Setting zu wählen, bei dem zwischen den Paarsitzungen Einzelsitzungen mit dem Mann oder der Frau durchgeführt werden, wenn es z.B. darum geht, die Autonomie des oder der Einzelnen durch ein Splitting zu stärken oder allzu schambesetzte Themen zu bearbeiten. Ein Stück Einzelarbeit bei Mann oder Frau ist durchaus möglich, solange es der gemeinsamen Liebe dient. Das heißt: *Auch während ich auf ein Thema des je einzelnen Menschen eingehe, habe ich die gemeinsame Liebe zwischen den beiden im Auge, bleibe ich Advokatin der Liebe.* Ich spreche das Paar gemeinsam – und unter Umständen auch getrennt – immer als diejenigen an, denen es wichtig ist, dass es ihrer Liebe gut geht.

4.3 Kernelemente des Konzeptes »Advokatin der Liebe«

Vier Kernelemente des Konzepts möchte ich nennen:

(1) Das *Verbindende* finden.
(2) Oft ist das die *»gemeinsame Liebe«*, sie wird zum Fokus.
(3) Mit dem Paar erarbeiten, *was* beide darunter verstehen (via Gespräch, gestalterische Methoden).
(4) Die Therapeutin als »Advokatin der Liebe« legt den *Fokus* auf die gemeinsame Liebe und unterstützt bzw. verstärkt Gefühle, Haltungen und Verhaltensweisen des Paares, die dieser *gemeinsamen Liebe* dienlich sind. Zentral ist hier die Frage: »Was tut unserer Liebe gut?«

4.4 Zum Vorgehen

Mein Leitsatz ist: *Ich will nicht Partei nehmen für Mann oder Frau, sondern für die Liebe.* Die »Liebe« erkläre ich für mich selbst als ein »Kind« des Paares, um das beide besorgt sind.

Bereits bei der *Auftragsklärung* führe ich den Begriff »Liebe« ein. Ich erkläre die Klangschale, die in der Mitte vor dem Paar steht, zum Symbol der Liebe und frage die beiden: »Angenommen, dies wäre der Platz Ihrer Liebe, von dem was euch verbindet, was euer Gemeinsames ist, so wie ein Kind dies wäre: Wie geht es dieser Liebe oder wie steht es um sie?«

Ich stelle Fragen wie:
- »Wie, stellen Sie sich vor, kann ich Ihre Liebe unterstützen?«
- »Was ist nötig, damit es Ihrer Liebe besser geht?«
- »Woran würden Sie merken, dass es Ihrer Liebe besser geht?«
- »Was haben Sie bis jetzt gemacht, damit es Ihrer Liebe so geht, wie es ihr geht?«
- »Was hat Ihrer Liebe bis jetzt gut getan?«
- »Was hat Ihnen Spaß gemacht bei der Pflege Ihrer Liebe?«
- »Können Sie sagen, wo Sie auf einer Skala von 0 bis 10 das Wohlbefinden Ihrer Liebe einordnen würden – jetzt; früher, vor x Jahren; in der Zukunft, in x Monaten/Jahren?«

Mit diesen Fragen kann ich mir sowohl über den Auftrag des Paares klar werden als auch erste Einschätzungen zur aktuellen Paarsituation machen. Je nach Situation ist es auch möglich, bereits in der ersten Sitzung eine gestaltende Methode wie eine Collage, eine Lehmskulptur oder ein katathymes Bild (Tagtraum) für das Darstellen der gemeinsamen Liebe zu gebrauchen.

Verwende ich ein katathymes Bild, so frage ich jede/jeden nach ihrer/seiner »Liebespflanze«, die Symbol der gemeinsamen Liebe ist. Dieses Bild kann ich in darauf folgenden Sitzungen immer wieder hervornehmen. Am Anfang der Stunde habe ich die Möglichkeit, mich nach dem Befinden der »Liebespflanzen« zu erkundigen, indem ich das Paar wieder in ein katathymes Bild begleite und allenfalls bei welken Blättern frage, was die Pflanze wohl brauchte, damit sie wieder gut gedeihen kann. Dabei ist es irrelevant, wer für das Gedeihen der Pflanzen sorgt, wer z.B. mit Wasser gießt. Wichtig ist, dass beide am Gedeihen der Pflanzen bzw. der Liebe interessiert sind.

Es geht nicht primär darum, ob der Mann oder die Frau für sich persönlich zu wenig bekommt oder hat, sondern, wie gesagt, darum, dass es der gemeinsamen Liebe gut geht. Es kommt nicht darauf an, wer für die Liebe sorgt. Der oder diejenige, welche(r) die Fähigkeit hat, der gemeinsamen Liebe das zu geben, was sie braucht, gibt es.

Spätestens hier sind wir bei der Frage nach dem »quid pro quo«, der Ausgeglichenheit. Es ist oft notwendig, den Blick zu erweitern und zu sehen, dass das biblische Wort »Geben ist seliger denn Nehmen« auch seine Berechtigung haben kann. Oder anders ausgedrückt: Geben kann das Selbstbewusstsein, die Würde, die Sinnhaftigkeit, den Lebensinhalt und das Gefühl der Lebensberechtigung unterstützen. Selbstverständlich ist das einseitige Geben nur so lange sinnvoll, als es der Liebe dient. Fühlt sich der oder die Gebende ausgenützt und als Gebende oder Gebender nicht mehr wohl, so schadet dies auch der Liebe. – Ich möchte als Advokatin oder Fürsprecherin der Liebe da sein und nicht als Buchhalterin, Richterin oder Anwältin der beiden Menschen, die mir ihre Liebe anvertrauen.

4.5 Bedeutung der gestalterischen Symbolisierung

Die Tonskulptur, welche allenfalls in der ersten Sitzung gestaltet wurde, wird in feuchte Tücher gewickelt und aufbewahrt. Bekommt sie durch die Zeit Schäden, indem sie etwa austrocknet, so können diese durch Nassmachen, Glatt- bzw. Nachstreichen etc. wieder behoben werden. Damit lassen sich symbolisch, neben der Pflege der Skulptur, gleichzeitig Möglichkeiten für den Umgang respektive die Pflege der Liebe bewusst machen. An dieser Stelle kann auch dem aktuellen Zustand der Liebe Rechnung getragen werden, indem die Skulptur verändert wird und dadurch eine neue Form erhält.

Für Paare, die akustisch und taktil ansprechbarer sind, verwende ich in späteren Sitzungen die Klangschale. Ich lade sie ein, ihre Liebe mit Tönen und Vibrationen darzustellen. Das heißt, während die eine Person die Schale in den Händen hält, um die Vibrationen zu erspüren, schlägt die andere mit der Hand oder einem Schlegel die Klangschale an. Die Töne übertragen sich sowohl akustisch als auch durch die Schwingungen bzw. die Vibrationen in den Körper der oder des Aufnehmenden und können auch auf dieser Ebene wahrgenommen werden. Anschließend werden die Positionen gewechselt.

4.6 Indikationen

Wozu ist das Konzept einsetzbar?

- Bei einer Standortbestimmung,
- für eine Unterbrechung von gegenseitigen Schuldzuweisungen,
- wenn der Fokus auf ein Gemeinsames, Verbindendes gerichtet werden soll und nicht auf den trennenden Streit, den Konflikt,
- bei Paaren, die sich als Paar trennen wollen und denen es wichtig ist, sich weiterhin unterstützen zu können, bzw. welche die Beziehung in eine Freundschaft wandeln wollen,
- Trennungen können vollzogen werden, ohne dass die Liebe zerschlagen werden muss, d.h. einander zu lieben schließt Trennung nicht aus.

Für die Therapeutin/den Therapeuten:

- Wenn die Therapeutin befürchtet, für Mann oder Frau Partei nehmen zu müssen,
- wenn zusätzliche Ressourcen benötigt werden,
- wenn die nicht mess- und fassbare Ebene einbezogen werden soll.

Wozu eignet sich das Konzept nicht?

- Wenn es beim Paar primär um »Recht bekommen«, eine Auflistung der Negativpunkte des andern oder um Kompromissuche geht, d.h. da, wo eher eine Mediation angesagt ist (»quid pro quo«),
- wenn primär um Verständnis für den anderen bzw. die andere geworben wird, wie dies oft in der klassischen Paartherapie geschieht,
- wenn das Paar mit klaren Forderungen hinsichtlich einer Veränderung des Partners/der Partnerin kommt und ansonsten eine Trennung gewünscht wird.

5. Fallbeispiele

In den folgenden zwei Fallbeispielen wird die Handhabung des Konzepts illustriert.

5.1 Fall A

Er ist Filmer, ca. 50 Jahre alt, Vater einer 14-jährigen Tochter. Sie ist Architektin, ca. 40 Jahre alt, beide sind selbstständig.

Seit vier Jahren sind sie ein Paar. Vor einem Jahr sind sie für vier Monate zusammengezogen. Dies ist nun der dritte Versuch einer Paartherapie. Die Meinungsverschiedenheiten eskalierten so stark, dass sie bereits zu vier Trennungen führten.

Beide sehen die Dynamik gleich. Es laufe immer nach dem selben Muster ab. Streit, das Paar trennt sich. Die Frau meldet sich noch einige Male, während der Mann noch Zeit für sich braucht und darum Distanz will. Die Frau widme sich dann ihrem eigenen Leben, bis der Mann wieder Nähe eingehen kann und sich bei ihr meldet.

Erwartungen an die Therapie: Er möchte, dass Streitereien früher beendet werden können und sie als Paar wieder zusammenwohnen könnten. Sie hat das Bedürfnis, nach einem Streit ruhig reden zu können, statt seine Distanznahme akzeptieren zu müssen. Sie sagt, sie ziehe eine definitive Trennung ins Auge.

Ich kläre noch ab, woran in den ersten beiden Paartherapien bei Kolleginnen von mir gearbeitet wurde und worin der Unterschied zur Arbeit bei mir liegen könnte. Es scheint mir, als wären die Therapieversuche in den Machtkampf eingebaut gewesen, so dass diese gar nicht anders haben enden können als mit Scheitern.

Die Atmosphäre während des Erstgesprächs erlebte ich als kämpferisch, Eskalationen schienen jeden Moment möglich zu sein. Meine Hoffnung darauf, dass ich hilfreiche Unterstützung geben könne, war nicht sehr groß.

In der zweiten Stunde wollte ich mein Bild über das Paar erweitern und schlug deshalb vor, ihre Liebe durch ein katathymes Bild Gestalt werden zu lassen.

Beim Mann tauchte ein alter, knorriger, starker Olivenbaum auf. Es sei Herbst, am Morgen, noch etwas kühl, der grüne Boden sei nass vom Nebel oder Tau. Vermutlich sei es die Zeit nach der Ernte. Die Stimmung sei nicht fröhlich, ohne Sonne, und doch strahle das Ganze eine Schönheit aus. Bei der Frau wurde eine Kletterpflanze sichtbar, wie eine Weinrebe, ein Efeu mit jungen grünen Blättern, nein, eine knorrige, in der Erde verwachsene, blühende Bougainvillea. Es sei Herbst, der Himmel sei bedeckt. Die Pflanze wachse an einem weiß verputzten, südlichen Backsteinhaus. Ein warmer Wind wehe, und es rieche nach Herbst und Boden.

Dann bat ich die beiden, ein Bild auftauchen zu lassen, worin beide Pflanzen ihren Platz haben.

Er: Da sei das weiße Haus mit der wilden Kletterpflanze, links davon der Olivenbaum. Es sehe sehr schön aus.
Sie: Der Olivenbaum stehe hinten links beim Haus, wo die blühende Bougainvillea emporwachse.

Auf die Frage: »Wie geht es euch mit den Bildern, was kommt euch dazu in den Sinn?« kamen folgende Aussagen:

Er: Bin erstaunt, dass sich die beiden Bilder so schnell zusammenfügten. Die Wand war spannend, irgendwie stört die Mauer, sie [seine Frau] ist Architektin.
Sie: Erstaunt, dass die Jahreszeit die gleiche ist. Herbst ist meine liebste Jahreszeit.

Beide Pflanzen leben in der Wärme (Bougainvillea und Olivenbaum). Beide sind kräftig, alt und knorrig, der Olivenbaum zeigt den Wandel der Jahreszeiten weniger als die Bougainvillea. Die Mauer sei irgendwie ein Hindernis, nicht negativ, die Pflanze finde immer Wege, um sich durchzuschlingen.

Mir gaben diese Bilder eine weitere, weit positivere Einschätzung der Paarsituation. Ich sah nun Verbundenheit und Ressourcen, wo ich vorher vor allem Kränkungen, Machtkampf und »buchhalterische« Stimmungen wahrgenommen hatte. Wenn ich an die Arbeit mit den beiden dachte, stellte ich in mir viel stärker ein Gefühl von Hoffnung fest. Beide Personen wirkten sehr eigenständig, mit einem großen Bedürfnis nach Akzeptanz bei hoher Kränkbarkeit. – Ich war froh zu wissen, dass ich im Laufe der gemeinsamen Arbeit immer wieder auf das Bild der beiden Liebespflanzen würde zurückgreifen können.

Bis zur nächsten Sitzung waren wegen meiner Ferien fünf Wochen Zeit. Ich beschloss, den beiden auf brieflichem Weg eine Aufgabe zu stellen. Diese sah folgendermaßen aus:

Liebe Frau X, lieber Herr Y,
Bei der Nacharbeit unserer heutigen Sitzung ist mir aufgefallen, dass beide Liebespflanzen stark, kräftig, knorrig und ohne Sonne sind: bei der Bougainvillea ist die Wetterlage bedeckt, beim Olivenbaum scheint keine Sonne.
Meine Frage an Sie: mit was können Sie die Umgebung Ihrer Liebespflanzen besonnen? Nicht immer, jedoch manchmal.
Mit herzlichen Grüßen

Wie weit dieser Brief oder die Symbolik der Pflanzen wirkungsvoll waren, lässt sich nicht eindeutig feststellen. In der folgenden Sitzung erzählen beide, dass es ihnen besser möglich war, die Eigenheit des andern zu akzeptieren. Gleichzeitig ist spürbar, dass der Boden, auf dem sich das Paar befindet, dünn ist.

In den drei weiteren Sitzungen, die bis jetzt stattgefunden haben, fällt auf, dass es den beiden Pflanzen zwar abwechselnd, aber nicht zur selben Zeit gut geht. Hier wird die Paardynamik sichtbar, bei der immer im Wechsel eine(r) bleiben bzw. gehen will. Gleichzeitig gelingt es, durch die immer wiederkehrende Frage nach dem Wohlergehen der gemeinsamen Liebe die Rechthabereien respektive die aus der Ohnmacht entstehenden Eskalationen zu verhindern.

Nach der dritten Sitzung mache ich, wie abgemacht, eine Standortbestimmung in Bezug auf die Zusammenarbeit. Der Mann, welcher aus den früheren Therapien ausstieg, will bleiben. Damit entscheiden sich beide – nicht nur die Frau – für die Weiterarbeit. Wir verabreden drei weitere Sitzungen.

Was wurde durch das »Liebeskonzept« in diesem Fall möglich?

- Der Blick auf Ressourcen konnte erweitert werden (katathymes Bilderleben »Liebespflanze«).
- Ein wichtiger Aspekt der Paardynamik wurde schneller erkannt (den Liebespflanzen ging es abwechselnd gut).
- Die Eskalationen konnten vermieden werden (Frage nach dem Wohlergehen der Liebe).

5.2 Fall B

Beide Partner sind etwa 40 Jahre alt, beide sind Akademiker; sie sind seit 17 Jahren ein Paar, sind verheiratet, haben zwei Kinder. Das Paar erlebt sich seit ca. 2 Jahren in einer Krise.

Sowohl die Berufstätigkeit wie die Kinderbetreuung teilen sie sich paritätisch. Sie arbeiten in derselben Institution. Die berufliche Position der Frau ist höher als die des Mannes, was möglicherweise der Auslöser der Krise war. Beide sind leidenschaftliche Kletterer. Die Frau klettert gleich gut wie der Mann, was beide als außergewöhnlich einschätzen. Im Freizeitbereich gibt es oft Streit.

Erwartungen an die Therapie:
Er: Er möchte Mechanismen, die an den Rand der Trennung führen, verändern, ferner Auslöser für den Streit inaktivieren oder schneller aus dem Streit herauskommen.

Sie: Sie empfinde sich immer als Täterin, »Schadensverursacherin«, und möchte Lösungsmöglichkeiten finden, um dieses Muster zu durchbrechen.

Während der ersten vier Sitzungen ging es den beiden vor allem darum, mich je auf die eigene Seite zu ziehen. Eine direkte Kommunikation zwischen den beiden war kaum möglich. Sie fühlte sich unverstanden in ihrer Rolle als Frau, die nicht nach den Konventionen lebe, und glaubte, sie müsse sich zurücknehmen, damit die Ehe funktionieren könne. Er wollte in seiner Not verstanden werden. Er hatte Angst, die Frau würde eine Fremdbeziehung eingehen, und fürchtete, kaum mehr Terrain als »Mann« zu haben.

Nach der dritten Sitzung begann ich am Anfang der Sitzung nach dem Befinden ihrer Liebe zu fragen, ohne das Wort »Liebe« zu definieren oder gestalterisch darstellen zu lassen. Beide nahmen Bezug auf die Liebe und sprachen von einem verbesserten Wohlbefinden.

In der fünften Sitzung kam das Paar erholt von den Ferien zurück und erzählte von einem Klettererlebnis, das gut gewesen war. Der Mann schilderte, wie er ein Paar beobachtet hatte, welches in derselben Situation zu sein schien wie sie selbst. Die Frau kletterte ebensogut wie der Mann. Er habe den Kletterer bewundert, wie er es offensichtlich genoss, in seiner Frau eine gleichwertige »Seilgefährtin« zu haben. Am liebsten hätte er mit ihm noch ein Bier getrunken um mehr über den Mann und dessen Umgang mit der speziellen Situation zu erfahren. Er selbst stelle sich immer vor, dass die andern Männer, welche ihn mit seiner gut kletternden Frau sähen, ihn abwerteten.

Bis jetzt hätte er nur gesehen, dass ihm seine Frau mit ihrer Ebenbürtigkeit im Klettern noch die letzte Bastion als »starker Mann« genommen habe. Der Stolz, dass sie dies als Paar erleben könnten, habe ganz gefehlt. Die Frau konnte gut auf ihn eingehen, es entstand ein Dialog, und ich hatte das erste Mal nicht das Gefühl, zur Parteinahme gebraucht zu werden.

Um den aktuellen Zustand des Paares von einer weiteren Seite betrachten zu können, regte ich in der sechsten Sitzung an, vor dem »inneren Auge« ihre »Liebespflanzen« erscheinen zu lassen.

Sie: Ich sehe eine weiße Lilie, sie steht allein in dunkler Erde und ist stark.
Er: Eine kugelige Pflanze ist da – wieder weg – ein Stengel, eine Schwertlilie, eine besondere Pflanze – wieder weg – nun ist eine Föhre oder Arve [Zirbelkiefer] da. Sie steht im Schnee, die Spitze ist draußen.

Um die Unterschiedlichkeit der beiden Menschen zu würdigen, lud ich das Paar nicht für ein gemeinsames Bild ein.

In der Nachbesprechung fällt den beiden auf, dass beide Pflanzen stark sind.

Der Mann habe einen Prozess durchgemacht von seiner ersten Pflanze (kugelig), die seiner letzten gleicht (Föhre, Arve), über eine, die derjenigen der Frau ähnlich ist, bis zur eigenen starken Arve, die im Schnee steht. Er meint, damit die Arve gedeihen könne, müsse man halt immer wieder den Schnee wegschaufeln. Im übertragenen Sinn könnten dies Missverständnisse sein, so meinten beide.

Da ich den Eindruck hatte, das Paar stehe unter starkem Leistungsdruck, wagte ich die Intervention, manchmal scheine auch die Sonne und lasse den Schnee schmelzen, so dass keine Eigenleistung nötig sei. Das berührte beide sichtlich, und sie hatten Tränen in den Augen.

In der siebten Sitzung erzählten sie von einem Streit um etwas, was zu organisieren war, welcher am Morgen stattgefunden habe. Auf meine Frage, wie es den »Liebespflanzen« gehe, meinte sie, ihrer gehe es gut, sie hätten den Sonntag unter erschwerten Bedingungen genießen können. Es wäre nicht schwierig gewesen, die sonst hohen Ansprüche hinunterzuschrauben und an dem Freude zu haben, was da war. Er meinte, es liege zur Zeit mehr Schnee wie vor drei Wochen auf der Arve, die Äste wären nach unten gedrückt. Die Gefahr, dass sie abgebrochen würden, bestehe bis jetzt nicht. Er würde aber gerne herausfinden, wie sie nach der »Liebespflanze« auch unter erhöhter Belastung schauen könnten.

Gemeinsam entschieden sie, einerseits die Organisation des Haushalts neu zu überdenken und anderseits einander vermehrt Liebesbeweise zu erweisen. Gleichzeitig hörte ich, dass sie in der Rollenteilung – neben dem Progressiven, Paritätischen – jetzt auch einen konservativen Teil akzeptieren können. Sie sei für die Wäsche zuständig, er für das Warten der Fahrräder. Beide Arten von Arbeitsteilung haben ihren Wert und ihren Platz gefunden.

Ich sehe das Paar noch zweimal im Abstand von je einem Monat. Im letzten Gespräch zieht das Paar folgendes Resümee zum Therapieende:

Sie: Die Streitigkeiten würden viel weniger und fänden viel kürzer statt. Für sie sei die Erfahrung wichtig geworden, dass zwei Sichtweisen nichts mit weniger Liebe zu tun haben.

Er: Das Grundgefühl sei völlig anders. Die Ängste wären zurückgegangen. Er wisse nun, dass auch die Sonne den Schnee zum Schmelzen bringen könne.

Was konnte durch das Konzept der »Paartherapeutin als Advokatin der Liebe« unterstützt werden?

- Die Allparteilichkeit der Therapeutin für das Paar bzw. die Parteinahme für das Dritte, die gemeinsame Liebe.

- Unterschiedliche Sichtweisen, auch über die Liebe, schließen die gemeinsame Liebe nicht aus.
- Eine Reduktion des Leistungsdrucks respektive Vertrauen in eine andere Kraft.

Mit diesen zwei Fallbeispielen versuche ich einen Ausschnitt aus der konkreten Arbeit mit der Liebe als Dritte im Bunde zu zeigen.

6. Zusammenfassung

Zum Konzept »Therapeutin als Advokatin der Liebe« gehört ein Vorgehen, bei dem man sich auf etwas Gemeinsames, das für beide Partner wichtig ist, konzentriert. Für viele Paare ist das die gemeinsame Liebe. Die Advokatin der Liebe legt den Schwerpunkt auf die gemeinsame Liebe und unterstützt bzw. verstärkt Gefühle, Haltungen und Verhaltensweisen des Paares, die dieser gemeinsamen Liebe dienlich sind. Zentral ist hier die Frage: »*Was tut unserer Liebe gut?*«

Das Konzept kann auf zwei Ebenen Unterstützung bringen, auf der Ebene der Therapeutin bzw. des Therapeuten und auf der des Paares.

(1) Auf der Ebene der Therapeutin/des Therapeuten: In der therapeutischen Arbeit erreiche ich eine schnellere und klarere Einschätzung der Paardynamik. Durch die Parteinahme für das gemeinsame Dritte, in diesem Fall die Liebe, kann ich eine Verwicklung in eine einseitige Parteinahme für einen der beiden Partner besser vermeiden. Es gelingt mir ein besseres Erkennen von Ressourcen.

(2) Auf der Ebene des Paares: Das Paar merkt, dass es durch die Sorge um ein Drittes, um die gemeinsame Liebe, schneller aus dem Machtkampf aussteigen kann. Durch das Darstellen der gemeinsamen Liebe mit je einem eigenen Bild gelingt es, zu erkennen und zu akzeptieren, dass trotz verschiedener Sichtweisen die Liebe nicht ausgeschlossen werden muss. Das Paar kann erfahren, dass die Zuständigkeit für das Gelingen einer guten Paarbeziehung nicht allein in seinen Händen liegt, sondern dass auch ein Größeres, das nicht Mess- und Fassbare, Einfluss nimmt und unterstützend wirkt.

Guy
Bodenmann   Liebe in der Verhaltenstherapie mit
Paaren

Die Verhaltenstherapie mit Paaren hat sich lange Zeit nicht um das Thema »Liebe« gekümmert. Guy Bodenmann ist der Meinung, dass Liebe empirisch nicht fassbar ist und deshalb nur indirekt Gegenstand einer wissenschaftlich fundierten Therapie sein kann. Die Paartherapie sollte sich darauf beschränken, günstige Bedingungen in der Partnerschaft zu schaffen, welche das Aufkeimen der Liebe wieder ermöglichen. Dazu gehören Methoden, welche gegenseitige Achtung und Wertschätzung erhöhen, Kommunikation und Problemlösung verbessern sowie Nähe und Intimität fördern. Gelingt es in der Paartherapie, den Partnern Kompetenzen zu vermitteln, um sich respektvoll, konstruktiv und ohne Verletzungen zu begegnen, dann wird damit eine Voraussetzung für Liebe geschaffen. Wenn wir auch nicht wissen, wie Liebe entsteht, so wissen wir heute doch, wie sie zerstört und wie sie gepflegt werden kann.

1. Einleitung

Die Aufgabe, über die Rolle der Liebe in der verhaltenstherapeutischen Paartherapie zu schreiben, ist eine schöne, wenn auch zugleich schwierige. Schön, weil die Liebe zu den schönsten Phänomenen gehört und es wohltuend und stimulierend ist, auch einmal von diesen schönen Seiten des Lebens schreiben zu dürfen, anstatt sich wie sonst mit den Störungen psychischen Erlebens, Beziehungskrisen und deren negativen Folgen beschäftigen zu müssen – und dennoch auch schwierig, weil bislang keine explizite Auseinandersetzung mit diesem Thema in der Verhaltenstherapie mit Paaren stattgefunden hat.

Obgleich niemand die Liebe als existierendes Phänomen geleugnet hat, entsprach es lange Zeit dem Geist des Behaviorismus, als einer Grundlage der Verhaltenstherapie, verdeckte, innere Prozesse nicht zu berücksichtigen, da diese der objektiven Erfassung nicht zugänglich gemacht werden können. Das Postulat des frühen Behaviorismus, nur Dinge zu erforschen, die objektiv, reliabel und valide erfasst werden können (vgl. Bodenmann et al. 2004) – d.h. explizit keine Prozesse, welche sich in der Black Box abspielen (und die Liebe muss wohl genau in dieser Black Box angesiedelt werden) –, mag sicher mitverantwortlich dafür sein, dass die Liebe als Thema lange Zeit keine Beachtung gefunden hat. Allerdings war dies nicht nur in der Verhaltenstherapie mit Paaren so, sondern ganz allgemein, wie auch Riehl-Emde (2003) in ihrem Buch *Liebe im Fokus der Paartherapie* festhielt.

Doch wie steht die Verhaltenstherapie heute zur Liebe, welche Rolle spielt sie theoretisch und praktisch im Rahmen dieses Behandlungsansatzes bei Paaren? Diesen Fragen soll in diesem Kapitel nachgegangen werden. Zuerst soll damit begonnen werden, das Selbstverständnis der Verhaltenstherapie respektive ihre Charakteristika nochmals in Erinnerung zu rufen, damit verständlich wird, welche Rolle die Liebe überhaupt in diesem Kontext spielen kann; denn das einem Ansatz zugrunde liegende Menschenbild beeinflusst und gestaltet auch den Umgang mit verschiedenen Themen (wie beispielsweise der Liebe).

Die Verhaltenstherapie mit Paaren ist, analog zur Verhaltenstherapie mit Individuen (vgl. Margraf 2000), durch verschiedene übergreifende Merkmale charakterisiert, die sie mitunter von anderen Therapierichtungen unterscheidet. Das wichtigste Merkmal ist die wissenschaftliche Fundierung der Methoden im aktuellen Corpus der empirischen Forschung, wonach neuste Erkenntnisse der verschiedenen Stränge der Psychologie und Medizin und ihrer Schnittmengen (z.B. Verhaltensmedizin oder Gesundheitspsychologie, Neurowissenschaften) die Grundlage für die Entwicklung, Verfeinerung und Erneuerung der Methoden der Verhaltenstherapie bilden. Diese Forschungsfundierung bedeutet zum einen eine Einschränkung, da nur wissenschaftlich belegte Befunde als Grundlage zugelassen und noch so interessante heuristische Ideen ausgeschlossen werden; sie bildet aber dafür auf der anderen Seite ein verlässliches Fundament und wirkt bis ins Postulat der wissenschaftlichen Überprüfung der Therapieeffekte nach. Garant für Qualität und Seriosität auf der einen Seite, bildet sie auf der anderen Seite jedoch auch ein gewisses »Korsett«, da dem eigenen freien assoziativen und kreativen Denken und Entwickeln insoweit Grenzen gesetzt sind, als Konstrukte und Ideen, die nicht wissenschaftlich überprüft und in Studien nachgewiesen wurden, nicht Gegenstand von Entwicklungen innerhalb der Verhaltenstherapie sein dürfen. Sie können sehr wohl Impulse geben, neue Forschungsarbeiten stimulieren, doch dürfen sie erst dann in neue Methoden umgesetzt werden, wenn ihre Gültigkeit in Studien nachgewiesen wurde.

Dahinter wird auch das Menschenbild der Verhaltenstherapie deutlich, bei dem Autonomie und Selbstbestimmung an oberster Stelle stehen. Der Mensch, oder in unserem Fall das Paar, soll sein Leben selber bestimmen und gestalten können, soll seine Ziele und den Weg dorthin selber festlegen, soll sich auf die ihm angebotenen Methoden verlassen können (da sie wissenschaftlich fundiert und bezüglich ihrer

Wirksamkeit überprüft sind) und soll dabei vom Therapeuten nur angeleitet und stimulierend begleitet werden. Die Fokussierung auf das »Hier und Jetzt«, die mit dem Paar zusammen erarbeitete Zielfestlegung, der Schwerpunkt auf dem Training von Kompetenzen, die aktive Mitarbeit des Paares in Paarübungen und mittels Hausaufgaben sowie die Transparenz bezüglich Störungsmodell, Zielen und Methoden, all dies leitet sich aus diesen Überlegungen ab (Bodenmann 2004).

Doch was bedeutet das im Hinblick auf die Liebe in der Verhaltenstherapie mit Paaren? Dass nur dann die Liebe als Konstrukt in der Verhaltenstherapie mit Paaren ihren Platz haben kann, wenn das Konstrukt wissenschaftlich erforscht ist und seine Nützlichkeit erwiesen ist. Und was sagt uns die Wissenschaft zur Liebe?

2. Empirische Grundlagen zum Verständnis des Phänomens Liebe

Die Liebe gehört zu den schönsten und intensivsten Erfahrungen, die im Leben gemacht werden können, zu den höchsten und einzigartigsten Gefühlen (Baumeister et al. 1993), und entsprechend sehnen sich die meisten Menschen nach ihr und hoffen, sie im Verlauf ihres Lebens erfahren zu dürfen. Liebe, Nähe, Zärtlichkeit und stabile emotionale Bindung gehören denn auch zu den wichtigsten Werten bei Jugendlichen (Bodenmann 2003) ebenso wie bei Erwachsenen und Paaren (Burkart & Kohli 1992; Campbell et al. 1976; Köcher 1993). In Dichtung und Malerei wird die Liebe in unzähligen Werken besungen und verewigt. Die berühmtesten Beispiele hierfür sind wohl die Geschichten von Romeo und Julia (in vielfältigen Abwandlungen und unter unterschiedlichen Namen besungen), von Philemon und Baucis oder von Abaelard und Heloïse. Gibt es ein stärkeres Zeugnis für die Liebe als den Wunsch von Philemon und Baucis? Diesem Paar in der griechischen Sage, welches, als es dem Göttervater Zeus gegenüber einen Wunsch äußern konnte, sich nichts anderes und mehr wünschte, als gemeinsam sterben zu dürfen? Oder gibt es eindrücklichere Beispiele als die unerschrockene und tragische Liebe eines Abaelard und einer Heloïse, die allen Widrigkeiten zum Trotz an ihrer unerschütterlichen Liebe festhielten und dieser ein Leben lang huldigten?

Sicher gibt es auch aktuellere Beispiele, tragische und glückliche, stille und schrille, einsam duldende und in der Gemeinsamkeit aufgehende – doch währen sie noch ein Leben lang? Ist es heute vielfach nicht eher so, dass nach einem Stadium der Verliebtheit oder einer relativ kurzen Phase der Liebe (die meisten Paare lassen sich in den ersten zwei bis vier Jahren nach der Eheschließung wieder scheiden) die meisten Paare aus diesem Zauber erwachen und sich mit einer nüchternen Realität konfrontiert sehen, die häufig mit Romantik und ewiger Liebe nicht mehr viel gemein hat? Auf jeden Fall sprechen sowohl Scheidungsstatistiken in westlichen Ländern (vgl. Eurostat 2001) als auch neuere Untersuchungen für eine hohe Fragilität und Instabilität von modernen Paarbeziehungen (vgl. Bramlett & Mosher 2002; Sayers et al. 1998), und eine Untersuchung von Albrecht und Kunz (1980) zeigt weiter, dass 74% der Männer und 84% der Frauen ihre vorehelichen Erwartungen an die Ehe im späteren Ehealltag deutlich enttäuscht sehen. Obgleich die Liebesheirat zum wichtigsten Träger moderner Zweierbeziehungen geworden ist, erweisen sich Partnerschaften als so brüchig wie nie zuvor.

Warum ist die Liebe vor allem im Roman oder in der Dichtung so edel und schön, so leidenschaftlich und erfüllend, so tragfähig und belastbar, und warum ist sie im Alltag so zerbrechlich? Mit diesen Fragen befasst sich die psychologische Forschung seit geraumer Zeit und hat in aufwändigen Längsschnittstudien an relativ großen Stichproben auf etliche Fragen Antworten geben können. So beispielsweise auf die Frage nach empirisch fundierten Prädiktoren für eine ungünstige Partnerschaftsentwicklung oder Scheidung (siehe für einen Überblick: Bodenmann 2001, 2002, 2004; Karney & Bradbury 1995).

Eine Antwort auf die Frage, was Liebe sei, blieb indes bisher aus. Obgleich etliche Versuche unternommen wurden, die Liebe zu definieren, zu klassifizieren, zu typologisieren und zu diagnostizieren, hat bis heute niemand die Liebe psychologisch überzeugend zu erklären vermocht. So kann die Definition von Schindler, Hahlweg und Revenstorf (1998), drei führenden deutschen Paarforschern und Paartherapeuten, wonach die Liebe eine universelle emotionale Qualität sei, deren Ausgestaltung je nach Epoche und Kultur unterschiedlich ausfalle, und welche die biologische Funktion habe, in der Partnerschaft Bindung zwischen erwachsenen Sexualpartnern herzustellen respektive aufrechtzuerhalten, nicht überzeugen. Bindung und Liebe werden dabei in einer Wechselwirkung verstanden, wobei ontogenetisch gesehen Bindung früher aufzutreten scheint. Auch die Definition von Mees und Schmitt (1997), welche Liebe als Dispositionsmuster gegenüber einer geliebten Person definieren, welches mit bestimmten Kognitionen, Emotionen und Handlungen kovariiert und das in Abhängigkeit von der Intensität der Liebe variiert, lässt viele Fragen offen und stellt eher einen abstrakten deskriptiven Versuch dar, ein metaphysisches Phänomen zu fassen, ohne es befriedigend erklären zu können. Noch weniger greifbar mutet die Definition von Asendorpf und Banse (2000, S. 24) an: »Liebe als Beziehungsmerkmal bezieht sich auf den Grad der wechselseitigen Liebe zwischen zwei Erwachsenen, meist Peers. Dadurch lassen sich Liebesbeziehungen (auch romantische Beziehungen genannt) von anderen engen Beziehungen trennen.« Auch neurophysiologische Erklärungen (z.B. Liebowitz 1983) liefern bestenfalls physiologische und endokrinologische Korrelate von Liebesgefühlen, sind jedoch ebenso wenig in der Lage, die Entstehung und Aufrechterhaltung oder gar das Phänomen Liebe selber zu erklären. So wirken die meisten mir bekannten theoretischen Erklärungsversuche der Liebe (vgl. Averill 1985; Dion & Dion 1988; Fehr 1994; Hatfield & Sprecher 1986; Jankowiak & Fischer 1992) eher unbeholfen, und auch die wenigen empirischen Studien zu diesem Phänomen wirken wenig überzeugend (z.B. Lamm et al. 1998).

Einfacher scheint es, Dimensionen der Liebe zu beschreiben, als die Liebe selber zu erklären. So umfasst gemäß Clark und Reis (1988) die Liebe verschiedene Aspekte, die mit Leidenschaft, verbaler und körperlicher Zuneigungsbekundung, Sehnsucht nach dem Partner, Sorge um den Partner, Vertrauen in den Partner und Toleranz ihm gegenüber zusammenhängen. Sternberg (1986) gehört zu den Ersten, welche das Konstrukt Liebe wissenschaftlich streng zu systematisieren begannen. Mit seiner triangulären Theorie der Liebe entwickelte er drei Dimensionen von Liebe, welche bis heute zum allgemein anerkannten Wissen im Bereich der Psychologie der Liebe gehören: (1) Leidenschaft (physische Anziehung, sexuelle Aktivität), (2) Intimität (emotionale Verbundenheit und Unterstützung, Zweisamkeit) und (3) Verbindlichkeit/Verpflichtung (Pflege der Liebe, Commitment). Je nach Ausprägung der jeweiligen Dimension lässt sich für jedes Paar ein idiosynkratisches Dreieck der Liebe erstellen. Während bei Paaren, die dem Modell des gleichschenkligen Dreiecks entsprechen, alle drei Dimensionen in gleichem Ausmaß relevant sind, können bei Dreiecken mit unterschiedlichen Schenkeln eine oder zwei Dimensionen vorrangig relevant sein (z.B. bei einem leidenschaftlichen und intimen Paar, das Wert auf Erotik und Nähe legt, jedoch keine tiefer gehende Verpflichtung eingehen möchte, oder bei einem Paar, das vor allem auf gegenseitiges Vertrauen, Verpflichtung und Fürsorge setzt und der erotischen Leidenschaft geringe Bedeutung beimisst).

Diagnostisch weiterentwickelt und ausdifferenziert wurde dieses Modell in den verschiedenen Liebesstilen nach Lee (1976) sowie Hendrick, Hendrick und Dicke (1998) oder im deutschen Sprachraum durch Bierhoff, Grau und Ludwig (1993). Danach werden die *romantische Liebe* (hohe Werte in Leidenschaft und Intimität), die *besitzergreifende Liebe* (hohe Werte in Leidenschaft und Verbindlichkeit), die *pragmatische Liebe* (hohe Werte in Verbindlichkeit/Verpflichtung), die *kameradschaftliche* oder *freundschaftliche Liebe* (gewisses Ausmaß an Intimität und Verpflichtung), die *spielerische Liebe* (hohe Werte in Leidenschaft, geringe Werte in Intimität und Verbindlichkeit) und die *altruistische Liebe* (hohe Werte bezüglich Verbindlichkeit) unterschieden.

Während diese von Sozialpsychologen entwickelten Liebesstile im Rahmen der Klinischen Psychologie und Psychotherapie und damit auch der verhaltenstherapeutischen Paartherapie kaum nennenswerte Resonanz gefunden haben, hat die empirisch fundierte Paartypologie von Gottman (1994), welche auf Verhaltensbeobachtungsdaten basiert, zunehmend mehr Beachtung gefunden. Gottman (1993, 1994) unterscheidet *impulsive Paare* (gekennzeichnet durch eine starke Konfliktbereitschaft, viel Negativität, aber dennoch um ein Vielfaches mehr Positivität und starke Leidenschaftlichkeit), *wertschätzende Paare* (gekennzeichnet durch großes Verständnis und hohes Einfühlungsvermögen für den Partner, ein hohes Ausmaß an Ruhe, Geborgenheit und Intimität und viel Gemeinsamkeit, jedoch auch durch die Gefahr von längerfristiger Langeweile) und *vermeidende Paare* (gekennzeichnet durch eine geringe Konflikthäufigkeit, kaum Meinungsverschiedenheiten, die zudem als nebensächlich abgetan werden, jedoch auch durch ein mangelndes Engagement und wenig emotionale Bindung an den Partner) (vgl. auch Bodenmann et al. 1997; Holman & Jarvis 2003). Wie Bodenmann et al. (1997) zeigen konnten, gehören jüngere Paare häufiger zu den impulsiven Paaren, Paare im mittleren Erwachsenenalter zur Gruppe der wertschätzenden Paare und ältere Paare zur Gruppe der vermeidenden Paare. Relevant ist diese Typologie von Paaren für die Paartherapie deshalb, weil sie zeigt, dass sehr unterschiedliche Paare gleichermaßen zufrieden und stabil sein können, was bei der Festlegung von Therapiezielen zu berücksichtigen ist. Welche Rolle dabei allerdings die Liebe spielt, diese Frage wird bei Gottman nicht beantwortet.

Die hier dargestellten Definitionen und Typologien zeigen, dass das Phänomen »Liebe« zwar wissenschaftlich beschrieben, diagnostisch erfasst und klassifiziert werden kann, dass jedoch bis heute kein theoretisches und empirisch fundiertes Verständnis davon besteht, wie Liebe entsteht und was geschieht, dass aus Sympathie Liebe wird. Ebenso wenig ist bekannt, wie sich Verliebtheit, junge Liebe und langjährige Liebe zueinander verhalten. Zwar können biochemische Prozesse (heute mitunter mittels bildgebender Verfahren) und psychologische Korrelate beschrieben werden, doch bleiben diese Versuche phänomenologisch deskriptiv und erreichen keinen explikativen Status. Doch ist dies überhaupt notwendig? Müssen wir das Phänomen der Liebe verstehen, um in der Paartherapie damit arbeiten zu können? Welches Verständnis von Liebe hat die moderne Verhaltenstherapie, und wie arbeitet sie gemäß diesem Verständnis? Auf diese Fragen soll im Folgenden eingegangen werden.

3. Welche Rolle spielt die Liebe in der verhaltenstherapeutischen Paartherapie?

Die meisten Verhaltenstherapeuten gehen davon aus, dass die Liebe als metaphysisches Phänomen wissenschaftlich nicht erfasst werden kann, dass die subjektive Repräsentation der Liebe durch die Betroffenen und Äußerungsformen der Liebe jedoch durchaus in der Arbeit berücksichtigt werden können und müssen. Die Tatsache, dass kein empirisch gesichertes Wissen über die Entstehung der Liebe noch ihre feinstoffliche Beschaffenheit besteht, hat zwar dazu geführt, dass lange

Zeit das Thema »Liebe« in Fachbüchern zu therapeutischen Interventionen (nicht nur im Rahmen der Verhaltenstherapie) ausgeklammert wurde; so findet sich beispielsweise in den beiden, insgesamt über 1500 Seiten starken Bänden des *Handbook of Family Therapy* von Gurman und Kniskern (1991), einem Klassiker der Interventionsliteratur bei Paaren und Familien, nur ein einziger kurzer und kaum bedeutsamer Hinweis auf die Liebe. Dasselbe Bild ergibt sich bei den renommierten Handbüchern von Jacobson und Gurman (1986) und Halford und Markman (1997). Ja, selbst im vor kurzem erschienenen *Lehrbuch der Paar- und Familientherapie* von Wirsching und Scheib (2002) finden sich keine nennenswerten Bezüge zum Thema »Liebe«, obgleich in diesem Lehrbuch sämtliche heute als relevant angesehenen Therapieansätze bei Paaren dargestellt werden.

In anderen neueren verhaltenstherapeutischen Schriften wie dem Buch *Partnerschaftsprobleme: Diagnose und Therapie* von Schindler, Hahlweg und Revenstorf (1998) werden dem Thema Liebe in der Verhaltenstherapie allerdings bereits mehrere Seiten (inklusive Abbildung) gewidmet (was in der Ausgabe von 1981 noch nicht der Fall war), ebenso in *Integrative Behavioral Couple Therapy* von Jacobson und Christensen (1996), wo das Thema »Liebe« auf mehreren Seiten abgehandelt wird. Auch im Handbuch *Verhaltenstherapie mit Paaren* (2004) von Bodenmann findet man den Begriff »Liebe« immerhin auf 24 Seiten, und im Kapitel »Revitalisierung der Partnerschaft« werden detailliert Methoden zur Wiederbelebung der Liebe beschrieben.

Damit stellt die Tatsache, dass die Liebe als Konstrukt (anders als z.B. Partnerschaftszufriedenheit) wissenschaftlich nur sehr schwer fassbar ist, keine Kontraindikation bezüglich der Arbeit mit oder an der Liebe dar. Dieser unverkrampftere Umgang mit dem Thema »Liebe« in der Verhaltenstherapie setzt sich international durch, was in den zitierten neueren Standardwerken der Verhaltenstherapie mit Paaren deutlich wird. Doch wie ist dies mit dem Grundsatz der Verhaltenstherapie vereinbar, wonach wissenschaftlich fundierte Konzepte in der therapeutischen Arbeit zu berücksichtigen sind? Kann auf einmal ein vages und empirisch mangelhaft ausgeleuchtetes Konstrukt, wie es die Liebe darstellt, Gegenstand der Therapie werden? Zudem – wie steht es denn mit anderen psychischen Zuständen wie beispielsweise Depressionen, Ängsten, Psychosen? Wissen wir hier besser als bei der Liebe, worum es sich effektiv handelt, oder arbeiten wir hier nicht genauso mit deskriptiven Phänomenen, gemäß DSM-IV-R oder ICD-10 nach ihrem Erscheinungsbild diagnostiziert? Ist es nicht in den meisten Fällen in den Wissenschaften Medizin und Psychologie so, dass – aufgrund höchst komplexer multifaktorieller Kausalbeziehungen – die phänomenologische Beschreibung eines aktuellen psychischen Zustandes (sei es Depression oder Liebe) mit seinen entsprechenden psychischen, biochemischen und behavioralen Korrelaten meist das einzige ist, worauf man sich bei der Behandlung stützen kann?

In der Tat wird schnell deutlich, dass die Ursachen für einen psychischen Zustand in den wenigsten Fällen wissenschaftlich exakt bekannt sind (d.h. empirisch gesichertes Ätiologie-, Genese- und Prozesswissen fehlt) und meist nur mit dem Zustand auftretende Begleiterscheinungen im Denken, Fühlen und Handeln erfasst werden können. So wissen wir heute sehr viel zu Symptomen von psychischen Störungen und zu den Bedingungen, die sie aufrechterhalten (Performanzwissen), jedoch wenig zu deren Entstehung und noch weniger zur Frage, weshalb es diese Phänomene gibt und wie sie als solche erklärt werden können. Doch brauchen wir dieses Wissen überhaupt, um wirksam therapieren zu können? Nein, wie uns sämtliche, heute vorliegenden Wirksamkeitsstudien zur medikamentösen und psychotherapeutischen Behandlung von psychischen Störungen nahe legen. Offensichtlich genügt es, zu wissen, was verändert werden muss, um einen gewünschten Zielzustand zu erreichen. Wir brauchen daher weder zu wissen, was das Phänomen selber ist, noch wie es zustande kommt, um wirkungsvoll behandeln zu können; es genügt zu wissen, wie der aktuelle negative Zustand beendet und der positive Zielzustand erreicht werden kann (vgl. Perrez & Bodenmann 1997). Und was bedeutet dies nun für die Liebe in der Verhaltenstherapie?

Es bedeutet, dass wir von gängigen Theorien, wie Positivität, Zuneigung, Sympathie oder eben Liebe erhalten werden, ableiten können, was therapeutisch getan werden kann. Solche Theorien sind beispielsweise die operante und soziale Lerntheorie (vgl. Jacobson & Margolin 1979; Patterson 1982; Skinner 1973), kognitive Theorien (vgl. Eidelson & Epstein 1982; Fincham & Bradbury 1990) oder soziale Austauschtheorien (vgl. Levinger 1976; Rusbult & Buunk 1993; Rusbult & Arriaga 1997; Thibaut & Kelley 1959; Walster et al. 1977). Da zudem heute auf der Grundlage vieler internationaler Studien fundiertes Wissen darüber besteht, dass (a) Liebe und Partnerschaftsqualität hoch miteinander korrelieren und (b) dass die Partnerschaftsqualität und damit indirekt auch die Liebe durch Kompetenzen erhalten werden können, liegt der Ansatzpunkt der Verhaltenstherapie mit Paaren bei der Förderung von Kompetenzen. Ziel der verhaltenstherapeutischen Intervention ist es daher, die Kompetenzen zu fördern, welche sich als relevant für die Erhaltung von Positivität in der Partnerschaft erwiesen haben und von denen angenommen werden kann, dass sie eine Grundlage für den Erhalt oder die Reaktivierung der Liebe bilden. Mit anderen Worten: meistens wird nicht mit dem Konstrukt Liebe selber gearbeitet, sondern mit Bedingungen, welche einen günstigen Nährboden für die Liebe schaffen sollen.

Dieses Vorgehen ist mit der Gartenarbeit vergleichbar. Der Gärtner, der gute Kompetenzen besitzt, wie man einer Pflanze zu erspießlichem Wachstum verhilft (z.B. durch Düngen, Wässern, Schneiden etc.), kann dies sehr erfolgreich tun, ohne zu wissen, woher das Leben der Pflanze kommt oder wie Wachstum möglich ist und weshalb Düngen, Wässern und Schneiden zu ihrem Wachstum beitragen. Er weiß nur, dass im richtigen Augenblick erfolgende Handlungen zum gewünschten Wachstum führen. Analog ist es bei der verhaltenstherapeutischen Paartherapie. Im Wissen, dass Kompetenzen die beste Basis für eine gute Beziehung und damit für eine gedeihende und sich erhaltende Liebe sind, zielt der Therapeut oder die Therapeutin darauf ab, im Rahmen der Therapie die jeweiligen Kompetenzen des Paares zu stärken, welche diesen Nährboden für Liebe bilden und zu ihrem Wachstum beitragen können. Welche Kompetenzen beim jeweiligen Paar gefördert werden müssen, wird aufgrund der Eingangsdiagnostik zu Beginn der Therapie festgestellt (Problemanalyse), wie sie gestärkt werden können wird mit dem Paar erarbeitet (Ziel- und Vorgehensanalyse), und die Stärkung selber erfolgt mittels Übungen und Training während der Therapie (Aufbau der Kompetenzen unter Anleitung des Therapeuten) und durch Hausaufgaben im Alltag (Aufrechterhaltung der Kompetenzen). Doch welches sind die zentralen Kompetenzen, welche es zu stärken gilt, um auch der Liebe wieder Auftrieb geben zu können?

4. Was erhält die Liebe aufrecht?

Ausgehend von der Beobachtung, dass vor allem in glücklichen Partnerschaften von starken Liebesgefühlen zum Partner berichtet wird, kann geschlossen werden, dass eine glückliche Partnerschaft und Liebe in hohem Maße zusammenhängen. Erstens, weil Liebe zu diesem Zeitpunkt der Beziehungsentwicklung am häufigsten beschrieben wird, und zweitens, weil eine Reihe von Studien den Beleg liefern, dass Liebe signifikant mit Partnerschaftsqualität (z.B. Gottman 1994) und erfüllender Sexualität (z.B. Hendrick & Hendrick 2002) korreliert ist. Letztere ist ihrerseits wiederum mit hoher Partnerschaftszufriedenheit assoziiert (z.B. Schröder et al. 1994) und diese wiederum mit guten Kommunikationsfertigkeiten (z.B. Berscheid & Reis 1998; Gottman 1994; Weiss & Heyman 1997) und angemessener dyadischer Stressbewältigung (Bodenmann 2004).

Während seit längerem bekannt ist, dass gute Kommunikations- und Problemlösefertigkeiten zu den wichtigsten Prädiktoren für einen günstigen Partnerschaftsverlauf, eine hohe Partnerschaftsqualität und ein niedrigeres Scheidungsrisiko gehören (siehe zum Überblick: Bodenmann 2001; Karney & Bradbury, 1995), hat insbesondere die Stressforschung bei Paaren in den letzten Jahren nachhaltige Beweise dafür erbracht, dass die Art und Weise, wie Paare mit Alltagsstress gemeinsam umzugehen wissen, am besten das Schicksal eines Paares vorhersagen lässt (zum Überblick: Bodenmann 2000). Stress hat sich in mehreren Studien als ein zentraler noxischer Faktor erwiesen (z.B. Bodenmann 2000; Cohan & Bradbury 1997; Neff & Karney 2004), wobei insbesondere inadäquat bewältigter Alltagsstress von großer

Bedeutung für einen ungünstigen Verlauf der Partnerschaft zu sein scheint (Bodenmann 2000, 2004), während kritische Lebensereignisse eine geringere Rolle spielen (Williams 1995). Alltägliche Erfahrungen von multiplen Anforderungen und Leistungs- und Zeitdruck generieren das Gefühl, nicht zu genügen, schaffen Stress durch das Gefühl der Überforderung und schwappen auf das Paarsystem über. Der Stress im Alltag bildet eine der häufigsten Grundlagen für eine sich schleichend anbahnende Entfremdung der Partner, das Absterben der Liebe und ist damit der Nährboden für Unzufriedenheit in der Beziehung und Scheidung (Bodenmann 2000, 2004).

Fallbeispiel: Lassen Sie mich, um zu illustrieren, was ich meine, ein Beispiel von einem Paar erzählen, welches vor etwa einem Jahr bei mir in Therapie war. Es handelt sich um ein Paar, welches zwei Kinder im Alter von drei und fünf Jahren hat und eben ein drittes Kind erwartet. Die Frau ist seit der Geburt des zweiten Kindes zu Hause und kümmert sich um die Erziehung und den Haushalt, während der Mann ein erfolgreicher Kaufmann ist, der auch politische Ambitionen hat und eigentlich rundum beliebt ist und geschätzt wird. Das Paar kommt in die Therapie, weil die Frau, überlegt, sich scheiden zu lassen, und den Lebensstil ihres Mannes nicht mehr weiter aushält.

Der Anlass, woran sich der jüngste Streit, der bei der Frau zu den Trennungsabsichten geführt hat, entzündete, ist eigentlich harmlos. Der Mann hatte seine Frau darauf angesprochen, dass er gerne für den Gemeinderat kandidieren wolle; er könne sich gute Chancen ausrechnen, gewählt zu werden. Für ihn sei dieser Schritt wichtig, und es würde ihm Erfüllung und Befriedigung bringen, auch politisch endlich Karriere zu machen. Diese Mitteilung löst bei seiner Frau Bestürzung und tiefste Verärgerung aus. Da ist er bereits jetzt beruflich so maßlos ausgelastet, dass er kaum mit anderen Aufgaben betraut werden kann, die ihr Entlastung bieten könnten; er kommt abends spät nach Hause, arbeitet dann häufig noch weiter und ist auch am Wochenende mit dem Studium von Akten und der Lektüre von Wirtschaftszeitungen beschäftigt, so dass er kaum Zeit für sie und die Kinder hat; Raum für gemeinsame Erfahrungen und Erlebnisse bleibt seit Jahren kaum. Und nun will er noch mehr erreichen, sich noch mehr aufladen, und dabei wird das dritte Kind schon genug an Mehrbelastungen mit sich bringen!

Was dieses Beispiel zeigt, sind hauptsächlich zwei Dinge: Zum einen die Tatsache, dass Stress im Alltag Auswirkungen auf die Partnerschaft hat (dadurch, dass die Partner weniger Zeit füreinander haben), und zweitens, dass unter Stress die Toleranz gegenüber der Entwicklung des anderen nachlässt, man weniger an ihr interessiert ist, sie weniger nachvollziehen kann, und dass häufig die Entwicklung der beiden Partner unterschiedlich verläuft und im schlimmsten Fall gegenseitig nicht mehr realisiert wird. In diesem Beispiel fehlt dem Mann jegliches Verständnis für die Situation seiner Frau und umgekehrt. Stress führt zu Egozentrik.

Natürlich ließe sich diese Geschichte auch anders erzählen, und zwar so, dass der Mann nur einen Vorwand sucht, um nicht zu Hause sein zu müssen, da sich die Liebe der beiden erschöpft hat und ihm andere Dinge im Leben wichtiger sind als seine Frau und seine Familie. Doch das stimmt nicht. Im Verlauf der Therapie stellt sich nämlich heraus, dass sich beide durchaus noch gern haben, sich eigentlich auch verstehen können, doch der Alltag schwemmt beide förmlich weg. Beide sind in ihrem Alltagstrott gefangen, kämpfen, jeder auf seine Weise, um die Bewältigung der Aufgaben, die sich ihnen stellen, und verlieren dabei die Perspektive des anderen aus den Augen; die Gesamtsicht verliert sich dann in der eigenen, engen Betrachtung zweier geforderter oder überforderter Individuen. Jeder hat dabei seine Gründe, so zu sein und zu reagieren, wie er es tut, und es wäre genügend Zeit und Raum vorhanden, um sich auszutauschen und einander mitzuteilen, wenn beide einsichtig wären und die Wünsche und Bedürfnisse des/der jeweils anderen nachvollziehen könnten. Doch die fordernde Situation erlaubt es beiden nicht, sich darauf einzulassen.

Diesen Teufelskreis finden wir bei unzähligen Paaren, und immer wieder stoßen wir auf partnerschaftliche oder familiäre Situationen, wo das Paar stressbedingt keinen Raum mehr findet und sich die Partner dadurch voneinander entfremden und die ursprünglich schöne und starke Liebe eines Paares auf der Strecke bleibt. Stress ist ein Grund, weshalb eine ursprünglich starke Liebe erblassen kann.

Stress spielt also, wie auch das Beispiel belegt, für das Verständnis des Niedergangs der Liebe eine große Rolle. Stress unterhöhlt, lange Zeit unbemerkt, die Partnerschaftsqualität durch verschiedene Prozesse, wie (a) Einschränkung der Zeit füreinander (womit Selbstöffnung, Nähe, Intimität und Gemeinsamkeiten abnehmen), (b) eine Verschlechterung der Kommunikation (durch Rückzug, höhere Negativität und Gereiztheit unter Stress), (c) eine Zunahme des Risikos für somatische und psychische Erkrankungen (und damit Ungleichheit zwischen den Partnern) und (d) durch eine stärkere Demaskierung der Partner (da unter Stress unangenehme Persönlichkeitsmerkmale schlechter verborgen werden können). Durch diese Prozesse kommt es zu einer zunehmenden Entfremdung zwischen den Partnern, einer Zunahme der Unzufriedenheit in der Partnerschaft und das Aufkeimen von Trennungs- und Scheidungsgedanken. Liegen nun in dieser Situation günstige Bedingungen für eine Scheidung vor (wenig scheidungserschwerende Bedingungen und viele scheidungserleichternde Bedingungen, z.B. keine Kinder und gute finanzielle Unabhängigkeit), so steigt die Wahrscheinlichkeit, dass eine Scheidung vollzogen wird (für eine detaillierte Darstellung des Stress-Scheidungs-Modells vgl. Bodenmann 2004). Für die Verhaltenstherapie bedeutet dieses Modell, dass davon ausgegangen wird, dass die Liebe eines Paares nicht einfach nach einer gewissen Zeit »evaporiert« und sich verflüchtigt, sondern dass sie durch den Stress im Alltag verschüttet wird, da die Partner der Beziehung zu wenig Beachtung schenken und sich auseinander entwickeln, ohne wechselseitig an der Entwicklung des anderen zu partizipieren. Ziel der Therapie ist es daher, diesen »Müll«, der die Liebe verschüttet hat, abzutragen und die Liebe, die noch immer irgendwo tief in den Herzen weiterlebt, wieder zu »reanimieren«.

Die Tatsache, dass Stress heute zu einem wichtigen potenziellen »Beziehungskiller« geworden ist, ist jedoch nur die eine Seite des Problems. Wichtiger jedoch ist der Umgang des Paares mit Stress, das so genannte *dyadische Coping*. Studien, die wir durchgeführt haben, haben gezeigt, dass der Therapieerfolg stärker vom dyadischen Umgang mit Stress abhängt als von den Kommunikationskompetenzen des Paares. Je besser Paare gemeinsam mit Stress umgehen, respektive sich gegenseitig in stressreichen Situationen angemessen unterstützen, desto besser ist der Partnerschaftsverlauf sowie die Qualität der Partnerschaft und desto geringer ist das Scheidungsrisiko des Paares (zum Überblick: Bodenmann 2000). Die partnerschaftliche Stressbewältigung führt dabei nicht nur zu einer Reduktion von Stress bei beiden Partnern, sondern sie erhöht nachweislich das »Wir-Gefühl« des Paares, die Intimität und das Vertrauen zueinander und bildet damit den Nährboden für eine wachsende oder sich neu entfaltende Liebe.

5. Verhaltenstherapeutische Interventionen zur Stärkung der Liebe

Wie aus den bisherigen Ausführungen deutlich wurde, konzentrieren sich die Interventionen der Verhaltenstherapie mit Paaren auf zwei der Dimensionen, wie sie von Sternberg (1986) in seiner triangulären Theorie der Liebe beschrieben wurden – nämlich auf die Verbindlichkeit und die Intimität –, während die dritte Dimension, Leidenschaft, weitgehend ausgeklammert bleibt, da dieser Aspekt von außen nur marginal beeinflusst werden kann. Die beiden ersten Dimensionen können jedoch mit dem Methodenrepertoire der modernen Verhaltenstherapie mit Paaren maßgeblich gefördert werden. Drei Ansatzpunkte sind dabei zu unterscheiden: (a) Methoden zur Förderung der Positivität, (b) Methoden zur Förderung dyadischer Kompetenzen und (c) Methoden zur Förderung von Intimität, Vertrauen und Liebe.

5.1 Methoden zur Förderung der Positivität

Zur Gruppe dieser Methoden gehören zum einen die bereits in den Anfängen der Verhaltenstherapie mit Paaren vorgeschlagenen *Techniken des Reziprozitätstrainings*, welche darauf abzielen, die wechselseitige Positivität des Paares im Alltag zu erhöhen, und zum anderen die *Methode der Beziehungsgeschichte*, wie sie von Gottman (1994) entwickelt wurde. Beide Interventionen werden vor allem zu Beginn der Therapie angeboten, um einerseits das Commitment der Partner zu fördern und andererseits eine tragfähige Basis für andere, weitreichendere und häufig schwierigere Veränderungen zu schaffen.

Das Reziprozitätstraining ist besonders dann indiziert, wenn sich bei dem Paar eine starke Negativdynamik zeigt und im Alltag negatives Verhalten (Kritik, Vorwürfe, Abwertungen etc.) deutlich häufiger auftritt als neutrales oder positives Verhalten. In vier Schritten versucht der Therapeut die Positivität des Paares im Alltag zu erhöhen. Zuerst werden beide Partner aufgefordert, sich zu überlegen, was sie im Alltag tun können, um dem Partner Freude zu bereiten (Umsetzen von positiven Verstärkern für den Partner). In einem zweiten Schritt werden diese Listen mit möglichen Verstärkern miteinander diskutiert, operationalisiert und konkretisiert, und im dritten Schritt werden beide Partner aufgefordert, im Alltag nun zu beobachten und zu bemerken, wenn der Partner etwas von diesen Freude bereitenden Aktivitäten umsetzt. Im vierten Schritt soll das Sich-gegenseitig-Verwöhnen spontan erfolgen. Obgleich die Methode etwas »technisch« wirken mag, hilft sie Paaren durch die strukturierte Vorgehensweise, aus der negativen Spirale auszubrechen und neue Elemente positiven Austausches in ihrem Verhalten im Alltag zu installieren; diese können Zellen für neue Begegnungen werden und bieten die Möglichkeit, sich emotional näher zu kommen und Formen eigener spontaner Positivität wieder aufzubauen.

Bei der Methode der Beziehungsgeschichte handelt es sich um ein Interview, welches der Therapeut zu Beginn der Therapie mit dem Paar durchführt. Es erfasst verschiedene Facetten der Beziehungsgeschichte (z.B. wie sich das Paar kennen gelernt hat, wie die Partner umeinander warben, die frühe Entwicklung der Paarbeziehung, die Entscheidung für die Heirat, die Erinnerungen an den Hochzeitstag), die Ehephilosophie (Annahmen des Paares, wie eine Partnerschaft funktioniert, Erwartungen der Partner an die Ehe usw.) der beiden Partner sowie schöne und schwierige Zeiten im Verlauf der Beziehung (Probleme, Krisen und erfüllende, schöne Phasen). Durch die halbstrukturierte Vorgabe der Fragen wird das Paar von der aktuellen Negativität weggeführt, erinnert sich an die schönen Zeiten in der Phase der Verliebtheit, an das, woran angeknüpft werden könnte und was es in der Therapie zu reaktivieren gilt. Die auf negative Aspekte eingeschränkte Sicht des unzufriedenen Paares wird dadurch aufgebrochen und eine neue Breite des Erfahrungsraums geschaffen. Dieser Einstieg fördert einerseits das therapeutische »Joining« und die Therapiemotivation des Paares. Zweitens stellt die Methode der Beziehungsgeschichte insofern eine erste therapeutische Intervention dar, als frühere Beziehungsressourcen aktiviert werden und das Paar wieder Visionen entwickeln kann, wie es an diese früheren schönen Erfahrungen anknüpfen kann.

Diese beiden Methoden haben im Hinblick auf die Arbeit an der Liebe eines Paares folgende Wirkung: sie erhöhen (a) das Bewusstsein des Paares für die beiderseitige Zuneigung und die gemeinsame Vergangenheit, in der die Liebe einmal eine Rolle gespielt hat (womit die Frage beim Paar aufkommt, weshalb diese Liebe nicht mehr besteht und was im Beziehungsalltag geändert werden könnte, um ihr wieder eine Chance geben zu können), und (b) die wechselseitige Positivität, womit gegenseitige Achtung, Respekt, aber auch Zuneigung und Sympathie (gemäß lerntheoretischen Annahmen) wiederhergestellt werden. Diese bilden ihrerseits die Grundlage für ein mögliches neues Aufkeimen von Liebe.

5.2 Methoden zur Förderung dyadischer Kompetenzen

Ein zentrales Element der Verhaltenstherapie mit Paaren stellen das Kommunikations- und das Problemlösetraining dar.

Ziel des *Kommunikationstrainings* ist das Überlernen von dysfunktionalem und problematischem Kommunikationsverhalten mit angemessenem Verhalten sowohl in der Rolle des Sprechers wie des Zuhörers. Sowohl die Sprecher- als auch die Zuhörerrolle erfordern eine Grundhaltung des Interesses am Partner, der gegenseitigen Wertschätzung, Akzeptanz und Echtheit, die Fokussierung auf relevante Inhalte (Gefühle, Ansichten, Wünsche, Bedürfnisse usw.), die Eingrenzung der Themen, über die gesprochen wird, und eine Förderung der Aufeinanderbezogenheit. Die aus diesen Gründen eingeführten Sprecher- und Zuhörer-Regeln bewirken eine Strukturierung des Gesprächssettings (genau definierte Rollen, vorgegebene Zeiten, eingegrenzte Themen).

Seitens des Sprechers werden der »Ich-Gebrauch« (persönliche, auf die eigene Person bezogene Äußerungen), die Eingrenzung des Themas unter Bezugnahme auf konkrete Situationen (Vermeidung von Pauschalisierungen und Verallgemeinerungen) und auf konkretes Verhalten, das einen beim Partner stört (Vermeidung von Charakter- und Persönlichkeitszuschreibungen), sowie die Selbstöffnung (emotionale Kommunikation, Mitteilung von Gefühlen, Bedürfnissen, Wünschen, Erwartungen usw.) trainiert. Seitens des Zuhörers werden das aktive, engagierte und interessierte Zuhören (z.B. physische Zugewandtheit, Blickkontakt), das Zusammenfassen wichtiger Äußerungen des Partners (Verstehen, was der Partner gesagt hat, und seine wichtigen Botschaften nachvollziehen), das offene, unvoreingenommene, interessierte Nachfragen (ohne Interpretationen und Versuche, den Partner durch die Fragen in die Enge zu treiben) sowie positive Rückmeldungen an den Partner eingeübt.

Durch das Kommunikationstraining werden neue, positive Erfahrungen in der Kommunikation ermöglicht, wodurch sich beide Partner ihre Meinungen, Wünsche und Gefühle wieder offen und konstruktiv mitzuteilen lernen. Damit wird eine Plattform für eine neue verständnisvollere Begegnung geschaffen. Die Strukturiertheit der Vorgehensweise und die Regeln ermöglichen es dem Paar, in einem geschützten Rahmen in der Therapie neue Kommunikationsfertigkeiten zu lernen; diese bilden die Grundlage zum Austausch über wichtige emotionale Inhalte und zentrale Aspekte der Partnerschaft und ermöglichen den Aufbau einer neuen, tragfähigen Kommunikationskultur in der Partnerschaft. Das Kommunikationstraining ist damit Mittel zum Zweck, da es dem Paar ein Rüstzeug an die Hand gibt, um konstruktiv seine wirklichen, tiefgründigen Probleme selbstverantwortlich diskutieren und lösen zu können. Durch die neue Art der Kommunikation, wodurch Verletzungen verhindert und emotionale Begegnungen ermöglicht werden, wird die Grundlage für neue gegenseitige Faszination und Liebe gelegt.

Das *Problemlösetraining*, bei dem in einem strukturierten mehrstufigen Vorgehen Alltagsprobleme gelöst werden, bildet ein weiteres Kernelement der Verhaltenstherapie mit Paaren. Die einzelnen Schritte des Trainings – (1) Problembeschreibung; (2) kreative Lösungssuche; (3) Auswahl der besten Lösungsmöglichkeit; (4) genaue und sorgfältige Operationalisierung und Planung der Umsetzung dieser Möglichkeit; (5) effektive Durchführung der gefundenen Problemlösung im Alltag; (6) Evaluation des Erfolgs der gewählten Problemlösung und Selbstverstärkung – werden im Rollenspiel mit dem Paar eingeübt (vgl. Schindler et al. 1998). Das Problemlösetraining fördert durch seine Strukturiertheit und den schrittweisen Aufbau die Verbindlichkeit bei der Suche nach tragfähigen, gemeinsamen Lösungen und führt dadurch zu einer Stärkung des »Wir-Gefühls« und zum Aufbau eines Kompetenzgefühls des Paares. Für die Liebe ist das Training insofern wichtig, als es dem Paar ermöglicht, besser mit Alltagsanforderungen und -problemen umzugehen und damit Zeit für sich zu gewinnen. Diese gewonnenen Freiräume und die Entlastung durch eine effiziente Problemlösung bilden eine wichtige Voraussetzung für das Paar, um einander persönlich begegnen und sich austauschen zu können.

5.3 Methoden zur Förderung von Intimität, Vertrauen und Liebe

Aufbauend auf den oben dargestellten Methoden, findet erst die eigentliche wichtige Arbeit an den Problemen des Paares statt. Erst wenn die Partner sich wieder einigermaßen neutral oder im besten Fall wieder positiv begegnen können, wechselseitiger Respekt und gegenseitige Achtung und Wertschätzung aufgebaut sind, wird in der Verhaltenstherapie an den zentralen Themen gearbeitet. Es wird davon ausgegangen, dass zuerst eine gewisse Grundpositivität und Kommunikationskultur etabliert sein muss, bevor die wirklichen Probleme des Paares bearbeitet werden können. Dies geschieht nun in dieser Phase mit zwei Interventionselementen: (a) der 3-Phasen-Methode zur Erhöhung des gegenseitigen Verständnisses und der wechselseitigen Unterstützung und (b) der Akzeptierungsarbeit zur Erhöhung der gegenseitigen Achtung und Akzeptanz. Beide Methoden zielen darauf ab, die zentralen Differenzen der Partner zu bearbeiten, beide einander näher zu bringen und das Verständnis für die Andersartigkeit des anderen und sein Wesen zu erhöhen.

Während bei der *Akzeptierungsarbeit* (Jacobson & Christensen 1996) das Akzeptieren der Unterschiedlichkeit beider Partner und das Finden von Kompromissen, um mit dieser Unterschiedlichkeit umgehen zu können, im Vordergrund steht, bietet die *3-Phasen-Methode* dem Paar die Möglichkeit, einander gegenseitig besser kennen zu lernen, tiefer liegende Persönlichkeitsmerkmale zu bearbeiten und wechselseitigen Respekt, Achtung und Wertschätzung aufzubauen.[1] Die Methode führt zu sehr intensiven Erfahrungen von gegenseitigem Vertrauen, Intimität und Verbundenheit und erhöht in hohem Ausmaß die Bindung beider Partner. Sie stellt ein erprobtes Mittel dar, um die Partner einander näher zu bringen, Brücken zwischen ihnen zu schlagen und eine neue Einheit zu formen.

Obgleich auch diese Methode nicht Liebe erzeugen kann, so kann sie doch die Partner emotional einander näher bringen. Die tiefe Erfahrung im Rahmen der 3-Phasen-Methode führt bei den meisten Paaren zu einem intensiven emotionalen Erleben von Verbundenheit, Verständnis und einem Gefühl der Zweisamkeit, so dass angenommen werden kann, dass damit auch Gefühle von Zuneigung und Liebe reaktiviert werden können. Innerhalb des Methodenrepertoires der Verhaltenstherapie mit Paaren gehört diese Intervention – zusammen mit kognitiven Interventionen, die direkt bei der Bearbeitung des Konstrukts Liebe und den Erwartungen des Paares an diese im Rahmen der Paarbeziehung ansetzen können – zu den wohl wichtigsten zur Förderung von Liebe. Dies zum einen, weil es sich um eine genuin emotionsbezogene Intervention handelt, zum anderen aber auch, weil die 3-Phasen-Methode eine Intimität erzeugt, die mit keiner anderen Methode innerhalb der Verhaltenstherapie mit Paaren geschaffen werden kann.

6. Diskussion

Wie in diesem Beitrag aufgezeigt wurde, hat sich die Verhaltenstherapie mit Paaren lange Zeit nicht um das Thema »Liebe« gekümmert, ging jedoch immer davon aus, dass Liebe im Spiel ist und indirekt durch eine Verbesserung von Partnerschaftskompetenzen gefördert werden kann. Diesem Verständnis ist die Verhaltenstherapie auch heute noch verpflichtet, da Liebe empirisch nicht fassbar ist und daher auch nur indirekt Gegenstand der Therapie sein kann, welche sich explizit darauf beruft, wissenschaftlich fundierte Erkenntnisse als Basis des Arbeitens zu nehmen.

Ausgehend von der Annahme, dass Liebe zwar existiert, dass jedoch weder nachgewiesen werden kann, was Liebe genau für einen Gefühlszustand darstellt und wie dieser entstehen kann, noch verständlich ist, wohin die Liebe in einer Partnerschaft nach einiger Zeit »entweicht«, wird propagiert, dass nicht direkt an der Liebe gearbeitet werden kann, sondern dass günstige Bedingungen in der Partnerschaft geschaffen werden müssen, welche das Aufkeimen der Liebe wieder ermöglichen und dieses metaphysische Gefühl wieder reaktivieren. Entsprechend werden Methoden verwendet, welche die Positivität und gegenseitige Achtung und Wertschätzung erhöhen, die Kommunikation und Problemlösung verbessern sowie Intimität und Nähe fördern. Dadurch wird indirekt auch ein Nährboden für die Liebe geschaffen.

Dieser Ansatz ist der Tatsache analog, dass wir nicht wissen, woher das Leben kommt, wie es entstanden ist und warum wir leben, und dass wir dennoch Bedingungen schaffen können, die das Leben angenehmer und lebenswerter machen. Gelingt es in der Therapie, dem Paar Kompetenzen zu vermitteln, mit denen es lernt, einander respektvoll und konstruktiv – ohne Verletzungen – zu begegnen und wichtige Themen zu bearbeiten, dann wird damit eine Voraussetzung für Liebe geschaffen. Denn auch wenn wir nicht wissen, wie Liebe entsteht (Ätiologiewissen), so wissen wir heute doch, wie sie zerstört werden kann (Performanzwissen) und wie sie gepflegt werden kann (Wissen zur Aufrechterhaltung). Gemäß dem Leitsatz »Ohne Pflege keine längerfristige Liebe« versucht die Verhaltenstherapie hier anzusetzen.

Anmerkung

1 Bei der 3-Phasen-Methode handelt es sich um eine strukturierte Paarübung, bei welcher der Sprecher in der ersten Phase während 30 Minuten mittels Trichtermethode herausarbeitet, weshalb ihn ein bestimmtes (paarexternes) Ereignis dermaßen belastet und worin die Gründe für seinen Stress liegen könnten. In dieser Phase hört der Zuhörer aktiv zu, fasst wichtige Inhalte zusammen und versucht mit offenen Fragen die emotionale Stressexploration beim Partner zu fördern. In der zweiten Phase gibt der zuhörende Partner Unterstützung und versucht, dem Partner bei der Verarbeitung des Stressereignisses zu helfen. In der dritten Phase meldet der Sprecher zurück, wie zufrieden er mit der Unterstützung war, wie wirksam er sie erlebt hat und was er sich zusätzlich an Unterstützung gewünscht hätte. Danach erfolgt ein Rollenwechsel und der Zuhörer wird zum Sprecher und *vice versa*. – Eine detaillierte Beschreibung der Methode bei Bodenmann 2004.

Literatur

Albrecht, S. L. & Kunz, P. R. (1980): The decision to divorce: A social exchange perspective. *Journal of Divorce 3*, S. 319–337.

Asendorpf, J. & Banse, R. (2000): *Psychologie der Beziehung*. Bern: Huber.

Averill, J. R. (1985): The social construction of emotion: With special reference to love. In: Gergen, K. J. & Davies, K. E. (Hrsg.): *The Social Construction of the Person*. New York: Springer, S. 89–110.

Baumeister, R. F., Wotman, S. R. & Stillwell, A. M. (1993): Unrequited love: On heartbreak, anger, guilt, scriptlessness, and humiliation. *Journal of Personality and Social Psychology* 64, S. 377–394.

Berscheid, E., & Reis, H. T. (1998): Attraction and close relationships. In: Gilbert, D. R., Fisk, S. T. & Lindey, G. (Hrsg.): *The Handbook of Social Psychology*. Bd. 2. New York: McGraw-Hill (4. Aufl.), S. 196–281.

Bierhoff, H. W., Grau, I. & Ludwig, S. (1993): *Marburger Einstellungsinventar für Liebesstile*. Göttingen: Hogrefe.

Bodenmann, G. (2000): *Stress und Coping bei Paaren*. Göttingen: Hogrefe.

– (2001): Risikofaktoren für Scheidung: Ein Überblick. *Psychologische Rundschau* 52, S. 85–95.

– (2002): *Beziehungskrisen: Erkennen, verstehen, bewältigen*. Bern: Huber.

– (2003): Welche Bedeutung haben Partnerschaft und Liebe für Jugendliche heute? Eine deskriptive Untersuchung. *Zeitschrift für Familienforschung* 15, S. 91–104.

– (2004): *Verhaltenstherapie mit Paaren. Ein modernes Handbuch für die psychologische Beratung und Behandlung*. Bern: Huber.

–, Gottman, J. M. & Backman, H. (1997): A Swiss replication of Gottman's couple typology. *Swiss Journal of Psychology* 56, S. 205–216.

–, Perrez, M., Schär, M. & Trepp, A. (2004): *Klassische Lerntheorien und ihre Anwendungen in Erziehung und Psychotherapie*. Bern: Huber.

Bramlett, M. D., & Mosher, W. D. (2002): Cohabitation, Marriage, Divorce, and Remarriage in the United States. National Center for Health Statistics. *Vital Health Statistics* 23 (22).

Burkart, G. & Kohli, M. (1992): *Liebe, Ehe, Elternschaft. Die Zukunft der Familie*. München: Piper.

Campbell, A., Converse, P. E. & Rodgers, W. L. (1976): *The quality of American life: Perceptions, evaluations, and satisfactions*. New York: Russell Sage Foundation.

Clark, M. S. & Reis, H. T. (1988): Interpersonal processes in close relationships. *Annual Review of Psychology* 39, S. 609–672.

Cohan, C. L., & Bradbury, T. N. (1997): Negative life events, marital interaction, and the longitudinal course of newlywed marriage. *Journal of Personality and Social Psychology* 73, S. 224–128.

Dion, K. L. & Dion, K. K. (1988): Romantic love: Individual and cultural perspectives. In: Sternberg, R. J. & Barnes, M. L. (Hrsg.): *The Psychology of Love*. New Haven: Yale University Press, S. 264–289.

Eidelson, R. J. & Epstein, N. (1982): Cognition and relationship adjustment: Development of a measure of dysfunctional beliefs. *Journal of Consulting and Clinical Psychology* 50, S. 715–720.

Eurostat (2001): *Annuaire Eurostat 2001. De A comme agriculture à Z comme zone euro. L'Europe des années 1990 vue à travers les chiffres.* Office statistique des Communautés européennes, No. 64, Luxembourg.

Fehr, B. (1994): Prototype-based assessment of laypeople's view of love. *Personal Relationships* 1, S. 309–331.

Fincham, F. D. & Bradbury, T. N. (1990): *The Psychology of Marriage. Basic Issues and Applications.* New York: Guilford.

Gottman, J. M. (1993): The roles of conflict engagement, escalation, and avoidance in marital interaction: A longitudinal view of five types of couples. *Journal of Consulting and Clinical Psychology* 61, S. 6–15.

– (1994): *What predicts divorce?* Hillsdale, NJ: Erlbaum.

Gurman, A. S. & Kniskern, D. P. (Hrsg.) (1991): *Handbook of Family Therapy.* 2 Bde. New York: Brunner & Mazel.

Halford, W. K. & Markman, H. J. (1997): *Clinical Handbook of Marriage and Couples Intervention.* New York: John Wiley & Sons.

Hatfield, E. & Sprecher, S. (1986): Measuring passionate love in intimate relationships. *Journal of Adolescence* 9, S. 383–410.

Hendrick, C., Hendrick, S. S. & Dicke, A. (1998): The love attribute scale: Short form. *Journal of Social and Personal Relationships* 15, S. 147–159.

Hendrick, S. S. & Hendrick, C. (2002): Linking romantic love with sex: Development of the perceptions of love and sex scale. *Journal of Social and Personal Relationships* 19, S. 361–378.

Holman, T. B. & Jarvis, M. O. (2003): Hostile, volatile, avoiding, and validating couple-conflict types: An investigation of Gottman's couple-conflict types. *Personal Relationships* 10, S. 267–282.

Jacobson, N. S. & Christensen, A. (1996): *Integrative Behavioral Couple Therapy.* New York: Norton.

– & Gurman, A. S. (Hrsg.) (1986): *Clinical Handbook of Couple Therapy.* New York: The Guilford Press.

– & Margolin, G. (1979): *Marital Therapy: Strategies Based on Social Learning and Behavior Exchange Principles.* New York: Brunner & Mazel.

Jankowiak, W. R. & Fischer, E. F. (1992): A cross-cultural perspective on romantic love. *Ethnology* 31, S. 149–155.

Karney, B. R. & Bradbury, T. N. (1995): The longitudinal course of marital quality and stability: A review of theory, method, and research. *Psychological Bulletin* 118, S. 3–34.

Köcher, R. (1993): Lebenszentrum Familie. In: Bundesministerium für Familie und Senioren (Hrsg.): *40 Jahre Familienpolitik in der Bundesrepublik Deutschland.* Neuwied: Luchterhand Verlag, S. 37–51.

Lamm, H., Wiesmann, U. & Keller, K. (1998): Subjective determinants of attraction: Self-perceived causes of the rise and decline of liking, love, and being in love. *Personal Relations* 5, S. 91–104.

Lee, J. A. (1976): *The Colors of Love*. Englewood Cliffs; NJ: Prentice-Hall.

Levinger, G. (1976): A social psychological perspective on marital dissolution. *Journal of Social Issues* 32, S. 21–47.

Liebowitz, M. R. (1983): *The Chemistry of Love*. Boston: Little, Brown & Co.

Margraf, J. (2000) (Hrsg.): *Lehrbuch der Verhaltenstherapie*. Berlin: Springer.

Mees, U. & Schmitt, A. (1997): Liebe, Sexualität und Eifersucht. In: Kaiser, P. (Hrsg.): *Partnerschaft und Paartherapie*. Göttingen: Hogrefe, S. 53–74.

Neff, L. A. & Karney, B. R. (2004): How does context affect intimate relationships? Linking external stress and cognitive processes within marriage. *Personality and Social Psychology Bulletin* 30, S. 134–148.

Patterson, G. R. (1982): *Coercive Family Process*. Eugene: Castalia Publishing.

Perrez, M. & Bodenmann, G. (1997): Ist ätiologisches Wissen unverzichtbar für die Therapie? *Verhaltenstherapie und Verhaltensmedizin* 18, S. 221–227.

Riehl-Emde, A. (2003): *Liebe im Fokus der Paartherapie*. Stuttgart: Klett-Cotta.

Rusbult, C. E. & Arriaga, X. B. (1997): Interdependence theory. In: Duck, S. (Hrsg.): *Handbook of Personal Relationships*. New York: Wiley (2. Aufl.), S. 221–250.

– & Buunk, A. P. (1993): Commitment processes in close relationships: An interdependence analysis. *Journal of Social and Personal Relationships* 10, S. 172–186.

Sayers, S. L., Kohn, C. S. & Heavey, C. (1998): Prevention of marital dysfunction: Behavioral approaches and beyond. *Clinical Psychology Review* 18, S. 713–744.

Schindler, L., Hahlweg, K. & Revenstorf, D. (1998): *Partnerschaftsprobleme: Diagnose und Therapie*. Berlin: Springer (2., aktualisierte, vollständig überarb. Aufl.).

Schröder, B., Hahlweg, K., Hank, G. & Klann, N. (1994): Sexuelle Unzufriedenheit und Qualität der Partnerschaft (befriedigende Partnerschaft gleich gute Partnerschaft?). *Zeitschrift für Klinische Psychologie* 23, S. 178–187.

Skinner, B. F. (1973): *Wissenschaft und menschliches Verhalten*. München: Kindler.

Sternberg, R. J. (1986): A triangular theory of love. *Psychological Review* 93, S. 119–135.

Thibaut, J. W. & Kelley, H. H. (1959): *The social psychology of groups*. New York: Wiley.

Walster, E., Utne, M. K. & Traupman, J. (1977): Equity-Theorie und intime Sozialbeziehungen. In: Mikula, G. & Ströbe, W. (Hrsg.): *Sympathie, Freundschaft und Ehe*. Bern: Huber, S. 193–220.

Weiss, R. L. & Heyman, R. E. (1997): A clinical overview of couples interactions. In: Halford, W. K. & Markman, H. J. (Hrsg.): *Clinical Handbook of Marriage and Couples Interventions*. Chichester: Wiley, S. 13–41.

Williams, L. M. (1995): Association of stressful life events and marital quality. *Psychological Reports* 76, S. 1115–1122.

Wirsching, M. & Scheib, P. (Hrsg.) (2002): *Lehrbuch der Paar- und Familientherapie*. Berlin: Springer.

Ulrich Clement: Erotische Entwicklung in langjährigen Partnerschaften

> *Die Häufigkeit sexueller Interaktionen nimmt im Laufe der ersten Jahre ab und pendelt sich auf einem niedrigeren Niveau ein. Das braucht an sich noch kein Problem zu sein, wenn andere Qualitäten das Nachlassen sexueller Aktivitäten kompensieren. Wenn dieses Nachlassen aber zum Problem wird, geht es oft um den Bestand der Beziehung. Es droht eine sexuelle Außenbeziehung oder die Trennung der Partner. Sexuelle Lustlosigkeit entwickelt sich vor allem, wenn die sexuelle Selbstverwirklichung der Aufrechterhaltung der Beziehung geopfert wird. Meist hat dann der eine Partner keine Lust, während der andere auf sexuelle Beziehungen drängt. Es handelt sich dabei um eine kollusiv ausgetragene Ambivalenz, die auf einem gemeinsamen Grundkonflikt beruht, nämlich der Schwierigkeit, die existenzielle Getrenntheit und Verschiedenheit der Partner zu ertragen. Die Klienten werden dementsprechend in der Therapie angeregt, zu sich selbst als sexuell fühlende, begehrende und handelnde Wesen zu stehen. Ulrich Clement schlägt verschiedene therapeutische Interventionen vor, um die sexuelle Authentizität zu fördern. Er beschreibt Fallen zur Verhinderung erotischer Entwicklung, die sich an Sollvorstellungen orientieren, wie Sex zu sein habe. Die Therapie unterstützt die Partner in der Entwicklung einer eigenen erotischen Kultur.*

1. Sexuelle Lustlosigkeit: Was macht einen Sachverhalt zum Problem?

»Das ist doch wie bei der Schwerkraft. Der Normalfall ist: es geht runter. Wenn du nicht viel dagegen tust. Aber man kann doch nicht ständig gegen die Schwerkraft arbeiten. Oder?« – Das war der Kommentar einer Bekannten, mit der ich über das sexualtherapeutische Dauerthema des nachlassenden sexuellen Interesses in langjährigen Partnerschaften sprach.

Ich möchte diese Metapher der Schwerkraft als Ausgangspunkt nehmen, um zu überlegen, ob wir es hier tatsächlich mit einem Prozess zu tun haben, der einer Eigengesetzlichkeit folgt und ohne aktives Zutun der Beteiligten »von selbst« abläuft. So gesehen wären die Partner die Statisten unter der Regie einer Kraft, die sie bestenfalls mit ein paar peripheren Nuancen individuell ausgestalten könnten, der sie im Wesentlichen aber machtlos ausgesetzt wären.

Die Schwerkraft-Metapher schließt an eine allgemeine kulturelle Vorstellung an, der zufolge die Erotik in langjährigen Beziehungen die Tendenz hat, kontinuierlich abzunehmen, bis sie schließlich versiegt. Empirisch belegt ist dieser Verlauf – gemessen an der Häufigkeit des sexuellen Verkehrs – in dieser einfachen Form freilich nicht. Schmidt, Matthiesen und Meyerhof (2004) haben gezeigt, dass wir es eher mit einem biphasischen Verlauf zu tun haben. Demnach endet der Verlauf nicht irgendwann beim Nullpunkt; vielmehr nimmt die Häufigkeit des Verkehrs in den ersten Jahren ab und pendelt sich dann auf einem niedrigen Plateau ein. Nun muss ein solcher Verlauf kein Problem sein. Erst recht nicht, wenn andere Qualitäten hinzukommen und das Nachlassen der sexuellen Aktivität kompensieren. »Das Prickeln nimmt ab, dafür wächst die Vertrautheit« – das ist die Gewinn-Verlust-Bilanz von Partnern, die mit dem erotischen Verlauf ihrer Beziehung im Reinen sind und die sich in einem Zustand befinden, den man *sexuelle Zufriedenheit* nennen kann.

Als Therapeuten beschäftigt uns diese Frage dann, wenn aus der nachlassenden erotischen Spannung ein Leidensdruck erwächst, wenn die Paare also lediglich den Verlust erleben und nicht spannungsfrei damit versöhnt sind. Dabei haben wir es nicht mit einem »Luxusproblem« zu tun, mit dem die Paare zur Not auch ohne große Schwierigkeiten weiterleben können. Im Gegenteil: Meist hängt der Fortbestand der Beziehung davon ab, ob die Partner verlorene erotische Präsenz wieder aktivieren können. Bei der Therapie sexueller Lustlosigkeit arbeiten wir also nicht an der Peripherie, sondern im Zentrum der Paarbeziehung. Wie sehr es dabei um deren Substanz geht, lässt sich an der Frage nach der Konsequenz der Nichtveränderung erkennen: »Angenommen, die Therapie ist erfolglos und an Ihrer sexuellen Beziehung ändert sich nichts – was folgt für Sie daraus? Was tun Sie, was tut Ihr Partner dann?« Nur in den wenigsten Fällen sind sich die Partner darin einig, dass die Stagnation folgenlos bliebe. Und die Folgen haben für die Beziehung existenzielle Qualität. Im Wesentlichen sind es drei Optionen, die dann auf dem Verhandlungstisch liegen: Trennung, Außenbeziehung, innere Kündigung.

John Gottman (2000) hat bei Paarproblemen die interessante Unterscheidung zwischen lösbaren und ewigen Problemen eingeführt. Lösbare Probleme – so seine einfache Formel – soll man lösen. Mit ewigen Problemen muß man zu leben lernen. Viele Paarkonflikte resultieren seiner Ansicht nach aus der Verwechslung des einen mit dem andern. Ihm zufolge wären viele quälende Paarkonflikte aus der Welt, wenn die Paare nicht versuchten, ewige Probleme für lösbare zu halten, und sich mit aussichtslosen Lösungsversuchen herumschlügen.

Mit welchem Problemtyp haben wir es hier zu tun? *Ewig* hieße: die erotische Abwärts-Entwicklung ist unvermeidbar, ein »Naturgesetz« von Paarbeziehungen, in das man sich irgendwie fügen muß. *Lösbar* hieße, dass die erotische Entwicklung gestaltbar ist, dass es Auswege aus den Fallen der sexuellen Stagnation gibt.

Interessanterweise beschreiben die Paare ihr Problem meist in quantitativen Begriffen, über Häufigkeit oder Intensität. Dahinter verbirgt sich die qualitative Frage nach Bedeutungen und Motiven. Nicht die Tatsache der abnehmenden sexuellen Aktivität und des geringeren sexuellen Interesses erzeugt den Leidensdruck, sondern die Bedeutungen, die dieser Entwicklung gegeben werden. In dem kritischen Prozess, der in einer erotischen Entwicklung nicht mit Spaß und guter Laune erlebt, sondern erlitten wird, entsteht der Konflikt zwischen zwei Bedeutungen der partnerschaftlichen Sexualität.

2. Bedeutungen des ehelichen Verkehrs: Kontinuitäts-Ritual und Selbstrealisierung

Einer These des französischen Soziologen Michel Bozon (1988) zufolge geht es beim partnerschaftlichen Geschlechtsverkehr nicht um sexuelle Triebbefriedigung. Vielmehr sieht er den Verkehr in einer festen Partnerschaft oder Ehe als *Kontinuitäts-Ritual*. Er ist danach eine bedeutungsaufgeladene Handlung, in der die Partner ausdrücken: Es ist gut so, es geht weiter so, wir sind ein Paar, wir gehören zusammen. Geht man von dieser Bedeutung aus, wird sie durch eine abnehmende Frequenz infrage gestellt. Der Leidensdruck resultiert also aus der Frage: Gilt es noch? Geht es mit uns weiter? Liebst du mich noch?

Das Kontinuitäts-Ritual betont die *Gleichheit* der Partner in Bezug auf ihre emotionale Investition: Wir lieben uns gleichermaßen, gleich stark, es gibt kein Zuneigungs-Gefälle in dem Sinne, dass der eine den andern mehr liebt als umgekehrt. Denn wäre das so, müsste der, der mehr liebt und sich weniger geliebt fühlt, immer Angst um die Kontinuität haben, die einseitig vom andern gewährt wird. Der sexuelle Vollzug dient als Beweis, dass zwischen den Partnern kein Gefälle besteht. Deshalb ist es eben kein erfolgreich vollzogenes Kontinuitäts-Ritual, wenn einer dem Partner zuliebe mitmacht und ihm lediglich die Gnade des ehelichen Geschlechtsverkehrs erweist.

Der sexuelle Verkehr ist, zweitens, für die Akteure ein Interaktionsfeld der *Selbstrealisierung als Mann/Frau*. Im Sex zeigt ein Mann sein sexuelles Profil, zeigt also, dass und wie er Mann ist, wie er seine Leidenschaft, seine Körperlichkeit kommuniziert und sich auf eine Partnerin einstellt (Entsprechendes gilt umgekehrt für die Frau). Auch hier haben wir es nicht einfach mit Triebbefriedigung zu tun, sondern ebenfalls mit Kommunikation. Auf diesem Feld lauert ein anderer Aspekt des Leidensdrucks, der aus der abnehmenden oder versiegenden sexuellen Aktivität resultiert: Ich kann mich als der Mann, der ich bin (bzw. als die Frau, die ich bin), nicht realisieren.

Die Selbstrealisierung der Partner betont den *Unterschied* der Partner. Gemeint ist einmal der Unterschied zwischen Mann und Frau, darüber hinaus der Unterschied zwischen zwei individuellen sexuellen Profilen: Zwei Partner sind in ihren Wünschen, Erfahrungen, Abneigungen, Leidenschaften ebenso unterschiedlich wie in ihrem Gesicht. Das macht sie als sexuelle Wesen individuell und unverwechselbar. Diese Unterschiede sind nicht affektneutral; sie können Angst machen, dem Partner nicht zu entsprechen, vom ihm verlassen zu werden, ihm nicht zu genügen. Partnerschaften variieren in ihrer Differenzierung, also im Ausmaß, in dem diese Unterschiede kommuniziert und akzeptiert sind, sehr stark. Abhängig davon werden die ängstigenden Unterschiede (also bestimmte Vorlieben, Erfahrungen mit andern, Fantasien usw.) mehr oder weniger aus der partnerschaftlichen Kommunikation ausgeschlossen, ex-kommuniziert (Clement 2004). – Die Kunst besteht darin, die Gleichheit in der emotionalen Bindung und den Unterschied der sexuellen Profile auszubalancieren. Das kann zu Konflikten führen, deren Konstellation Tabelle 1 darstellt:

Tabelle 1: Kontinuitäts-Ritual und Selbstrealisierung

	Kontinuitäts-Ritual **wird ausgedrückt**	Kontinuitäts-Ritual **wird nicht ausgedrückt**
Selbstrealisierung: **möglich**	A Sexuelle Befriedigung	B Trennung der Partner oder Außenbeziehung
Selbstrealisierung: **nicht möglich**	C Sexuelle Luststörung	D Innere Kündigung; bedeutungslose Beziehung

Im Quadranten A (links oben) steht die sexuell befriedigte, stabile Beziehung, die es den Partnern sowohl erlaubt, die Kontinuität der Beziehung und die Gleichheit der Partner in Bezug auf ihre emotionale Investition auszudrücken, als auch, sich selbst als Mann/Frau sexuell zu realisieren. Diagonal gegenüber (D, rechts unten) befindet sich die Konstellation einer Beziehung, die bedeutungslos geworden ist. B (rechts oben) beschreibt die Konfliktlösung zugunsten der sexuellen Selbstrealisierung. Diese Lösung läuft entweder auf eine Trennung der Partner oder auf Außenbeziehungen hinaus.

Der für unsere Frage interessante Quadrant ist C (links unten). Er zeigt die Konfliktkonstellation in dem Fall, mit dem wir therapeutisch zu tun haben: Hier wird der Unterschied der Gleichheit geopfert oder, anders ausgedrückt, auf sexuelle Selbstrealisierung zugunsten der Beziehung verzichtet. Das ist der Grundkonflikt fast aller Störungen des sexuellen Begehrens.

Auf diese Konstellation will ich näher eingehen; dafür muß ich die beiden Begriffe näher erläutern. Wie kann man sich im Fall sexuell unglücklicher Paare das *Kontinuitäts-Ritual* vorstellen? Und: Was heißt in diesem Fall *Selbstrealisierung*?

Bei Paaren, die über sexuelle Luststörungen klagen, hat man auf den ersten Blick den Eindruck, sie kommunizierten ihre Differenz: Ein Partner verweigert sich und erlebt keine Lust, der andere fühlt sich »ausgebremst« und drängt auf Sex. In der Tat ist der Unterschied des sexuellen Interesses der beiden Partner ihr manifester Hauptstreitpunkt. Dieser Streit thematisiert auf der Verhaltensebene Differenz, in der Intention zielt er aber auf Gleichheit: Beide Partner sind zwar in eine Auseinandersetzung mit Vorwürfen, Rechtfertigungen und Gegenvorwürfen verstrickt; getragen ist der Streit aber von der entscheidenden Hoffnung auf Minimierung der Differenz: Wenn einer nachgibt, sind wir uns einig. Diese Hoffnung auf Gleichheit der Wünsche und Gefühle ist genährt von der Sehnsucht nach Einigkeit, auch wenn er von Ärger, Enttäuschung und Groll überlagert ist. Jürg Willi (1977) hat in seinem Kollusionskonzept die Konfliktdynamik herausgearbeitet, die solchen Eskalationen zugrunde liegt: Die Partner haben den gleichen ungelösten Grundkonflikt und delegieren eine Seite ihrer Ambivalenz an den Partner, wo sie sie dann bekämpfen. Die Positionen, die polarisiert erscheinen, stammen aus derselben Quelle. Was im manifesten Verhalten gegensätzlich aussieht, ist auf der Ebene der unbewußten Bindungsmotive ähnlich.

Viele der Auseinandersetzungen um sexuelle Lust und Lustlosigkeit folgen der kollusiven Dynamik. So könnte man sagen, dass sowohl das vorwurfsvolle Einfordern von Veränderung als auch die Verteidigung dagegen aus einer ähnlichen individuellen Konfliktdynamik der Partner resultiert, nämlich der Schwierigkeit, die existenzielle Differenz und Getrenntheit des Partners zu ertragen. Der vordergründige Streit verdeckt die sehr viel mehr ängstigende Differenz der sexuellen Profile.

Der Streit um die erhoffte Gleichheit der Wünsche hat seinerseits Merkmale eines Kontinuitäts-Rituals: Die Partner bewegen sich im immer gleichen Vorwurfs-Verteidigungs-Zirkel und erkennen sich darin selbst wieder. Es ist die Paradoxie dieser Streitigkeiten: Sie thematisieren zwar ständig Veränderung, führen aber im Ergebnis zur Nichtveränderung, zur Stagnation. Die romantische Gleichheit wird in der Vergangenheit gesucht (in der frühen Zeit des verliebten Beginns) oder in der Zukunft (nachdem sich der Partner wunschgemäß geändert hat).

Die Vorstellung, der andere müsse sich ändern, kann ebenso konfliktvermeidend sein wie die, man müsse sich selbst ändern. Im therapeutischen Prozess kann die Fokussierung auf die Gegenwart viel stärker konfrontierend wirken als die Aufarbeitung der Vergangenheit und der Blick in die Zukunft. Das ist auch die Stärke der Intervention des Idealen Sexuellen Szenarios (ISS), wie ich sie entwickelt habe (Clement 2004): Die beiden Partner werden aufgefordert, bis zur nächsten Sitzung unabhängig und ungesehen vom Partner ihre ideale, also befriedigendste, erregendste und für sie stimmigste, sexuelle Begegnung aufzuschreiben: »Schreiben Sie auf, was Sie mit wem wo wie genau tun.« Die therapeutische Auswertung besteht nicht in einer einfachen Offenlegung, sondern in einem subtilen Verhandlungsprozess, in dem abgewogen wird, was das erwartete Risiko und was der mögliche Gewinn der Offenlegung sein kann. Das ISS fokussiert radikal auf die Gegenwart. Es ist nicht darauf angelegt zu analysieren, worauf die ideale Szene biographisch zurückzuführen ist, und auch nicht darauf, was die befragten Klienten ändern wollen. Es hat nicht Veränderung im Blick, sondern fordert den Klienten dazu auf, Farbe zu bekennen, wer er bereits ist. Präsenz im Präsens.

Damit sind wir bei der *Selbstrealisierung*. Sie meint das Ausmaß, in dem das individuelle sexuelle Profil einer Person (Clement 2004) einem Partner gegenüber kommuniziert und – je nach Verhandlung mit dem Partner – in Handlung umgesetzt wird. Das ist durchaus mit emotionalen Risiken verbunden, da die Reaktion des Partners auf die eigene Selbstrealisierung nicht immer vorhersehbar ist. Ingeborg Bachmann hat mit ihrem schönen Wort von der »Tapferkeit vor dem Freund« ausgedrückt, worauf es bei der Selbstrealisierung ankommt: auf die Bereitschaft, auch eine geängstigte oder verärgerte Reaktion des Partners in Kauf zu nehmen. Schnarch (1997) hat mit seinem Konzept von Intimität eine ähnliche Idee im Sinn, wenn er definiert, Intimität sei »offene Selbstkonfrontation in Gegenwart des Partners«.

Sexuelle Selbstrealisierung orientiert sich an einer Haltung der *sexuellen Authentizität*. Im Gegensatz zu den veränderungs- und damit zukunftsorientierten Auseinandersetzungen in partnerschaftlichen Streitigkeiten bezieht sich sexuelle Authentizität auf die Gegenwart, also darauf, wer ich als sexuell fühlendes, begehrendes, handelndes Wesen bin, was mich ausmacht. Die sexuelle Authentizität ist das zentrale Therapieziel bei sexuellen Luststörungen: die Bejahung meines als stimmig und zu mir gehörigen sexuellen Profils.

Der Weg dorthin geht über Ambivalenzen. Das Dilemma der Partner, die über sexuelle Störungen klagen, besteht darin, dass sowohl die Nichtveränderung wie die Veränderung einen Preis haben:

- Die Nichtveränderung hat den Preis des sexuellen Problems, aber den Vorteil der Vertrautheit. Mit dem zwar quälenden, aber immerhin vertrauten Problem bleiben die Partner in der übersichtlichen Komfortzone ihrer Beziehung.

- Die Veränderung hat den Preis der Konfrontation mit den möglichen Folgen der sexuellen Selbstrealisierung. Sie macht Angst, weil mit der Selbstrealisierung eines Partners die Risikozone der Beziehung betreten wird.

Dieses Dilemma erklärt die Ambivalenz, die Partner in Bezug auf eine Veränderung ihres sexuellen Verhaltens haben: Ich will und ich will nicht. Ich zögere, angesichts der befürchteten Reaktion meines Partners bestimmte Seiten meines sexuellen Profils zu zeigen, die ich bisher nicht kommuniziert habe. Andererseits bleibt alles beim Alten, wenn ich es nicht tue. Ich überlege, ob ich mit der Zurückhaltung meines Partners weiterleben möchte. Andererseits ist mir unbehaglich bei dem Gedanken, er könnte die Zurückhaltung aufgeben.

Der Umgang mit der Ambivalenz zwischen Veränderungswunsch und Veränderungsangst der Klienten ist ein entscheidendes Moment der therapeutischen Prozess-Steuerung. Sie lässt sich ganz unterschiedlich behandeln. Ich will zwei therapeutische Steuerungs-Modi gegenüberstellen, die hilfreich dafür sind, sich dem Ziel der sexuellen Authentizität anzunähern: der Ernst-Modus und der Spiel-Modus.

3. Spiel und Ernst

Therapien sind nicht einfach ergebnisorientierte Unternehmungen, in denen möglichst schnelle und gerade Schritte vom Problem zur Lösung gegangen werden. Die Suchbewegungen im therapeutischen Prozess nehmen verschlungene Wege, landen in Sackgassen, kommen ungewollt zum Anfang zurück und mäandern sich durch unbekanntes Gelände. Bei der Begleitung dieser Suchbewegung stehen dem Therapeuten nicht einfach einzelne Techniken und Interventionen zur Verfügung; vielmehr kommen diese erst im Kontext der Prozess-Steuerung zur Geltung, in dem zwei Bewegungen ausbalanciert werden müssen:

- die komplexitätserhöhende, »öffnende«, divergente Bewegung von festgefahrenen, eingeengten Sichtweisen auf unerprobte Denk- und Handlungsoptionen (Spiel-Modus[1]);
- die komplexitätsreduzierende, »schließende«, konvergente Bewegung von ambivalenten, unklaren Haltungen in Bezug auf die Verbindlichkeiten und Entscheidungen (Ernst-Modus).

Ich verwende die Begriffe sowohl prozesslogisch als auch prozessästhetisch. Damit ist gemeint, dass die beschriebene Prozesslogik eine bestimmte Stimmung, eine spezifische Dramaturgie, ein eigenes Tempo, einen besonderen *groove* mit sich bringt, der therapeutisch genutzt werden kann. Tabelle 2 gibt eine Übersicht:

Tabelle 2: Spiel und Ernst in der therapeutischen Prozess-Steuerung

	Spiel	Ernst
Reversibilität	Reversibel. Man kann probieren.	Irreversibel. Einmal getan, gibt es keinen Schritt zurück.
Denken und Handeln	Trial and error. Erst handeln, dann nachdenken.	Erst denken, dann handeln.
Ästhetik	Ironie flüssig leicht	Pathos fest schwer
Modus	Konjunktiv	Indikativ
Optionen	Öffnen	Schließen
Imperativ: Handle so, dass ...	... die Zahl deiner Handlungsmöglichkeiten zunimmt.	... deine Verbindlichkeit erkennbar wird.
Risiko	Flach und unverbindlich	Schwer und unbeweglich

Der *Spiel-Modus* ist bestimmt durch Möglichkeiten. Man kann Optionen generieren und erproben, auf die man sich nicht festlegen muss. Die Hintertür ist stets offen, die Suchbewegung bleibt in der Offenheit des Konjunktivs. Das bringt – im günstigen Fall – eine Ästhetik der flüssigen Leichtigkeit mit sich. Im ungünstigen Fall bleibt der Spiel-Modus flach und unverbindlich. Der *Ernst-Modus* ist durch die »schließende« Struktur von Entscheidungen und Verbindlichkeiten definiert. Im Indikativ werden Optionen reduziert. Wenn sie irreversibel sind, haben die Entscheidungen Konsequenzen. Die Ästhetik des Ernst-Modus ist fest und schwer, was im ungünstigen Fall auf Unbeweglichkeit und Problemstarre hinausläuft.

Die therapeutische Prozess-Steuerungskompetenz zeigt sich darin, situationsabhängig beide »Klaviaturen« spielen und sich im Betriebsmodus *Ernst* wie im Betriebsmodus *Spiel* gleich gut bewegen zu können. Therapien, die *ausschließlich im Ernst-Modus* durchgeführt werden und einem rein pathetischen Muster folgen, das nur auf Wahrhaftigkeit und Authentizität baut, legen sich ohne Not auf den Zustand der Schwere fest und bleiben unbeweglich. Sie verschenken die Möglichkeit, die der Spiel-Modus nutzt, nämlich im Erproben und in der Leichtigkeit Denk- und Handlungsoptionen ins Auge zu fassen, ohne sich gleich darauf festzulegen. Umgekehrt bleiben Therapien oberflächlich, die *den Modus des Spiels nicht verlassen können* und ausschließlich im Experimentierenden bleiben, in paradoxen Techniken, im Jonglieren mit Als-ob-Perspektiven, wie sie die systemische Tool-Box in reichem Umfang anbietet. Dann wird lediglich die Optionen *öffnende*, nicht die Optionen *schließende*, also Entscheidungen treffende *Perspektive* in den Blick genommen. Das ist die Gegenseite des systemischen ethischen Axioms, wie es Heinz von Foerster formuliert hat: »Handle so, dass die Zahl deiner Handlungsmöglichkeiten zunimmt.« Das ist eben nur ein Typ von Entscheidungen.

Ernst-Interventionen dagegen konzentrieren sich auf Entscheidungen und damit auf die Reduzierung von Optionen und die Beendigung des offenen Probierens und Abwägens. Sie zielen auf verbindliches Verhalten. In vielen relevanten Übergangssituationen geht es um Entscheidungen, die Handlungsmöglichkeiten reduzieren. Sämtliche Bindungsentscheidungen gehören dazu. Das Gegenaxiom heißt hier: »Handle so, dass deine Verbindlichkeit erkennbar wird.«

Welcher Modus ist in welcher therapeutischen Situation produktiv? Beide Modi aktualisieren unterschiedliche Aspekte und Dynamiken der Sexualität, die beide notwendig sind, um Anstöße zu einer erotischen Entwicklung einer Person und einer Partnerschaft zu geben. Der *Spiel-Modus in der Sexualtherapie* ist dadurch gekennzeichnet, dass die Akteure (die Klienten) den sexuellen Möglichkeitsraum der Fantasien und der ungelebten Wünsche unverbindlich betreten und auch wieder verlassen können. Hier steht eine ganze Reihe von Interventionsmöglichkeiten zur Verfügung, die die systemische Therapie entwickelt hat und die nahtlos auf die spezifischen Inhalte der Sexualtherapie übertragen werden können: Verflüssigungsfragen, Verbesserungs- und Verschlimmerungsfragen, hypothetische und zirkuläre Fragen.

Nehmen wir als Beispiel die *Verschlimmerungsfrage*, die zur Gattung der *paradoxen spielerischen Fragen* gehört, in denen mit einer Als-ob-Voraussetzung eine alternative Wirklichkeit erdacht wird. Die Verschlimmerungsfrage fragt experimentierend nach den Konsequenzen einer möglichen Problem-Mittäterschaft, ohne dass diese »im Ernst« vorausgesetzt wird. Sie ist insofern paradox, als sie nach dem Gegenteil des vom Klienten intendierten Ergebnisses fragt, also explizit zum Spiel, zum Gedankenexperiment, einlädt. In einer Sexualtherapie könnten man sie etwa so stellen: »Angenommen, Sie wollten das Problem noch schlimmer machen, als es ohnehin schon ist, und wollten Ihren Mann dazu bringen, dass er sich noch mehr zurückzieht und überhaupt kein sexuelles Interesse an Ihnen als Frau mehr zeigt: Was müssten Sie tun?« Oder umgekehrt an den Mann: »Angenommen, Sie wollten dafür sorgen, dass Ihre Frau Ihnen Ihren Rückzug noch mehr vorwirft als jetzt: Was müssten Sie tun?«

Eine solche Frage hat produktive Irritationschancen bei einer Partnerschaft, die sich in einem Interaktionszirkel von vorwurfsvoller Klage und rechtfertigendem Rückzug festgefahren hat. Fragen laden zum Wechsel vom streitenden Ernst-Modus in den probatorischen Spiel-Modus ein: Vom »es ist so« zum »es könnte auch so sein«, vom »er/sie ist so« zum »er/sie könnte sich auch anders verhalten«. Sie sind vor allem in frühen Therapiephasen bedeutsam, wenn Klienten sich in feste und subjektiv ausweglose Sichtweisen »festgebohrt« haben.

Bei der Prozess-Steuerung im Spiel-Modus sind Ambivalenzen die Garanten der Balance: Ich will und ich will nicht. Ich weiß nicht, ob ich mich auf eine neue Erfahrung einlassen soll. Ich überlege, unter welchen Bedingungen ich mich auf meinen Partner zubewegen würde. Gerade die weit offene Hintertür, die Freiheit, nicht entscheiden zu müssen, sondern sich unverbindlich Alternativen betrachten zu können, macht es möglich, Verhaltensweisen in den Blick zu nehmen oder auch zu erproben, die im Ernstfall vermieden würden, weil sie sofort durch die Gegenseite der Ambivalenz gebremst würden.

Der *Ernst-Modus in der Sexualtherapie* ist dann aktuell, wenn eine Entwicklung nicht mehr offen gehalten werden kann und Entscheidungen unumgänglich sind. Sexuelle Entwicklungen als Entscheidungen? Ja. Ohne Entscheidung sind bestimmte Entwicklungen[2] nicht möglich. Sexuelle Selbstverantwortung realisiert sich auch durch Entscheidungen. Jede Entscheidung ist ein Differenzierungsschritt. Indem ich mich entscheide, schließe ich andere Möglichkeiten aus, ich lege mich fest, profiliere mich, mache mich angreifbar. Entscheidungen im Kontext sexueller Entwicklungen heißt, sich im Konflikt zwischen Kontinuität und Selbstrealisierung zu positionieren, sich zum eigenen sexuellen Profil zu bekennen. Wer bin ich als Frau/Mann? Was will ich, was nicht? Mit wem will ich es? Erst in der Verbindung mit diesen Fragen bekommen sexuelle Wünsche, sexuelles Verhalten und sexuelle Störungen ihre Bedeutung.

Die Frage, ob ein Partner sich auf eine Außenbeziehung einlässt oder nicht, ob er sie beendet oder nicht, ist nur so lange als Spiel zu betreiben, wie es folgenlos bleibt. Nicht die Tatsache der Außenbeziehung entscheidet, ob wir uns im Spiel- oder im Ernst-Modus befinden, sondern ihre Konsequenz. Erst wenn der andere Partner sich trennen will, wenn er ein Ultimatum stellt, eine Entscheidung einfordert, sind wir im Ernst-Modus. Erst im Ernst-Modus ist der Preis der Veränderung oder Nichtveränderung zu bezahlen. Im Kontext erotischer Entwicklung haben Entscheidungen eine Schlüssel-Funktion. Erst Entscheidungen können einen quälenden Status quo beenden und den Beginn neuer Phasen markieren.

Genau diese Chance liegt in den Interventionen, die den Ernst-Modus nahe legen, vor allem die Frage nach der Konsequenz der Nichtveränderung (»Angenommen, Ihr sexuelles Problem ist unlösbar und bleibt immer bestehen, was tun Sie dann?«) und das Ideale Sexuelle Szenario. Beide setzen am Kern des Konflikts von Kontinuitäts-Ritual und Selbstrealisierung an. Beide können beiläufig eingebracht werden, dann im Spiel-Modus abgehandelt werden und so verschenkt werden. Hier liegt es am Therapeuten, nicht nur den Inhalt, sondern auch die Atmosphäre anzubieten, in der Ernst gemacht wird.

4. Verhinderung und Ermöglichung erotischer Entwicklung

Paare wählen unterschiedliche Auswege, um dem geschilderten Dilemma zwischen Kontinuitäts-Ritual und Selbstrealisierung zu entkommen. Dabei kommt es leicht zu paradoxen Prozessen, in denen das, was intendiert wird, durch die Intention verhindert wird. Ich möchte einige dieser *erotischen Fallen* vorstellen. Ihnen ist gemeinsam, dass die beiden Partner ungewollt in eine Kooperation der Problemerzeugung hineingeraten.

- *Die Spontaneitätsfalle:* Ihr liegt die Überzeugung zugrunde, guter Sex entstehe spontan. Oder gar: Nur spontaner Sex sei wirklich guter Sex. Diese Überzeugung zeigt sich z. B. in der Abwertung von zeitlichen Ritualen, etwa wenn ein Partner beklagt, dass Sex nur am Wochenende stattfinde (»… weil Sonntag früh ist – ich kann schon die Uhr danach stellen«). Die implizite Skript-Vorstellung ist die, dass der Wunsch der Handlung vorausgehen müsse. Um eine Falle handelt es sich insofern, als hier die Dynamik junger Beziehungen auf die langjähriger Beziehungen übertragen wird. In den Letzteren melden sich sexuelle Wünsche weniger häufig spontan. Macht ein Partner die Spontaneität zum Maßstab, kann das dazu führen, dass Sex gut begründet nicht stattfindet.
- *Die Rücksichtsfalle:* Da partnerschaftliche Rücksicht ohne Zweifel eine Tugend darstellt, ist diese Falle besonders schwer als solche zu erkennen. Sie beruht auf der Haltung, dass ich nur die Sexualität intendiere und meinem Partner vorschlage, von der ich annehme, dass dieser sie gutheißt und gern darauf eingeht. Die Qualität der Rücksicht kann schnell ihre Kehrseite zur Geltung bringen, wenn sie zum alleinigen erotischen Prozesstreiber wird. Dann führt sie dazu, dass sexuelle Initiativen defensiv bleiben und dass kein neues Element ins Spiel kommt, welches festgefahrene Routinen in Bewegung bringen könnte.
- *Die Gegenseitigkeitsfalle:* Sie beruht auf der Minimierung oder Verleugnung der sexuellen Differenz. Sie geht davon aus, dass befriedigende Sexualität symmetrisch sei, dass beide Partner im Wesentlichen dasselbe wollen. Zusammen mit der Rücksichtsdynamik ist die Gegenseitigkeitsfalle die Voraussetzung für die Erzeugung des kleinsten gemeinsamen sexuellen Nenners. Dieser definiert die Begrenzung des kommunizierten Teils der Sexualität. Kommuniziert wird nur, was beim Partner auf eine positive Reaktion hoffen lässt.
- *Die Eigentlichkeitsfalle:* »Sex ist Beziehung.« Manche Paare etablieren in ihrer sexuellen Kultur ein Spielverbot. Demnach sind all die sexuellen Verhaltensweisen tabuisiert, die nicht als wirklich ernster und wahrhaftiger Ausdruck von Beziehung gemeint sind. Sex soll in diesem Verständnis ausschließlich die Nähe und Bezogenheit der Partner ausdrücken. Experimentierender Umgang mit Sex und

das Spielen mit sexuellen Praktiken und Inszenierungen werden hier als oberflächlich, als un-eigentlich abgewertet.

Alle vier Fallen folgen ungewollt der »Anleitung zur sexuellen Unzufriedenheit«.[3] Sie sind getragen von Soll-Vorstellungen, wie Sex zu sein habe, und grenzen die Möglichkeiten aus, Unterschiede zuzulassen. Die gute Nachricht ist hier, dass die Fallen keine »Einbahnstraßen« sind, dass sie also Auswege und Kehrtwendungen erlauben. Ich will deshalb kurz auf diese Auswege eingehen. Diese garantieren die erotische Entwicklung noch nicht, erlauben aber doch, dass zumindest ihre Verhinderung rückgängig gemacht werden kann.

Die Wirklichkeits- und Fallenkonstruktionen müssen therapeutisch nicht unbedingt direkt angesprochen werden. Notwendig ist allerdings, dass die Therapeuten sich in Bezug auf diese Vorannahmen neutral und optionenfreudig verhalten, d.h. die jeweilige Gegenseite mitdenken können, dass sie also:

- spontanen Sex und geplanten Sex als gleichwertige Option behandeln,
- sexuelle Rücksicht sowohl als wichtiges interaktives Regulativ sehen wie als mögliche Zensur der sexuellen Phantasie,
- asymmetrische sexuelle Begegnungen ebenso ins Spiel bringen können wie symmetrische Absprachen,
- das Spiel mit sexuellen Möglichkeiten ebenso relevant finden wie den Ernst sexueller Entscheidungen.

Therapien können erotische Entwicklungen nicht erzeugen, aber sie können einen mehr oder weniger günstigen Kontext dafür herstellen. Ich will ein paar Punkte benennen, die in der Paar- und Sexualtherapie wichtige Voraussetzungen für einen solchen Kontext sind. Mehr als Stichworte können und sollen sie nicht sein; zu einer erotischen Entwicklungslehre ist es noch weit. Bis dahin könnten aber die folgenden Thesen eine kleine Überbrückungshilfe darstellen:

- *Erotische Selbstrealisierung riskiert die Kontinuität der Beziehung.* Erotische Entwicklung hat einen Preis, und sie ist nicht ohne Risiko zu haben. Die Hoffnung, den Komfort einer berechenbaren erotischen Beziehung zu halten und in ihrem Rahmen angstfreie, vergnügte erotische Fortschritte zu machen, ist verständlich, aber nicht realistisch. Entwicklung in Beziehungen heißt, Neues einzuführen. Das Neue kann Angst machen. Aber es kann sich lohnen.
- *Erotische Entwicklung setzt aktive Entscheidungen voraus, nicht wartendes Wachstum.* »Gras wächst nicht schneller, wenn man daran zieht«, lautet das Bekenntnis derjenigen, die darauf warten, dass die Entwicklung sich subjektfrei ereignen möge.

Aber ähnlich wie das Glück des Tüchtigen eben nur auf den Tüchtigen fällt, entwickelt sich Erotik eher bei denjenigen, die Entscheidungen treffen. Entscheidungen, sich zu exponieren, Entscheidungen, beim Partner nicht nur das Erwartete, sondern auch das Beunruhigende wahrzunehmen, Entscheidungen, erotische Risiken einzugehen.

- *Von nichts kommt nichts. Ohne Investition kein Ergebnis.* Einer der häufigsten Fehler in langjährigen Beziehungen ist es, den romantisch-leidenschaftlichen Beginn zum Maßstab für die lange folgenden Jahre zu nehmen. Das kann dazu führen, dass man die Energie des Anfangs für eine unerschöpfliche Ressource hält, die endlos geplündert werden kann. »Beziehungen werden von selber schlechter«, sagt der Paartherapeut Hans Jellouschek. Erotik braucht Pflege. Zeit und Aufmerksamkeit sind die wichtigsten Investitionen.
- *Erotische Entwicklungen verlaufen asymmetrisch. Einer fängt an.* Erotische Stagnation ist meist symmetrisch organisiert: Jeder wartet auf den andern, beide sind in einer Balance der Vorwürfe blockiert. In der erotischen Stagnation bestimmt der langsamere und unzufriedenheitstolerante Partner, was (nicht) passiert. Die Veränderung der Partnerschaft beginnt nicht kooperativ dyadisch, sondern individuell. Einer erträgt die Unzufriedenheit weniger als der andere. Einer geht fremd. Einer führt ein neues Element ein. Einer stellt die Beziehung in Frage. Und für den andern wird es ernst, weil der Preis der Nichtveränderung zu groß wird. Partner ändern sich nicht, weil sie wollen, sondern weil sie müssen.
- *Guter Sex ist ohne mittelmäßigen Sex nicht zu haben.* Erotik lebt von der Variation. Dazu gehört auch der unsensationelle Alltag sexueller Begegnungen in langjährigen Beziehungen. Die aufregenden sexuellen Erlebnisse sind nur zu haben, wenn man die weniger aufregenden ebenso bejaht. Der sexuelle Alltag verhindert nicht das erotische Fest – und umgekehrt auch nicht das Fest den Alltag. Im Gegenteil: Das Fest braucht den Alltag. Erst im Kontrast zum Alltag macht das Fest einen Unterschied.

Kommen wir zur Ausgangsfrage zurück: Ist die nachlassende sexuelle Aktivität und Lust mit der Metapher der Schwerkraft gut beschrieben? Ja und nein. Das Ja stimmt auf der deskriptiven Ebene eines häufig beobachteten, »typischen« Sachverhalts, der von den Beteiligten auch als sich »von selbst« einstellendes Phänomen erlebt wird. Wenn wir aber die sexuelle Lustlosigkeit als Symptom verstehen, das in der Kommunikation handelnder Akteure aktiv erzeugt wird, stellt sich die Metapher als irreführend heraus. Sie stellt zu stark den quantitativen Aspekt der sich entwickelnden oder verlierenden Lust ins Zentrum und bleibt gegenüber den qualitativen Veränderungen sprachlos. Je länger Partnerschaften dauern, desto mehr ist Erotik eine Frage der Entscheidung und aktiven Gestaltung. Während beim jungen Sex die

Lust dem sexuellen Handeln vorausgeht, geht beim »reifen« Sex die Entscheidung der Lust voraus. Nicht das Warten auf den spontanen Sex, der das Paar überfällt, sondern die Schaffung einer erotischen Kultur, als singuläres Ereignis oder als etabliertes Element der partnerschaftlichen »Nische«, ist hier die lohnende Perspektive. Erotik lässt sich weder erzwingen noch herbeireden. Aber gerade in langjährigen Beziehungen steht und fällt die Erotik damit, dass die Partner günstige Kontexte, Inszenierungen und Situationen herstellen, die sie aus der Schwerkraft des Alltags locken können.

Anmerkungen

1 In der systemischen Theorie wird der Spiel-Begriff enger verwendet. Er beschreibt, dass die Akteure in einem Interaktionssystem bestimmte Regeln befolgen, deren Grundstruktur *Wenn-dann-Verbindungen* sind: Wenn A die Handlung X zeigt, dann ist es B erlaubt, die Handlung Y zu zeigen. Hier ist der Spiel-Begriff nur logisch, nicht ästhetisch gemeint.
2 Natürlich gibt es sexuelle Entwicklungen, die nicht durch Entscheidungen zustande kamen, durch Krankheiten etwa, Unfälle, Schicksalsschläge. Aber auch solche Ereignisse, die ungewollt und unbeeinflusst passieren, werden erst durch Entscheidungen zu Entwicklungen.
3 Bernhard Ludwigs Kabarettprogramm (www.seminarkabarett.com) mit diesem Titel ist voll von realistisch-komischen Beispielen der Selbsterzeugung erotischer Unzufriedenheit.

Literatur

Bozon, M. (1988): Amour, désir et durée. Cycle de la sexualité conjugale et rapports entre hommes et femmes. In: Bajos, N., Bozon, M., Ferrand, A., Giami, A., Spira, A. et le groupe ACSF (Hrsg.): *La sexualité aux temps du SIDA*. Paris: Presse Universitaire de France, S. 175–234.
Clement, U. (2004): *Systemische Sexualtherapie*. Stuttgart: Klett-Cotta.
Gottman, J. M. (2000): *Die 7 Geheimnisse der glücklichen Ehe*. München: Ullstein.
Schnarch, D. (1997): *Passionate Marriage*. New York: Henry Holt. (Dt. 2006 bei Klett-Cotta, Stuttgart).
Schmidt, G., Matthiesen, S. & Meyerhof, U. (2004): Alter, Beziehungsform und Beziehungsdauer als Faktoren sexueller Aktivität in heterosexuellen Beziehungen. Eine empirische Studie an drei Generationen. *Zeitschrift für Sexualforschung* 17, S. 116–133.
Willi, J. (1977): *Die Zweierbeziehung*. Reinbek b. Hamburg: Rowohlt.

David Schnarch[1] Die leidenschaftliche Ehe. Die Rolle der Liebe in der Paartherapie

> *Der amerikanische Sexual- und Paartherapeut Dave Schnarch hat eine Wende in der Sexualtherapie eingeleitet. Die Sexualtherapie war seit ihrer Begründung in den 70er Jahren durch Masters und Johnson vor allem auf die Beseitigung sexueller Funktionsstörungen ausgerichtet, wozu Übungsprogramme zur Reduktion der Erwartungsangst zur Anwendung kamen. Diese Form der Therapie ist seit Jahren in eine Stagnation geraten. Dave Schnarch stellt ins Zentrum der Therapie die Entwicklung und Bewahrung des Selbst in der Intimität zweier Liebespartner. Reife Liebe erfordert die Fähigkeit, ein festes Selbstgefühl in der intimen Konfrontation mit dem Partner aufrechtzuerhalten, was eine hohe Anforderung ist, da Partner einander unter Druck setzen, den wechselseitigen Erwartungen zu entsprechen. Kennzeichen einer reifen Liebe ist nach Schnarch die selbstbestimmte Intimität, in der man sich dem Partner so zumutet, wie man ist, ohne sich von dessen Urteil und Bestätigung abhängig zu machen. Meist bemühen sich Liebespartner vor allem in der Anfangsphase, den Erwartungen des anderen zu entsprechen, was nach kurzer Zeit an nicht zu überwindende Grenzen stößt. Die Partner schweigen sich dann über die nicht zu überwindenden Differenzen aus, was zum Absterben der Liebe führen kann. Schnarch postuliert eine offene Konfrontation über die Realitäten einer Beziehung und die Unterschiede der Partner als Voraussetzung, um eine lebendige Beziehung zu erhalten.*

Welche Rolle spielt die Liebe in der Beziehung von Paaren, und welche Bedeutung hat das Phänomen Liebe in der Paartherapie? Den Paartherapeuten stellt das Konzept Liebe vor grundlegende Fragen: Kann die Paartherapie im Hinblick auf die Liebe eines Paares etwas bewirken? Kann das Phänomen Liebe das Objekt wissenschaftlicher Untersuchung sein? Kann ein Mensch erneut von Liebe zu jemandem ergriffen werden, wenn seine Liebe zu diesem Menschen erloschen ist? Was ist die Begründung dafür, dass sich Paare auf der ganzen Welt die Frage stellen: »Sind

Liebe, Sexualität und Intimität unweigerlich zum Scheitern verurteilt?« Als Therapeut muss man sich tagtäglich mit solch elementaren Überlegungen auseinander setzen, und in jedem einzelnen Fall fragt man sich von neuem: »Was mache ich denn nun im Falle dieses Paares, das mir jetzt gegenübersitzt?« Wie wir als Therapeuten mit dem Phänomen Liebe in der Paartherapie umgehen, hängt davon ab, was wir unter Liebe verstehen und wie wir ihre Höhen und Tiefen in einer Beziehung deuten.

1. Die Sicht auf das Phänomen Liebe und auf Liebesbeziehungen verändern

Menschen wollen lieben, geliebt werden und Liebe verspüren, denn diese Empfindungen sind im menschlichen Gehirn fest »verdrahtet« – und leider ist der Mensch so programmiert, dass seine Liebe auch erkalten kann. Irgendwie geht der Zustand der »Verliebtheit«, in welchem man heftig in einen anderen Menschen »verknallt« ist, diesen idealisiert und in Liebesgefühlen versunken ist, in einen Zustand über, in dem die Liebe erloschen ist, man desillusioniert ist, sich entfremdet fühlt und dem Partner keine zweite Chance mehr gibt, bis man dann im günstigen Fall zu einer reifen, erwachsenen Liebe gelangt, in welcher die Partner einander gegenübertreten und schwierige Zeiten miteinander ertragen, weil ihre Integrität und die Zufriedenheit des geliebten Menschen davon abhängen.

Diese wunderbare Entwicklung von Liebesbeziehungen ist das Thema dieses Beitrags, in dem ich der Frage nachgehe, wie eine emotional verbindliche Beziehung zu einem Instrument werden kann, das die persönliche Entwicklung der Partner ermöglicht und ihre Liebesfähigkeit voll zur Entfaltung bringt. Die geläufigen und doch so schwierigen Versuche, Liebesbeziehungen aufzubauen, gehören zu den Mechanismen, die die persönliche Entwicklung eines Menschen fördern und – schon immer – die Herausbildung des menschlichen Selbst tragen. Die romantische Liebe und die reife, erwachsene Liebe wie auch die Probleme mit Sexualität und Intimität gehören zu einem koevolutiven Prozess, der in der Geschichte der Menschheit verankert ist.

2. Fallbeispiel: Jim und Sue

Vor einigen Jahren kam ein Paar zu mir, das Probleme hatte, weil das sexuelle Verlangen in seiner Beziehung zu gering war. Ich nenne die Klienten Jim und Sue, könnte sie aber auch Hans und Flora oder Yuki und Kieko nennen; denn ihren Schwierigkeiten begegnet man überall auf der Welt. Hier ist zu erwähnen, dass die wenigsten meiner Klienten aus dem näheren Umkreis kommen, dass sie vielmehr aus der ganzen Welt anreisen, um an unserem viertägigen Therapieprogramm, dem

Intensive Therapy Program, teilzunehmen. Und rund um den Globus entwickeln Paare eben die gleiche Beziehungsdynamik, weil die Probleme mit Sexualität und Intimität über Sprache, Kultur, Ethnie, Religion und die sexuelle Orientierung eines Menschen hinausgehen.

Am Anfang ihrer Paarbeziehung hatte Jim das stärkere sexuelle Verlangen, während Sue sich eher nach emotionaler Intimität sehnte. Sue mochte zwar die sexuellen Aktivitäten mit Jim und konnte auch mehrere Orgasmen hintereinander erreichen, schätzte es aber überhaupt nicht, wenn sie sich von Jims Wunsch nach Sexualität bedrängt fühlte. Sexuelle Aktivitäten wurden stets von Jim initiiert, weil er auf diese Weise ein positives gespiegeltes Selbstgefühl gewann: Er fühlte sich begehrt und geliebt, wenn Sue sich ihm hingab. Sue wusste dies und fühlte sich dem Druck ausgesetzt, auf Jims sexuelle Annäherungsversuche einzugehen. Zu Beginn ihrer Beziehung waren Jim und Sue etwa dreimal in der Woche sexuell aktiv.

Doch nach zwei Jahren hatte Jim das Interesse an der Sexualität verloren. Er sei es leid, so erzählte Jim, von Sue zurückgewiesen zu werden, und habe es deshalb aufgegeben, sexuelle Aktivitäten zu initiieren. Inzwischen war Sues sexuelles Verlangen stärker als Jims Wunsch nach Sexualität, und das Liebesleben des Paares tendierte gegen Null. Jim und Sue hatten nur noch Streit miteinander und waren schon im Begriff, sich scheiden zu lassen. An diesem Punkt waren sie angelangt, als sie zu mir kamen, um über eine Therapie zu sprechen; denn bei vielen Paaren gelten meine Frau, Dr. Ruth Morehouse, und ich als die Therapeuten, die ihre letzte Hoffnung sind.

3. Liebe und interpersonale Neurobiologie

Für Paare, deren Liebe zueinander »eingeschlafen« ist, besteht die Lösung nicht darin, dass sie zu der leidenschaftlichen Liebe zu Beginn ihrer Beziehung »zurückkehren« (weil das nicht geht), sondern immer darin, einen Schritt nach vorne zu tun – zur reifen Liebe zu gelangen, die ein Leben lang halten und mit dem Alter noch tiefer werden kann. In dieser Hinsicht kann die Psychotherapie mit Paaren außerordentlich hilfreich sein, was aber nicht heißt, dass dem Paar sexuelle Techniken oder kommunikative Fertigkeiten vermittelt werden. Die Lösung sieht so aus, dass die natürlichen Prozesse in einer emotional verbindlichen Beziehung nutzbar gemacht werden. Neuere Forschungen auf dem Gebiet der Neurobiologie der Liebe können dazu einen klärenden Beitrag leisten:

Vor einigen Jahren lernte ich die bekannte Anthropologin Helen Fisher kennen, die Autorin von *Anatomy of Love* (1992; dt.: *Anatomie der Liebe*, 1993). In ihrem neuesten Buch *Why We Love* (dt.: *Warum wir lieben*) berichtet Helen Fisher, wie sie und ihre Kolleginnen und Kollegen mit Hilfe moderner Techniken des Gehirnscannings die Hirntätigkeit von 20 Männern und Frauen aufzeichneten, die sich gerade über beide Ohren verliebt hatten. In diesen Studien hat Fisher festgestellt, dass im Gehirn der Verliebten der so genannte *Nucleus caudatus* »aufleuchtet«, sobald sie ein Bild des von ihnen geliebten Menschen erblicken. Je heftiger die Testpersonen verliebt waren, desto stärker wurde dieser Teil des Gehirns aktiviert (Fisher 2005, S. 88). Dieser Vorgang spielt sich in einer evolutionsmäßig sehr (über 65 Millionen Jahre) alten Region des menschlichen Gehirns ab, die sich entwickelte, bevor Säugetiere sich auf der Erde ausbreiteten. Dieser Teil des Gehirns produziert das natürliche Stimulans Dopamin, was zu fokussierter Aufmerksamkeit führt, Energie erzeugt sowie ein Hochgefühl und die Sehnsucht nach dem geliebten Menschen auslöst (Abb. 1).[2] In ihren Untersuchungen hat Fisher (vgl. ebd., S. 89) auch Aktivität in einem anderen Bereich des Belohnungsschaltkreises des Gehirns festgestellt. Dieser Teil des Gehirns, das ventrale Tegmentum (*ventral tegmental area*, VTA), produziert ebenfalls Dopamin und hat Verbindungen bis tief in den Kortex hinein (Abb. 2).[3]

Fishers wichtigste wissenschaftliche Entdeckung ist aber die, dass sich das Wesen der Liebe und entsprechend die Aktivität im menschlichen Gehirn mit der Zeit verändert. Sie hat in ihren Studien herausgefunden, dass in allen Fällen von romantischer Liebe die primitiven Hirnregionen, d.h. der Nucleus caudatus, aktiviert wur-

◄ *Abbildung 1: Nucleus caudatus*

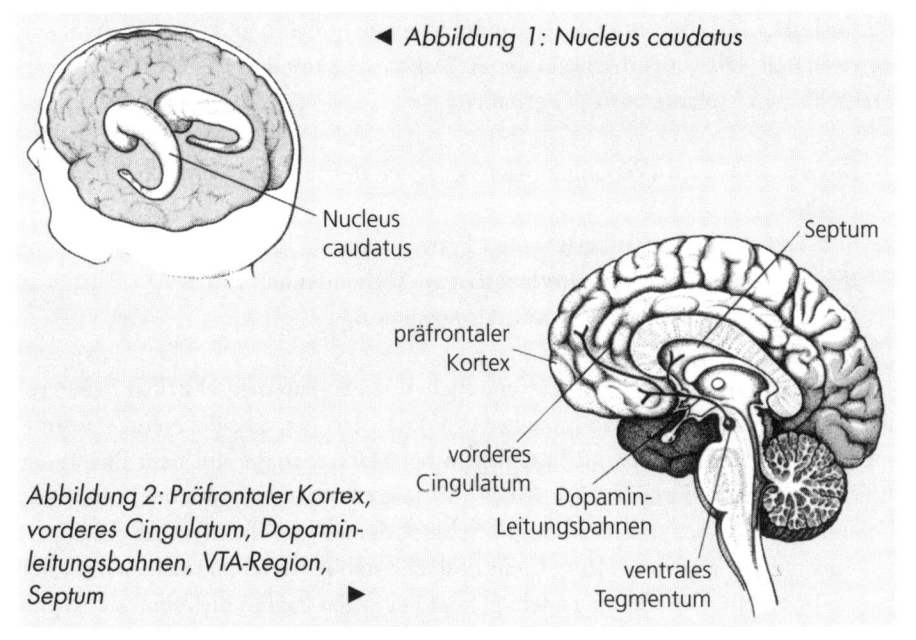

Abbildung 2: Präfrontaler Kortex, vorderes Cingulatum, Dopaminleitungsbahnen, VTA-Region, Septum ►

(Abb. 1 und 2 mit freundlicher Genehmigung, © 2005 Patmos Verlag GmbH & Co. KG/Walter Verlag, Düsseldorf/Zürich; aus Helen Fisher, Warum wir lieben. Die Chemie der Leidenschaft, S. 90).

den. Die Probanden, die in längeren Liebesbeziehungen lebten, zeigten darüber hinaus Aktivität in den Gehirnbereichen (im *vorderen Cingulatum* und der *Insula*), die mit der Einschätzung der Gefühle anderer Menschen und mit der Beurteilung des eigenen Selbst verbunden werden. Bei frisch verliebten Probanden wurde in diesen spezifischen Hirnregionen keine Aktivität festgestellt (Bartels & Zeki 2000; nach Fisher 2005, S. 92).

Dies lässt darauf schließen, dass das menschliche Gehirn mit zunehmender Dauer einer Liebesbeziehung auf immer neue Weisen reagiert. Die biologische Abbildung der Liebe im Gehirn verlagert sich von den höchst primitiven Bereichen des Reptilgehirns in die höher entwickelten Hirnregionen, die mit der Reflexion über das eigene Selbst und mit der Fähigkeit, den mentalen Zustand des Partners zu beurteilen, in Zusammenhang gebracht werden. Im Laufe der Zeit bekommt die Liebe in der Seele eines Menschen eine »persönlichere« Abbildung, weil sich sein Gehirn entsprechend verändert.

3.1 Sich-Verlieben ist ein Trieb

Helen Fisher zieht aus ihren Studien den Schluss, dass Sich-Verlieben ein menschlicher *Grundtrieb* ist. Wie das Verlangen nach Nahrung und Wasser und der mütterliche Instinkt ist auch Sich-Verlieben ein elementares physiologisches Bedürfnis: der Instinkt, einen bestimmten Paarungspartner zu hofieren und schließlich für sich zu gewinnen. Die romantische Liebe, so Fisher, sei einer der drei Grundtriebe des menschlichen Verlangens nach Sexualität:

1. *Begierde* bzw. *Lust* (Verlangen nach sexueller Befriedigung und physischer Erregtheit),
2. *Sich-Verlieben* (in einen bestimmten Partner »verknallt« oder verliebt sein) und
3. *Bindung* (eine ruhige, sichere langfristige Verbundenheit mit einem Partner in Form von Paarbindung, Ehe und Monogamie).

Leider ist der Zyklus von Begierde und Sich-Verlieben im menschlichen Leben relativ kurz. Außerdem hat man gesichertes Wissen darüber, dass die Neurotransmitter (Oxytoxin bei Frauen and Vasopressin bei Männern), die mit dem Phänomen Bindung verbunden werden, das sexuelle Verlangen töten. Vor diesem Hintergrund kommt Helen Fisher zu dem traurigen Schluss, der sich anscheinend auf viele Paare wie Jim und Sue anwenden lässt: Liebe und eine stabile Beziehung scheinen zeitlich begrenzt zu sein. Die Bindung allein genügt bei vielen Paaren nicht, um sie zusammenzuhalten; denn Menschen genießen es, wenn sie verliebt sind und begehren und begehrt werden.

3.2 Der vierte Grundtrieb des sexuellen Verlangens

Nachdem ich Helen Fishers Arbeit studiert hatte, verabredete ich mich mit ihr zum Essen in New York im Central Park. Mir war klar geworden, dass meine eigene Arbeit über das Thema sexuelles Verlangen eine Erweiterung von Fishers Studien war, dabei aber zu ganz anderen Schlussfolgerungen als bei ihr führte. Meiner Ansicht nach, so erklärte ich Fisher, gebe es noch einen vierten Grundtrieb des menschlichen Verlangens nach Sexualität: *den menschlichen Trieb, sich zu entwickeln und ein »Selbst« zu bewahren* (Tab. 1). Dieser Trieb übt oftmals eine stärkere Kontrolle über das sexuelle Verlangen aus als die Begierde, Sich Verlieben und die Bindung. Er ist der Leim, der Beziehungen langfristig auch dann noch zusammenhält, wenn der Zyklus aus Begierde, romantischer Liebesbeziehung und Bindung vorbei ist. Dieses Konzept des Triebs, sich persönlich zu entwickeln und ein »Selbst« zu bewahren, deckt sich mit Fishers Befund, dass sich die neurobiologische Abbildung von Liebe im Laufe der Zeit in die Hirnregionen verlagert, die mit der Reflexion über andere Menschen und über sich selbst in Zusammenhang gebracht werden.

Genau vor diesem Hintergrund betrachte ich die Probleme, die Jim und Sue mit dem sexuellen Verlangen hatten. Seit 30 Jahren beobachte ich, wie Menschen um die Entwicklung eines eigenen Selbst ringen und wie sich diese Kämpfe in den sexuellen Problemen von Paaren abbilden. Im Unterschied zu dem von Masters & Johnson vertretenen Ansatz[4] geht mein Modell des *Sexual Crucible*, das die Paar- und Sexualtherapie als eine Art Schmelztiegel (*crucible*) betrachtet (vgl. Familiendynamik 2004, 2, S. 112), davon aus, dass Schwierigkeiten im Zusammenhang mit sexuellem Verlangen als Ringen um persönliches Wachstum und nicht als Störung der Person oder der Beziehung verstanden werden. Als ich sah, wie wirkungsvoll diese Art der Behandlung sexueller Probleme eines Paares ist, wurde mir klar, weshalb Paare oftmals zusammenbleiben und eine äußerst liebevolle, leidenschaftliche und stabile Beziehung pflegen. Denn im Zentrum einer reifen, erwachsenen Liebe steht die Entwicklung eines eigenen Selbst, und an diesem Punkt wird der Grundstein für eine lohnenswerte langfristige Ehe gelegt.

Tabelle 1: Die Grundtriebe des menschlichen Verlangens nach Sexualität

1. Begierde
2. Sich-Verlieben
3. Bindung
4. ein »Selbst« entwickeln und bewahren

3.3 Der Trieb, ein eigenes »Selbst« auszubilden und zu bewahren

Genauso wie die romantische Liebe ist auch die reife, erwachsene Liebe im Gehirn »verdrahtet«. In dem Moment, in dem man ein Bewusstsein von sich selbst entwickelt, wird man zur reifen, erwachsenen Liebe fähig. Als sich vor etwa 1,6 Millionen Jahren beim Menschen ein »Selbstgefühl« entwickelte, erlangte er die Fähigkeit zu Intimität, Integrität, Gegenseitigkeit und Selbstaufopferung, d.h. er erwarb sich die Eigenschaften, die in einer reifen, erwachsenen Liebe so wertvoll sind. Zum »Selbst« eines Menschen gehören Wertvorstellungen und abstrakte Ideale und auch die Fähigkeit, diese zu missachten und dabei das Gefühl von Individualität und Integrität zu beschädigen. Dies ist der mentale Rahmen, der der reifen, erwachsenen Liebe Beständigkeit verleiht. Genau die Fähigkeiten, die sich der Mensch erworben hat, um sein seelisch-geistiges »Selbst« zu entwickeln und zu fördern, bilden auch das Fundament der reifen, erwachsenen Liebe.

Das zentrale Bestimmungsmerkmal einer reifen, erwachsenen Liebe ist, dass sie dem geliebten Menschen gut tut. Dies setzt voraus, dass man zuerst die Bedürfnisse des anderen sieht, wozu »begierige« Menschen aber nicht in der Lage sind. Um eine reife, erwachsene Liebe realisieren zu können, sind die Fähigkeit, die eigenen Gefühle zu steuern, und die Bewahrung eines unabhängigen Selbstgefühls nötig. Wenn ein Mensch wirklich liebt, muss er in schwierigen Zeiten entschlossen bleiben und damit verbundene Entbehrungen auf sich nehmen. Dies sind nicht nur die Grundlagen, auf denen eine reife, erwachsene Liebe entstehen kann, sondern auch die Voraussetzungen dafür, dass ein Mensch ein eigenes »Selbst« ausbilden und bewahren kann.

4. Vier Fähigkeiten der Differenzierung und persönliche Entwicklung

Die Differenzierung des eigenen Selbst, die Abgrenzung zum anderen Menschen und die reife, erwachsene Liebe entstehen auf der Basis von vier ausschließlich menschlichen Fähigkeiten:

1. Die erste Fähigkeit der Differenzierung besteht darin, dass eine Person auf *engstem* Raum mit dem für sie *wichtigen* Menschen, der *sie zur Übereinstimmung mit ihm zwingt*, ein *solides Selbstgefühl* bewahrt. Unter einem soliden Selbstgefühl versteht man das internalisierte Selbst eines Menschen, dessen Stabilität nicht davon abhängt, was andere über ihn denken. Die meisten Menschen sind auf ein *gespiegeltes Selbstgefühl* angewiesen, das von den anderen Akzeptanz, Bestätigung und Entgegenkommen verlangt. Ein solides Selbst dagegen ist ein durchlässiges und flexibles Selbst, das die Einflüsse anderer annehmen kann, ohne seinen Orientierungssinn und seine Zielrichtung zu verlieren.

Wie dies bei den meisten Paaren der Fall ist, hatten auch Jim und Sue nur einen geringen Grad der Selbstdifferenzierung. Da das Selbstgefühl von Sue ein gespiegeltes war und von Jim abhing, brauchte sie ihn als Gesprächspartner. Wenn Jim nicht mit Sue redete, beklagte sie sich, dass er sie nicht wahrnehme und ihr das Gefühl vermittle, überhaupt nicht zu existieren. Entsprechend brauchte Jim Sue als Sexualpartnerin, weil sie ihm das Gefühl gab, begehrt und für sie wichtig zu sein, wenn sie mit ihm schlief. – Dieses gängige Beispiel für ein gespiegeltes Selbstgefühl ist auf der ganzen Welt zu finden.

2. Die zweite Fähigkeit der Differenzierung besteht darin, dass eine Person *ihre Ängste selbst steuert und ihre Schmerzen selbst lindert.* Jim war stets darauf angewiesen, dass Sue ihn nach einem Streit besänftigte und ihm sagte, dass sie Unrecht habe und es ihr Leid tue; denn aus eigener Kraft konnte er sich nicht beruhigen. Entsprechend hegte Sue jahrelang Groll und Ressentiments, denn auch sie konnte sich nicht aus eigener Kraft beschwichtigen und die Vergangenheit ruhen lassen. Weil Jim und Sue leicht verletzbar waren und ihre Schmerzen nur schwer ohne den jeweils anderen lindern konnten, vergingen nach einem Streit oft mehrere Tage oder Wochen, bis sie wieder miteinander sprachen oder sich versöhnten.

3. Die dritte Fähigkeit der Differenzierung besteht darin, dass eine Person *auf die Angst und Reaktionsbereitschaft des Partners nicht überreagiert (aber auch nicht indifferent bleibt).* Ruhig zu bleiben, wenn der Partner den Kopf verliert, verlangt von einem Menschen Standfestigkeit. Jim und Sue reagierten z.B. stets allzu heftig aufeinander: Wenn Sue mit Jim eine Unterhaltung beginnen wollte, ging dieser sofort in die Defensive, als ob er angegriffen würde. Und Sue wurde häufig zornig, wenn Jim sie zu ignorieren schien. Gelegentlich brüllten sie sich entsetzlich an; doch nach einem Streit zogen sie sich meistens tagelang voneinander zurück.

4. Die vierte Fähigkeit der Differenzierung besteht darin, dass eine Person *um der persönlichen Entwicklung willen Unbehagen auf sich nimmt,* d.h. die Befriedigung eines Bedürfnisses aufschiebt und zuerst »ihre Schulden bezahlt«, um das Gewünschte zu bekommen. Während ihrer Auseinandersetzungen verkündete Jim bzw. Sue oft lauthals, dass sie aufgeben und die Scheidung einreichen wollten. Und obwohl solche Äußerungen im Eifer des Gefechts und immer wieder fielen, nahm der jeweils andere sie persönlich und fühlte sich dadurch verletzt, was dazu führte, dass die Beziehung des Paares in eine Abwärtsspirale geriet.

Aufgrund dieser vier einzigartigen Fähigkeiten kann der Mensch ein Selbstgefühl entwickeln und bewahren (Tab. 2). Und diese Fähigkeiten sind zugleich die Voraussetzung dafür, dass Menschen eine reife, erwachsene Liebe entwickeln können.

Tabelle 2: Vier Fähigkeiten der Differenzierung machen eine erwachsene Liebe möglich

1.	Die Bewahrung eines soliden Selbstgefühl, wenn man auf *engstem* Raum mit einem Partner zusammen ist, der einen zur Übereinstimmung zwingen will.
2.	Die eigene Ängste steuern und seine Schmerzen selbst lindern.
3.	Auf die Angst und Reaktionsbereitschaft des Partners nicht überreagieren (aber auch nicht indifferent bleiben).
4.	Um der persönlichen Entwicklung willen Unbehagen auf sich nehmen.

Ohne sie wäre man nicht zu den internen Vorgängen und realen Verhaltensweisen fähig, die die wahre Liebe zu einem anderen Menschen erfordert: nämlich so zu lieben, dass es der geliebten Person zum Vorteil gereicht, und so zu lieben, dass die Welt zu einem besseren Ort wird. *und so zu lieben, dass der Liebende er selbst bleibt.*

Die (allgemeine) Evolution hat den Menschen so ausgestattet, dass er grundsätzlich zu einer reifen, erwachsenen Liebe imstande ist. Die persönliche Evolution (Entwicklung) bietet dem einzelnen Individuum die Möglichkeit, eine reife, erwachsene Liebe zu realisieren. Da sich in der Ontogenese die Phylogenese wiederholt, bringt jeder Mensch für sich die vier Fähigkeiten der Differenzierung hervor. Und wenn diese vier Fähigkeiten zur Entfaltung kommen, wächst die Fähigkeit zur reifen, erwachsenen Liebe.

Auf den ersten Blick wirkt es vielleicht nicht besonders romantisch, wenn man auf diese Weise über Liebe spricht. Doch die vier genannten Fähigkeiten schlagen sich im Denken und Handeln aller Kulturen nieder. So hat z. B. der Schriftsteller Theodore White einmal gesagt: »Sich der herrschenden Meinung seiner Freunde oder den von der Allgemeinheit vertretenen Ansichten entgegenzustellen ist vielleicht die schwierigste Heldentat.« Der frühere Generalsekretär der Vereinten Nationen, Dag Hammarskjöld, hat sich so geäußert: »Ein reifer Mensch ist sein eigener Richter. Die einzige Form der Unterstützung besteht am Ende darin, dass man den eigenen Überzeugungen treu bleibt. Der Rat der anderen mag von unschätzbarem Wert sein, doch er enthebt einen nicht der Verantwortung.« Die blinde Schriftstellerin Helen Keller hat die Ansicht vertreten: »Die Persönlichkeit kann sich nicht durch Friede und Ruhe entwickeln. Nur durch Versuch und Leiden kann die Seele gestärkt, die Sicht geklärt, der Ehrgeiz angefacht und der Erfolg erreicht werden.« Und Winston Churchill hat gesagt: »Wenn du durch die Hölle gehst …, gehe immer nur weiter.«

Was haben nun die vier Aspekte der Differenzierung und der »Gang durch die Hölle« mit einer erwachsenen Liebesbeziehung zu tun? Dazu die Meinung einiger

Frauen: »Ein Ehemann ist das, was vom Liebhaber übrig geblieben ist, nachdem man ihm den Stachel gezogen hat« (Helen Rowland, zit. in: Rodarte 2002, S. 34).

5. Die Differenzierungstheorie

Ich benutze das Konzept der Differenzierung im soziobiologischen Sinn, in dem Murray Bowen und Ed Friedman die Differenzierungstheorie entwickelt haben. Dabei beziehe ich mich nicht auf die Bindungstheorie, in der die Differenzierung als kurzes Stadium der menschlichen Entwicklung gesehen wird und die Bindung der allumfassende Prozess ist. Murray Bowen, der »Vater« der Differenzierungstheorie, war Psychoanalytiker an der berühmten Menninger Foundation in Topeka, Kansas. Er kannte sich gut aus in der Bindungstheorie, wandte sich aber vor 50 Jahren von dieser Theorie ab, um einen völlig anderen Ansatz zu entwickeln.[5]

Bei der Differenzierung geht es darum, zwei elementare Lebenskräfte miteinander ins Gleichgewicht zu bringen: die Bindung und die Selbststeuerung, d.h. einerseits das menschliche Bedürfnis nach Bindung und Verbundenheit mit anderen und andererseits das Verlangen nach Freiheit und Kontrolle über das eigene Leben. Die Differenzierung impliziert Bindung, doch der Differenzierungsprozess ist umfassender und spannungsgeladener als der Bindungsprozess und hat die Evolution der menschlichen Gattung genauso angetrieben, wie er die persönliche Entwicklung des Individuums heute anspornt. Dies erklärt, weshalb und wie die Auseinandersetzungen um die Liebe die Ehe und das Familienleben durchdringen (Tab. 3).

Tabelle 3: Differenzierung (nach Murray Bowen)

Zwei elementare Lebenskräfte ins Gleichgewicht bringen:
▪ Bindung und Verbundenheit
▪ Autonomie und Selbststeuerung

In der psychotherapeutischen »Landschaft« der USA hebt sich ein Ansatz, der sich auf die Differenzierungstheorie beruft – z.B. mein Modell des *Sexual Crucible* –, deutlich aus den Ansätzen hervor, die sich auf die Bindungstheorie stützen, wie z.B. die emotional fokussierte Therapie (*Emotionally Focused Therapy*®) von Susan Johnson oder die Imagotherapie (*Imago® Therapy*) von Harville Hendrix. Der Ansatz des *Sexual Crucible* geht von anderen Grundannahmen aus, verfolgt andere klinische Strategien, hat eine stärkere Intensität und einen schnelleren Rhythmus; die Position des Therapeuten ist eine andere, und in der Therapie liegt der Schwerpunkt auf der kooperativen Konfrontation und nicht, wie üblich, auf der Empathie des Therapeuten.

6. Eine andere Art von Therapie

Anhand meiner Arbeit mit Jim und Sue möchte ich nun meinen therapeutischen Ansatz veranschaulichen.

Sue beklagte sich, dass Jim die Intimität in ihrer Beziehung kontrolliere, und Jim beklagte sich, dass Sue die Sexualität kontrolliere. Wie viele andere Paare war auch dieses Paar überzeugt, ihr Problem sei darauf zurückzuführen, dass Männer die Liebe mit Sexualität und Frauen die Sexualität mit Liebe verwechselten. Doch ich bot dem Paar eine ganz andere Erklärung an, die nichts mit der Geschlechtszugehörigkeit zu tun hat; denn das Verhaltensmuster von Jim und Sue tritt bei manchen Paaren in umgekehrter Rollenverteilung auf und ist auch bei gleichgeschlechtlichen Paaren zu beobachten. Außerdem war Sue inzwischen diejenige, deren sexuelles Verlangen stärker war als das ihres Partners, und diese Tatsache entsprach nicht der Vorstellung des Paares.

Jim und Sue baten mich um eine Erklärung, was in ihrer Beziehung denn schief laufe, worauf ich ihnen erwiderte, dass ich bei ihnen nichts Pathologisches erkennen könne. Ich versicherte ihnen eher noch, dass mit ihrer Beziehung alles in Ordnung sei – und dass genau darin der Grund liege, weshalb sie eben diese Probleme hätten. Jim und Sue schauten einander an, und es war ganz klar, dass sie mich für verrückt hielten. Ich ließ sie wissen, dass sie sich zwar trennen könnten, wenn sie wollten, der Grund für eine Scheidung aber nicht in einer gestörten Beziehung zu suchen sei. An diesem Punkt hatte ich die volle Aufmerksamkeit von Jim und Sue.

6.1 Ein »unpathologischer« Ansatz

Auf Jims Frage, wieso in ihrer Beziehung alles in Ordnung sein könne, antwortete ich, dass er, Jim, und Sue nach den Grundprinzipien lebten, nach denen Liebesbeziehungen funktionierten: Der Partner mit dem geringeren sexuellen Verlangen – in ihrem Fall zuerst Sue, später dann Jim – kontrolliere immer die Sexualität. Und wenn in einer Paarbeziehung die Partner auf die Bestätigung des jeweils anderen angewiesen seien, kontrolliere der Partner mit dem geringeren Verlangen nach Intimität – zum damaligen Zeitpunkt Jim – auch immer die Intimität.

Jim und Sue schauten sich an und fingen an zu lachen. Anhand dieser beiden systemischen Grundregeln hinsichtlich Sexualität und Intimität konnten Jim und Sue erkennen, dass ich sie nicht einfach nur beruhigen oder ihnen falsche Hoffnungen machen wollte. Auch wenn sie es nicht eingestehen mochten, funktionierte ihre Beziehung doch nach wissenschaftlichen Prinzipien. Und da ihre Situation wissenschaftlich erklärbar zu sein schien, auch wenn das Paar dies nicht nachvollziehen konnte, beruhigten sich Jim und Sue – wie unzählige Paare in dieser Situation – und schenkten ihrer Beziehung mehr Beachtung: Sie versuchten nicht mehr, die Beziehung zu reparieren, sondern fingen an, etwas aus ihr zu lernen.

Mit Hilfe dieser *nicht pathologisierenden Herangehensweise* trat bei Jim und Sue eine Beruhigung ein, weil keiner der beiden beschuldigt wurde, dumm oder unfähig zu sein oder etwas Falsches zu tun. Dadurch wurde die Situation der beiden zwar nicht sofort besser, doch die Vorstellung, dass der Zustand ihrer Beziehung gerade deshalb schrecklich war, weil alles ordnungsgemäß und unpathologisch ablief, gab dem Paar ein besseres Gefühl hinsichtlich seiner Situation und mehr Motivation, die Beziehung zu erhalten.

6.2 Der Partner mit dem geringeren sexuellen Verlangen kontrolliert immer die Sexualität

Am Anfang ihrer Ehe wollte Jim von Sue dadurch Bestätigung bekommen, dass sie mit ihm schlief. Dazu war Sue nicht bereit, weil sexuelle Aktivitäten mit Jim auf dieser Basis ihr das Gefühl gaben, ihm einen Gefallen zu tun, um den ehelichen Frieden zu wahren; dies wollte sie nicht, weil sie damit ihre eigene Integrität »wegwarf«. Jim beklagte sich, dass Sue ihn kontrolliere, doch in Wirklichkeit war Sue überhaupt nicht daran interessiert: Sie wollte die Kontrolle über ihr eigenes Selbst spüren und im Besitz ihres Körpers sein – wenn man Menschen ihren Besitz streitig macht, reagieren die wenigsten großzügig. Wie so viele hatte Sue sich unwissentlich auf den Prozess eingelassen, sich an ihrem eigenen Selbst festzuhalten, eine stärkere Beziehung zu sich selbst zu entwickeln, indem sie sich weigerte, mit Jim zu schlafen.

Als Jim darüber klagte, dass Sue in ihrer Beziehung die Sexualität kontrolliere, erklärte ich ihm eine heikle Tatsache: Der Partner mit dem stärkeren Verlangen nach Sexualität initiiert die sexuelle Aktivität, und der Partner mit dem geringeren sexuellen Verlangen entscheidet darüber, wann und wie Sexualität geschieht und welche Arten der Initiative er vom anderen akzeptiert. Der Partner mit dem geringeren sexuellen Verlangen kontrolliert – ob er will oder nicht – stets die Sexualität in einer Beziehung und ist dadurch oft eher belastet als erfreut. Auf diese Weise funktionieren monogame Systeme, und zwar unabhängig vom Grad der Differenzierung. Gut differenzierte Paare können mit dieser Tatsache allerdings einfühlsam und großzügig umgehen.

7. Liebe, Intimität und Differenzierung

Der Prozess der Differenzierung durchdringt die Liebe, die Sexualität und die Intimität einer Beziehung. Die Liebe spielt sich in den unterschiedlichsten Tiefen der menschlichen Entwicklung ab und zeigt sich in ihrem Wesen und in ihrem Ablauf

auf jeweils andere Weise. Viele Aspekte einer Liebesbeziehung – z.B. die Intimität, das sexuelle Verlangen und die Leidenschaft – sind keine monolithischen, einheitlichen Erscheinungsweisen, die sich lediglich in ihrer Quantität unterscheiden. Intimität, sexuelles Verlangen und Liebe sind komplexe systemische Prozesse, die je nach Niveau der persönlichen Entwicklung (gemessen an den vier Fähigkeiten der Differenzierung) unterschiedlich ablaufen.

Die Art, in der diese Prozesse ablaufen, erzeugt Probleme, die einen Menschen zu persönlichem Wachstum herausfordern. Und mit der persönlichen Entwicklung des Individuums verändern sich zugleich Intimität, Verlangen und Liebe in einer Weise, die für den Menschen an sich wünschenswert ist. Anders ausgedrückt: Intimität, Verlangen und Liebe lassen sich nicht auf Fertigkeiten und Techniken reduzieren, weil sie Teil eines komplizierten Systems sind – eines Systems, das die persönliche Entwicklung des Individuums genauso fördert, wie es einst die Evolution der menschlichen Gattung gefördert hat.

7.1 Bestätigung der Intimität durch den anderen bzw. durch einen selbst

Das Phänomen der Intimität tritt auf verschiedenen Ebenen der persönlichen Entwicklung in Erscheinung. Dem trägt der Ansatz des *Sexual Crucible* Rechnung, in dem zwischen der durch den *anderen* bestätigten (Ebene 1) Intimität und der durch einen *selbst* bestätigten (Ebene 2) Intimität (Schnarch 1991) unterschieden wird (Tab. 4). Die meisten Menschen halten die durch den *anderen* bestätigte Intimität für Intimität *per se:* Der eine Partner offenbart und öffnet sich dem anderen, während dieser andere Partner dafür Empathie, Akzeptanz, Bestätigung und Rückhalt bietet und sich seinerseits öffnet. Dieses Bild hatten Sue und Jim vor Augen, als sie über emotionale Intimität nachdachten.

Dagegen ist die durch einen *selbst* bestätigte Intimität etwas ganz anderes. Hier öffnet sich ein Partner dem anderen und findet in sich selbst Bestätigung, auch wenn der andere gleichgültig bleibt, ihn zurückweist oder sich nicht auf ähnliche Weise öffnet. Auf der Ebene der selbst-bestätigten Intimität ist der »Sprecher« nicht davon abhängig, dass der »Zuhörer« bestimmte Dinge tut; Gültigkeit hat einfach das, was der »Sprecher« tut.

Tabelle 4: Zwei Arten der Intimität (nach Schnarch 1991)

- Die durch den *anderen* bestätigte Intimität (other validated initimacy) (Ebene 1; Verliebtsein)
- Die durch einen *selbst* bestätigte Intimität (self validated intimacy) (Ebene 2; reife, erwachsene Liebe)

Die meisten Menschen halten die selbst-bestätigte Intimität nicht einmal für Intimität per se. Sie erleben diese Ebene der Intimität sogar als *fehlgeschlagene* Intimität, weil sie erwarten, dass die Intimität ihnen die Bestätigung, Akzeptanz und Angstregulierung ermöglicht, die sie alleine nicht erreichen können. Dieser gängige Denkfehler führt oft dazu, dass Paare sich scheiden lassen, weil sie glauben, ihrer Beziehung fehle die Intimität oder ihre Liebe sei erloschen. Das Rendezvous mit einem Verehrer oder das Werben um die Angebetete sind die »Werkzeuge«, mit denen die durch den anderen bestätigte Intimität dauerhaft geschürt wird. Von der Ehe erwartet man gemeinhin die Intimität, die durch den anderen bestätigt wird, und stattdessen erhalten die Partner unzählige Einladungen zu einer Intimität, in der sie sich selbst bestätigen. Diese beiden Ebenen der Intimität – die durch den anderen bzw. durch einen selbst bestätigt wird – entsprechen unterschiedlichen Ebenen einer Liebesbeziehung: Die romantische Liebe funktioniert auf der Basis der durch den anderen bestätigten Intimität; die selbst-bestätigte Intimität ist das Markenzeichen der reifen, erwachsenen Liebe.

Die Fähigkeit zu einer Intimität, bei der die Partner in sich selbst Bestätigung finden, steht und fällt mit den vier Fähigkeiten der Selbstdifferenzierung. In der Situation, in der sich z.B. der Ehemann seiner Frau öffnet und diese ihren Partner ignoriert oder kritisiert, sollte er Folgendes tun:

1. Er muss sich über sich selbst und seine Wertvorstellungen im Klaren sein.
2. Er muss seine Schmerzen selbst lindern und sich besänftigen.
3. Er darf sich nicht irritieren lassen, wenn die Partnerin schreit oder anscheinend überhaupt nicht reagiert.
4. Er muss diese schwierige Interaktion durchstehen, weil solche Vorgänge eben ein Teil des »Spiels« sind.

Diese vier Fähigkeiten sind sogar dafür ausschlaggebend, dass ein Mensch in der Lage ist, mit offenen Augen sexuell aktiv zu sein und den Orgasmus mit offenen Augen zu erleben (Schnarch 1991).[6]

Dazu folgendes Beispiel: Stellen Sie sich vor, Sie schlafen mit Ihrer Partnerin (Ihrem Partner). Sie blicken Ihrer Partnerin tief in die Augen und schauen auch beim Orgasmus weder zur Seite, noch schließen Sie die Augen. Sie haben damit keinerlei Problem, aber vielleicht verlangt die Partnerin von Ihnen vorwurfsvoll, sich nach alter Manier sexuell zu betätigen, und dies könnte Ihre Gefühle verletzen. Sie müssen nun den Anwürfen der Partnerin gegenüber standfest bleiben und um der persönlichen Entwicklung willen Unbehagen ertragen, damit Ihr Wunsch Wirklichkeit wird. Mit anderen Worten: Auch in dieser Situation sind die vier Fähigkeiten der Differenzierung durchweg hilfreich.

7.2 Die Abhängigkeit von der Intimität, die durch den anderen bestätigt wird, gibt dem Partner mit dem geringeren Verlangen die Kontrolle

Jim und Sue befanden sich wegen ihrer Intimitätsprobleme in einer festgefahrenen Situation, denn sie waren in ihrer Intimität von der Bestätigung des jeweils anderen abhängig. Sue erwartete, dass Jim sie darin akzeptierte und bestärkte, ihn an ihren Gefühlen teilhaben zu lassen, und dass er sie ebenso an seinen Gefühlen teilhaben ließ. Am Anfang ihrer Beziehung stellte dies für Jim noch kein Problem dar, weil er damals vieles von sich preisgeben konnte, was nicht allzu persönlich war oder ihm bedrohlich vorkam. Doch mit der Zeit blieben nur noch Gesprächsthemen übrig, die Jim als zu persönlich empfand. Gleichzeitig war Sue für ihn sehr wichtig geworden – zu wichtig, als dass er ihre Zurückweisung riskieren wollte, wenn er mit ihr über diese Dinge geredet hätte.

Entsprechend hatte Sue immer die einfachen Themen angesprochen, über die sie sich selbst bestätigen konnte. Auch bei ihr waren am Ende nur noch die schwierigen Dinge übrig geblieben. Bei vielen dieser Themen brauchte Sue Jims Bestätigung und Akzeptanz, um überhaupt darüber reden zu können. Doch Sue konnte ihre eigenen Enthüllungen schließlich nicht mehr selbst bestätigen, und Jim versagte ihr seine Bestätigung – weil sie immer nur über Dinge redete, die ihn nervös machten und von ihm verlangten, dass er sich Sue in ähnlicher Weise öffnete.

Das Paar erreichte schließlich den Punkt, dass Sue es aufgab, etwas über sich preiszugeben und über ihre Probleme zu sprechen. Eine solche Entwicklung beobachtet man bei Paaren auf der ganzen Welt – auch wenn die Rollenverteilung zwischen Mann und Frau umgekehrt ist oder es sich um gleichgeschlechtliche Partnerschaften handelt. Wie in vielen Fällen wurde auch Sue zunehmend verbittert und verlor das Interesse an der Sexualität (obwohl sie gerne sexuell aktiv war). Dieser Verlauf entspricht einem Grundprinzip von Liebesbeziehungen: Wenn ein Paar von der Intimität abhängig ist, die durch den jeweils anderen bestätigt wird, hat der Partner mit dem geringeren Verlangen nach Intimität stets die Kontrolle über die Intimität.

8. Sexual Crucible® – ein ökologischer Ansatz der Paartherapie

Im Modell des *Sexual Crucible* ist die Differenzierung ein zentraler Aspekt. Doch diese Vorgehensweise ist auch ein *ökologischer Ansatz* der Paartherapie, der Einzeltherapie und der Familientherapie.

Ein ökologischer Ansatz baut Brücken zwischen den Wissenschaften – z.B. zwischen der Physik, Biologie, Ökologie, Evolutionstheorie und Psychologie – und untersucht, wie diese Einzelbereiche zu einem System zusammengefügt werden können. So lassen sich z.B. mit einem ökologischen Ansatz die Prozesse ausfindig machen, die ablaufen, wenn *aus der Unordnung spontan Ordnung hergestellt wird*. Im Folgenden zeige ich, wie im Hinblick auf den menschlichen Trieb, ein »Selbst« zu entwickeln und zu bewahren, aus der Unordnung eine Ordnung entsteht.

Die Ökologie von Liebesbeziehungen ist der Punkt, an dem meine Arbeit und das Werk von Prof. Jürg Willi ineinander greifen. Dr. Willi gilt in Europa weithin als der »Vater« der ökologischen Psychotherapie, und sehr bekannt ist er für seine Arbeiten zum Thema »Liebe«. Darüber hinaus haben mich Jürg Willis Arbeiten über den Vorwurf in Paarbeziehungen und die Einrichtung einer persönlichen Nische interessiert. Ich las seine Bücher und arrangierte – ähnlich der Begegnung mit Helen Fisher in New York im Central Park – ein Treffen mit ihm in einem Wiener Restaurant bei Spaghetti à la carbonara. Seit diesem Zeitpunkt besteht eine anregende Freundschaft zwischen uns.

Zurück zu den vier Fähigkeiten der Differenzierung, die z.B. eine große Rolle spielen, wenn es in der Paarbeziehung zu Vorwürfen kommt. Wenn etwa Ihr Partner (Ihre Partnerin) Sie kritisiert, dann ist Ihre Differenzierung umso geringer:

- je stärker Sie sich verletzt, beleidigt, zurückgewiesen und wertlos fühlen,
- je schwieriger es für Sie ist, sich selbst zu beschwichtigen,
- je defensiver Sie sind und je heftiger Sie reagieren und
- je schneller Sie die Beziehung aufgeben wollen.

Darüber hinaus ist Ihre Differenzierung umso geringer,

- je mehr Sie dazu neigen, Ihrer Partnerin (Ihrem Partner) Vorwürfe zu machen,
- je mehr Ihre Vorwürfe unbegründet sind und
- je tiefer Sie sich verletzt fühlen, wenn Ihre Partnerin (Ihr Partner) unangenehm reagiert.

Jim und Sue befanden sich genau in diesem Kreislauf, ohne ihn durchbrechen zu können, weil sie zu wenig differenziert waren. Denn die Reaktion auf die Vorwürfe des anderen hängt weitgehend vom eigenen soliden Selbstgefühl ab.

9. Menschen erschaffen sich im Miteinander

Wie, ökologisch gesehen, der menschliche Trieb, ein »Selbst« zu entwickeln und zu bewahren, in Erscheinung tritt, soll im Folgenden erklärt werden: Nach dem Modell des *Sexual Crucible* erschaffen Menschen sich im Miteinander, und sie gestalten gemeinsam ihre Persönlichkeit, Realität und ihr Geschick. Dies tun sie auf zweierlei Weise:

Erstens schaffen sie sich ihre eigene Umwelt durch die Interaktion mit anderen und reagieren auf diese gemeinsame Konstruktion. In den letzten 15 Jahren wurden subtile psychophysiologische Forschungen durchgeführt, die dokumentieren, wie mit der Geburt eines Menschen die gemeinsame Steuerung und die Koevolution beginnen.

Zweitens erschafft der Mensch sich im Miteinander dadurch, dass er auf die Dinge reagiert, die ihm die Welt und das Leben von sich aus vorgeben. Damit meine ich genau das, was der österreichische Psychotherapeut Victor Frankl über seine Erfahrungen im Konzentrationslager im Zweiten Weltkrieg berichtet:

»Wir müssen lernen und die verzweifelnden Menschen lehren, daß es eigentlich nie und nimmer darauf ankommt, was wir vom Leben noch zu erwarten haben, vielmehr lediglich darauf: was das Leben von uns erwartet! Zünftig philosophisch gesprochen, könnte man sagen, ... daß wir nicht mehr einfach nach dem Sinn des Lebens fragen, sondern daß wir uns selbst als die Befragten erleben, als diejenigen, an die das Leben täglich und stündlich Fragen stellt – Fragen, die wir zu beantworten haben, indem wir nicht durch ein Grübeln oder Reden, sondern durch ein Handeln, ein richtiges Verhalten, die rechte Antwort geben. Leben heißt letztlich eben nichts anderes als: Verantwortung tragen für die rechte Beantwortung der Lebensfragen, für die Erfüllung der Aufgaben, die jedem einzelnen das Leben stellt, für die Erfüllung der Forderung der Stunde« (Frankl 1977, S. 124 f).

9.1 Das natürliche Wachstum von Liebesbeziehungen nutzbar machen

Der Ansatz des *Sexual Crucible* ist so angelegt, dass die natürlichen, normalen, unvermeidlichen und schwierigen Herausforderungen von Liebesbeziehungen – z.B. sexuelles Verlangen als Problem, sexuelle Dysfunktionen und aufgestaute Emotionen – nutzbar gemacht werden. Derlei Probleme werden therapeutisch so genutzt, dass die Selbstdifferenzierung der Klienten gesteigert wird. Dabei sollten einige wichtige Aspekte bedacht werden:

- Krisen in der Liebe, Auseinandersetzungen um Kontrolle und Schwierigkeiten im sexuellen Bereich entstehen meistens aus unpathologischen Gründen. Probleme in der Paarbeziehung sind häufiger ein Zeichen dafür, dass die Beziehung in Ordnung ist, und seltener ein Hinweis darauf, dass etwas nicht stimmt.
- Viele Streitigkeiten, Konfrontationen und Weigerungen, Kompromisse einzugehen, sind auf die gesunden Prozesse der Differenzierung zurückzuführen.
- Spezifische vorhersagbare systemische Prozesse sorgen dafür, dass in Liebesbeziehungen – und folglich auch in der Paartherapie – emotional tiefgreifende Konflikte ausgetragen werden.

9.2 Koevolution: der Emotionsstau (emotional gridlock)

Der *Emotionsstau* oder *emotionale Engpass (emotional gridlock)* soll an einem vorhersagbaren systemischen Prozess veranschaulicht werden, wie er für Ehen und Familien typisch ist. In der Fachliteratur taucht dieser Begriff zum ersten Mal mit der Veröffentlichung von *Constructing the Sexual Crucible* (Schnarch 1991) auf. Doch jeder Therapeut hat schon in der einen oder anderen Form einen Emotionsstau erlebt – wenn nicht in der therapeutischen Praxis, dann mit Sicherheit in der eigenen Beziehung. Ein emotionaler Engpass ist einem Verkehrsstau auf einer Kreuzung in einer Großstadt vergleichbar. Die vorgesehene Fahrtrichtung ist blockiert, weil ein anderer diese Richtung schon eingeschlagen hat – und umgekehrt.

Emotionen stauen sich auf, wenn immer wieder gleiche Auseinandersetzungen stattfinden und die Partner das Gefühl haben, für Kompromisse sei kein Raum, weil man sich schon auf zu viele Kompromisse eingelassen hat. Korrekturversuche bleiben aus, weil man sich als der Geschlagene fühlt oder um des lieben Friedens willen klein beigibt. Die eigenen Gefühle werden permanent verletzt, oft geht man aufeinander los, und weder der eine noch der andere rückt auch nur einen Zentimeter von seiner Linie ab.

Zum Emotionsstau kommt es meistens an den Punkten, an denen die Partner nicht zugeben können, uneins zu sein – z.B. bei den Themen »Sexualität«, »Geld«, »Kinder« oder »Verwandtschaft« –, und die Aussprache darüber vermeiden: Z.B. können Menschen in Bezug auf Sex nicht zugeben, uneins zu sein. Dies gilt genauso für die Entscheidung, ob man ein Kind miteinander haben will, einen Geldbetrag ausgeben oder sparen soll oder ob die Schwiegermutter bei der Familie einziehen soll oder nicht.

9.3 Ständige Kompromisse und Verhandlungen begünstigen einen emotionalen Engpass

Dies ist ein wichtiger Aspekt des gemeinsamen Schaffens und der Koevolution: Ein Emotionsstau lässt sich nicht durch Kompromisse und Verhandlungen auflösen, weil eben die wiederholten Versuche, einen Kompromiss zu finden und Dinge auszuhandeln, und ebenso die dabei erzielten *Erfolge* den emotionalen Engpass *hervorbringen*. Am Ende hat man das Gefühl, dass man sich nur noch auf Kompromisse eingelassen und Verhandlungen geführt hat und dass man selbst oder das, was einem lieb ist, allmählich verloren geht.

Die *Erfolge* – und nicht nur die Fehlschläge –, die man durch Kommunikation, Verhandlung und Kompromiss erreicht, sind es, die einen Emotionsstau entstehen lassen. Je mehr die Partner sich in Verhandlungen und Kompromissen üben, desto besser werden sie darin und desto abhängiger werden sie davon. Aber am Schluss wird daraus eine Frage der Integrität und weniger eine Frage der Fähigkeit: Jede Anpassung verringert das Ausmaß eines Entgegenkommens, das ohne Verletzung der Integrität des Partners oder des gespiegelten Selbstgefühls des anderen möglich wäre. Der eine Partner kommt dem anderen so weit entgegen, wie er kann, und bleibt schließlich stehen. Der andere Partner verhält sich genauso. Der emotionale Engpass entsteht dann, wenn ein Partner den Eindruck hat, dass sein »zartes Pflänzchen« des Selbstgefühls am verwelken ist.

Je geringer die Differenzierung eines Menschen ist – je mehr er von der Bestätigung und der Angstregulierung durch den Partner abhängt –, desto schneller gerät seine Beziehung in einen Emotionsstau. Menschen mit geringer Selbstdifferenzierung gelangen rasch an einen emotionalen Engpass, wenn sie mit den normalen schwierigen Herausforderungen von Ehe und Familienleben konfrontiert sind. Ihre Emotionen stauen sich schneller und in mehr Bereichen auf und sind Veränderungen gegenüber resistenter – und dann empfinden beide Partner den emotionalen Engpass als persönliche Zurückweisung. Wenn einem Menschen die vier Fähigkeiten der Differenzierung fehlen, neigt er dazu, auf seinen Partner einzuwirken, um die eigene emotionale Stabilität zu regulieren, und auf eine Weise zu handeln – oder eben auch nicht –, die dem Partner das Herz bricht.

Ein Emotionsstau entsteht, wenn sich die Differenzierung in einer Liebesbeziehung erschöpft hat. Er lässt sich nicht auf eine »gescheiterte Kommunikation« oder auf unüberwindbare Differenzen zurückführen – auch wenn dies die gängige Fehlinterpretation ist. Das Problem besteht darin, dass die Partner *nicht aufhören können*, miteinander zu kommunizieren – und deshalb so zornig aufeinander werden. Seit 30 Jahren unterweise ich meine Klienten nicht mehr in kommunikativen Fertigkeiten, weil ich erkannt habe, wie »das Schweigen dem Partner gegenüber« – und das so »laut«, bis der andere die Botschaft verstanden hat – ausgezeichnet illustriert, dass Paare ständig miteinander kommunizieren. Doch die Kommunikation ist wirkungslos, wenn ein Partner die Botschaft nicht verkraften kann. Ich bringe meinen Klienten bei, wie sie sich mit der Botschaft des anderen auseinander setzen können (indem sie nämlich ihre Differenzierung steigern). Wenn ein Mensch in sich selbst Bestätigung finden kann, hält er es auch aus, wenn er sehr heikle Dinge zu hören bekommt oder sagen muss.

9.4 Die Ehe ist ein Instrument zur persönlichen Entwicklung

Am Beispiel des Emotionsstaus lässt sich veranschaulichen, was ich unter einer »Ehe als Instrument zur persönlichen Entwicklung« verstehe. Das Prinzip bezieht sich auf systemische Muster, die eine Liebesbeziehung durchdringen, die nach den Prozessen der Differenzierung ablaufen und die kulturunabhängig sind, weil sie in der soziobiologischen Entwicklung der menschlichen Gattung verwurzelt sind. Für Paare wie Jim und Sue bringt dies die Erkenntnis, dass sie – wie alle Paare – einen echten Prozess durchmachen, ein berechtigtes Durchgangsstadium namens Emotionsstau, und dass nichts schief gelaufen ist, auch wenn sie das, was in ihrer Beziehung passiert ist, nicht mochten.

Der emotionale Engpass ist nicht die einzige Triebfeder des »Instruments«, das die persönliche Entwicklung in Liebesbeziehungen fördert: Tatsache ist nämlich auch, dass *sich die Partner – ob sie es wollen oder nicht und ob sie es wissen oder nicht – auf natürliche Weise gegenseitig zur persönlichen Entwicklung anspornen*. Letztlich »ermuntern« Ihre Grenzen und Ihre Weigerung, sich persönlich zu entwickeln – was zum emotionalen Engpass der Beziehung beiträgt –, auch *den anderen Partner (die Partnerin) zu persönlichem Wachstum*. Er (sie) wird zunächst dadurch flexibler, dass

- er oder sie versucht, Sie zu »akzeptieren« und Ihnen entgegenzukommen. Und wenn er oder sie Ihnen nicht mehr entgegenzukommen vermag, erreicht er (sie) die nächste Stufe der Flexibilität dadurch, dass
- er (sie) sich schließlich offen und ehrlich *weigert*, Sie zu bestätigen oder Ihnen entgegenzukommen. Diese Weigerung wird für den Partner (die Partnerin) oftmals zu einem lebensverändernden Ereignis, und entsprechend
- werden Sie dadurch flexibler, dass Ihr Partner oder Ihre Partnerin *sich weigert*, Ihnen entgegenzukommen oder Sie zu bestätigen.

In Ehen und Familien »verhelfen« sich die Partner zur persönlichen Entwicklung nicht allein dadurch, dass sie bewusst Anstrengungen unternehmen, das eigene Wachstum oder das des anderen zu fördern, sondern auch dadurch, dass sich der eine Partner *gegen seine persönliche Entwicklung sträubt*. Und genau dies fördert die Entwicklung des anderen Partners, weil er versucht, seinem Partner entgegenzukommen. Persönliches Wachstum in einer Beziehung wird nicht zuletzt auch dadurch erreicht, dass ein Partner *sich weigert, innerhalb der vom anderen Partner gesetzten Grenzen weiterzuleben*.

Wenn ein Paar einmal verstanden hat, welche Prinzipien in einer Ehe am Wirken sind, fühlen sich die Partner in ihren Gefühlen nicht mehr so tief verletzt, weil sie dann nämlich aufhören zu glauben, dass ihre Probleme ein Zeichen für erloschene Liebe sind. Der Umstand, dass eine Ehe auf diese Weise »funktioniert«, ruft bei den meisten Paaren sogar das Bild von ehelichem Glück hervor. Er stellt auch eine Herausforderung für viele Therapeuten dar, die eine Ehe tendenziell als eine Fortsetzung der frühkindlichen Bindungsbeziehungen sehen und davon ausgehen, dass eine gute Ehe so beschaffen sein müsse, dass die Partner sich gegenseitig eine stabile und sichere Basis bieten, von der sie in die Welt hinaustreten können. Konflikte in der Liebesbeziehung sind entscheidende Momente der persönlichen Entwicklung eines Menschen. Deshalb ist die Liebe ein so kritisches Phänomen: Liebesbeziehungen bieten sinnhafte Auseinandersetzungen, denen sich die Partner kaum entziehen können und die zu persönlicher Entwicklung herausfordern.

Ökologisch gedacht, entwickeln sich die Partner dadurch, dass ihre romantische Liebe zu Ende geht. Menschen, die davon abhängig sind, dass sie in ihrer Intimität durch den Partner bestätigt werden, haben generell eine geringe Selbstdifferenzierung. Dies führt tendenziell zu einem emotionalen Engpass, weil die Phase, in der die Intimität durch den anderen bestätigt wird, begrenzt ist. Am Ende steht man ohne das positive gespiegelte Selbstgefühl und das Entgegenkommen des Partners da und ist aufgefordert, ein solides Selbstgefühl zu bewahren. Man muss die eigenen Schmerzen selbst lindern, weil man den anderen verletzt hat, und darf nicht reagieren, weil sonst die Beziehung auf dem Spiel steht. Dann müssen die heiklen Dinge gesagt und getan werden, die gesagt und getan werden müssen. Der Emotionsstau kann nur noch dadurch wirksam aufgelöst werden, dass man sich ein Herz fasst und Bestätigung in sich selbst zu finden versucht, wenn der Partner einen zurückweist oder kritisiert.

9.5 Die Paartherapie, die auf Differenzierung zielt

Um einen solchen »Vertrauenssprung« vorzubereiten, stellte ich Sue die heikle Frage: »Weshalb ist es für Sie mit Ihrem persönlichen Hintergrund so wichtig, mit jemandem sexuell aktiv zu sein, der Sie gar nicht will?« Sue war einen Moment verblüfft, realisierte dann aber rasch die Tragweite meiner Frage. Sie erzählte, dass sie mit der klaren Botschaft aufgewachsen sei, eine Belastung für ihre Eltern zu sein, und gelernt habe, für sich selbst nicht allzu viel zu fordern. Als Sue sah, dass sie auch in der Sexualität nach diesem Muster vorging, sagte sie fast nichts mehr, wirkte aber entschlossen, ihr Leben zu verändern.

An Jim richtete ich entsprechend folgende Frage: »Wieso ist es für Sie so wichtig, vorzugeben, dass Sie an sexuellen Aktivitäten interessiert sind, wenn dies gar nicht der Fall ist, und dann Sue das Gefühl zu vermitteln, sie sei zu fordernd?« Jim erzählte daraufhin, dass er aus einer Familie komme, in der keiner die Wahrheit gesagt habe, und dass eine Fassade emotionaler Nähe verdeckt habe, wie distanziert die Familienmitglieder zueinander waren. Jim und Sue waren zwar von meinen Fragen überwältigt, doch neue Erkenntnisse allein reichen oft nicht aus, um die Dinge zu ändern.

9.6 Veränderung ist möglich, wenn eine »kritische Masse« erreicht ist

Bei vielen Paaren (und Familien) sind fundamentale Veränderungen und neue Lösungen nur dann möglich, wenn der Druck im System eine »kritische Masse« erreicht hat. Je niedriger der Differenzierungsgrad eines Partners ist, umso höher müssen Angstniveau und Druck werden, bis die »kritische Masse« erreicht ist, damit Veränderung möglich ist.[7] Um einen Emotionsstau hinsichtlich der Intimität auflösen zu können, braucht man Integrität und Mut.

Bei Jim und Sue war das Moment der Veränderung eines Abends gekommen, als Sue mit Jim schlafen wollte und er sie abwies. Am nächsten Tag versuchte Sue, mit Jim über den Abend zuvor zu sprechen, und dieser reagierte auf eine Weise, die Sue eigentlich zum Schweigen hätte bringen sollen. Statt zornig zu werden oder zu verstummen, sagte Sue: »Du bringst mich nicht mehr dadurch zum Schweigen, dass du mir das Gefühl gibst, unzureichend zu sein, und ich drohe dir nicht mehr mit Scheidung, wie ich das immer getan habe. Aber du musst wissen, dass mir das Herz darüber bricht, wie wir miteinander umgehen. Ich kann dir so nicht mehr begegnen, und auch ich verdiene eine bessere Behandlung. Ich meine, dass du nicht mit mir sprechen oder mit mir ins Bett gehen musst, wenn du nicht willst, und ich werde dich nicht dazu nötigen. Ich liebe dich, aber ich will auch jemanden, der mit mir sprechen *will* und der mit mir ins Bett gehen *will*. Du musst mir keinen Gefallen mehr tun, denn ich werde dich nicht mehr um so etwas bitten. Ich möchte nicht mit jemandem schlafen, der nicht will.«

Damit hatte Sue sich der selbst-bestätigten Intimität zugewandt. Und wie das in solchen Fällen immer so ist, wenn ein Partner die selbst-bestätigte Intimität entdeckt, veränderte sich auch das Beziehungssystem des Paares. Während der Partner mit dem geringeren Verlangen stets die durch den *anderen* bestätigte Intimität kontrolliert, steuert der Partner, der Bestätigung in sich selbst findet, immer die *selbst*-bestätigte Intimität. Jim konnte Sue nicht zum Schweigen bringen, weil sie nicht auf seine Bestätigung angewiesen war. Sue ging nach den vier Aspekten der Differenzierung vor: Sie war mit sich selbst und ihrem Plan im Klaren; sie beschwichtigte ihre Unruhe selbst; sie reagierte nicht zu heftig; und sie nahm Unbehagen um der persönlichen Entwicklung willen auf sich.

Die »kritische Masse« für Veränderung war erreicht, als Sue es ablehnte, dass Jim nur aus Mitleid mit ihr ins Bett ging, und Jim es ablehnte, sich zu sexuellen Aktivitäten überreden zu lassen. Weil Sue und Jim ihre Positionen aus der Konfrontation mit sich selbst entwickelt hatten, konnten sie *ruhig bleiben*, wenn die Spannung zwischen ihnen stieg, und mussten sich nicht übereinander hinwegsetzen oder einander verhöhnen. Das Kennzeichen einer »kritischen Masse« ist eine unbehagliche Ruhe und nicht das Schreien und Drohen.

Jim wurde durch Sues Schritt aufgerüttelt, und obwohl er sich dadurch bedroht fühlte, war ihm klar, dass Sue ihm nicht drohte. Sie machte ihm ihre eigene Wahrheit deutlich und stand mit beiden Füßen fest auf der Erde. Jim fühlte sich unter Druck, aber Sue übte keinen Zwang auf ihn aus – in Wirklichkeit hatte er nämlich Angst, dass sie ihn sich selbst überlassen und ihren eigenen Weg gehen könnte.

Mehrere Tage lang war Jim sehr deprimiert und wütend. Doch er ließ seine Stimmung nicht an Sue aus und erwartete von ihr auch keinen Trost. Er wagte dies nicht, weil die Dinge sich wirklich zu verändern schienen. Ein paar Tage später ging Jim auf Sue zu und bat sie um ein Gespräch. Er habe erkannt, so sagte er ihr, dass er sie wegen ihres Wunsches nach Intimität bestrafe, weil dieser Wunsch in ihm Unbehagen auslöse. Er sprach auch darüber, dass er sich als Mann unzulänglich vorkomme, weil eigentlich *er* das stärkere sexuelle Verlangen von beiden haben müsse. Jim teilte Sue mit, dass er sie attraktiv finde und vermute, dass dies auch für andere Männer gelte. Darüber hinaus bot er Sue an, dass sie miteinander über ihre finanzielle Situation sprechen sollten, was längst überfällig sei. Sue fand es gut, dass Jim sich ihr öffnete, und sagte ihm dies auch. Sie behandelte ihn respektvoller, beteuerte ihm aber nicht, dass alles in Ordnung sei. Stattdessen ließ sie ihn auf eigenen Füßen stehen und beobachtete, was als Nächstes geschah.

Zwei Tage später war es Jim, der sexuelle Aktivitäten begann, weil er dies wirklich wollte. Sue erschien ihm unabhängiger und von ihm distanzierter, und genau dies machte sie attraktiver für ihn. Bei seiner Initiative hatte Jim nicht den Eindruck, kapituliert zu haben, weil sie das Resultat seiner Auseinandersetzungen mit sich selbst war. Er fühlte sich nicht herabgewürdigt, sondern in seinem Selbstwert eher gestärkt. Dadurch, dass Jim die Krisen der Woche zuvor bewältigt hatte, waren seine vier Fähigkeiten der Differenzierung etwas gefestigter geworden.

Als Sue durch die Hinwendung zur selbst-bestätigten Intimität den Emotionsstau schließlich aufgelöst hatte, tat sie den nächsten Schritt und schlug Jim Veränderungen ihrer sexuellen Praktiken vor. Sie regte an, bei sexuellen Aktivitäten die Augen offen zu lassen, und versuchte, ihr Liebesleben erotischer zu gestalten. All dies ängstigte Jim, und er war versucht, Ausflüchte zu finden und sich zurückzuziehen. Doch Sue bot ihm die Art von Sexualität, von der er immer geträumt hatte, und seine Integrität ließ es nicht zu, ihr dies abzuschlagen. Sue hatte mit ihren Ängsten zu kämpfen, dass ihr Körper vielleicht nicht attraktiv genug sei, und Jim musste seine Bedenken ablegen, seine Frau nicht befriedigen zu können. Nach einigen ungeschickten sexuellen Begegnungen schafften Jim und Sue es schließlich, das bisher schönste Liebesleben in ihrer Beziehung zu entwickeln. Dies war der Beweis dafür, dass sie wirklich etwas erreicht hatten.

10. Der Differenzierungsprozess in Liebesbeziehungen

Normalerweise haben gesunde Menschen Probleme mit dem sexuellen Verlangen und der Intimität, weil dies der Ökologie von Liebesbeziehungen inhärent ist. Die Geschichten über die Differenzierung sind vielfältig. Eine solche Geschichte klingt z.B. vom Partner mit dem geringeren Verlangen nach Sexualität so: »*Ich will nicht mit ihr ins Bett gehen, aber wenn ich dies nicht tue, verlässt sie mich.*« Von der Partnerin mit dem stärkeren sexuellen Verlangen klingt sie etwa so: »*Wieso kann er eigentlich unsere Sexualität kontrollieren? Wieso muss ich immer diejenige sein, die den Anfang macht?*« Manchmal lautet die Differenzierungsgeschichte auch so: »*Ich möchte ein Kind haben, aber mein Freund möchte keins. Ich möchte ein Kind haben mit jemandem, der auch wirklich eins haben will, mit jemandem, der für mich ein gleichwertiger Partner in der Kindererziehung ist. Meine biologische Uhr läuft ab. Aber ich will mit ihm nicht Schluss machen. Weshalb kann er denn keine Entscheidung treffen?*«

Um Differenzierung geht es z.B. auch in folgenden Situationen: wenn die Ehefrau ihrem Partner einen Orgasmus oder bestimmte Gefühle vortäuscht; wenn der Mann spät zu Bett geht, um Sexualität mit seiner Partnerin zu vermeiden; wenn einer das Liebesleben so unerträglich macht, dass dem anderen die Lust vergeht; wenn die Partnerin genau dann sexuell aktiv sein möchte, wenn ihr Partner dies nicht will. – Die Liste der Situationen, in denen es in den Schlafzimmern um Differenzierung geht, ließe sich endlos fortsetzen.

10.1 Unrealistische Gebote verhindern die Differenzierung

Ökologisch betrachtet, ist in einer Paarbeziehung ein Partner immer »für den anderen da«, ob die Partner dies wollen oder nicht (und oftmals vielleicht wünschen, sie wären nicht füreinander da). Doch die meisten Menschen können sich nicht darauf verlassen, dass ihr Partner sie stützt und bestätigt, wenn sie es wirklich brauchen, weil die meisten Menschen einen relativ niedrigen Differenzierungsgrad haben. Und wenn der eine Partner äußerst verletzend und hilfsbedürftig ist, lässt sich leicht vorhersagen, dass der andere Partner sein oder ihr emotionales Gleichgewicht kaum aufrechterhalten kann.

Der amerikanische Präsident John F. Kennedy hat einmal gesagt: »Der große Feind der Wahrheit ist oftmals nicht die – vorsätzliche, ersonnene und unredliche – Lüge, sondern der beharrliche, durchdringende und unrealistische Mythos.« Auf dem Feld der Paartherapie ringt man mit einem solchen beharrlichen, durchdringenden und unrealistischen Mythos: mit der Erwartung, dass »der Partner für einen da ist«. Weil die meisten Menschen eine relativ geringe Selbstdifferenzierung haben, können Partner nicht darauf zählen, dass der andere für sie da ist, wenn sie wirklich seine Unterstützung brauchen. Ferner sorgen zwei weitere systemische Kräfte dafür, dass der Partner nicht für einen da ist, wenn man mitten in einem Emotionsstau steckt:

1. Bei Paaren mit geringer Selbstdifferenzierung sinken die Optionen des einen Partners, wenn sich der andere Partner persönlich zu entwickeln beginnt!
2. Zum anderen läuft folgender Prozess ab: Wenn ein Partner beginnt, sich zu differenzieren (d.h. sich am eigenen Selbst festzuhalten), fühlt sich der andere Partner beherrscht.

Aus diesen Gründen ist sichergestellt, dass der eine Partner vermutlich keinen Beifall klatscht, wenn sich der andere persönlich zu entwickeln beginnt.

Paare lassen sich gemäß ihrer Erwartungen scheiden, und realistische Erwartungen senken die Trennungsrate. Von daher ist es enorm wichtig, dass man als Therapeut den Klienten die Wahrheit sagt: Ein Partner ist in den frühen und mittleren Jahren einer Liebesbeziehung oftmals nicht für den anderen da, sondern stellt häufig sogar eher das genaue *Gegenteil* von Sicherheit und Schutz dar. Die Wahrheit ist, dass der Ehemann bzw. die Ehefrau eine sprudelnde Quelle der Frustration, Angst, Wut und Unsicherheit im Leben ist. Ein guter Partner macht das Leben *süßer*, aber *nicht einfacher*.

Der Partner kann einen jederzeit vor die Wahl stellen, entweder die eigene Integrität zu wahren oder eine intakte Beziehung oder Familie zu erhalten. Willentlich oder unwillentlich tut er dies – ganz sicher – viele Male im Laufe einer langen Beziehung, weil die persönliche Entwicklung des Partners – *und* seine Weigerung, sich zu entwickeln – den anderen Partner mit dieser Situation konfrontiert.

10.2 Forschungsergebnisse

Meine Ausführungen lassen sich anhand der Befunde aus zwei Forschungsprojekten absichern. Das erste Programm ist für große Gruppen von Paaren gedacht, geht über drei Tage und nennt sich *Passionate Marriage*® Couples Enrichment Weekends. Es wurde einer unabhängigen Evaluation durch eine namhafte Universität unterzogen. Dabei wurden mit 27 Paaren Tiefeninterviews durchgeführt, und zwar zwei Monate vor und zwei Monate nach der Teilnahme an dem Programm. Die Partner wurden einzeln und gemeinsam interviewt; die Interviews wurden transkribiert und statistisch ausgewertet. Alle 27 Paare gaben an, dass in Bezug auf die vier evaluierten Variablen nach der Intervention Beziehungs- und individuelle Veränderungen stattgefunden hätten:

1. Die Proband(inn)en hatten ihren Differenzierungsgrad gesteigert.
2. Die Intimität der Paare war gewachsen.
3. Das Liebesleben der Paare war entspannter, spielerischer und genussvoller geworden.
4. Die Beziehungskonflikte waren seltener und waren weniger intensiv geworden (vgl. Berg 2000).

Eine zweite Studie mit Probanden, die enorme Schwierigkeiten in ihren Liebesbeziehungen hatten – Männer, die ihre Frauen schlugen –, ergab ähnliche Resultate. An diesem Behandlungsprogramm, das auf dem dargelegten therapeutischen Ansatz beruhte, nahmen 700 Männer teil, die wegen häuslicher Gewalt verurteilt waren. In einem Zeitraum von zwei Jahren fiel die Rückfallquote dieser Männer auf 7 %.[8]

10.3 Therapeutische Implikationen

In diesem Beitrag wird beleuchtet, welche Rolle die Differenzierung der Partner in der Liebesbeziehung und in der Paartherapie spielt. Doch auch die persönliche Differenzierung des Therapeuten ist enorm wichtig. Paartherapien sind häufig voller Konflikte, Spannungen und Ängste, die den Grad der Differenzierung des Therapeuten austesten. Wenn in der Therapie das Niveau der Ängste und Spannungen den Differenzierungsgrad des Therapeuten übersteigt, kommt der Behandlungsprozess zum Stillstand, oder er entwickelt sich falsch.

Der Therapeut arbeitet mit seinen Klienten bis zum Niveau der eigenen Differenzierung. Man kann den Differenzierungsgrad eines Klienten nicht über das eigene Niveau der Differenzierung heben, weil einen die Ängste im System durchdringen. In einem solchen Fall dämpft man die Ängste bis zu einem Niveau, mit dem man umgehen kann, indem man das Paar behutsam dazu ermuntert, Kompromisse einzugehen und miteinander zu verhandeln bzw. nachzugeben, zu akzeptieren und zu vergeben bzw. weitere Optionen zu eröffnen oder schwierige Entscheidungen zu umgehen, indem man auf Sicherheit, Verbindlichkeit und die Gefühle der Partner fokussiert. Als Therapeut reagiert man in einer solchen Situation automatisch und unbewusst, weil man in diesem Moment nicht zielgerichtet denkt.

Ich werde oft gefragt, wie man als Therapeut den eigenen Differenzierungsgrad steigern kann, damit man mit schwierigen Paaren besser arbeiten kann. Differenzierung erreicht man am ehesten in der eigenen Beziehung. Auf der ganzen Welt erreichen Menschen primär dadurch eine bessere Differenzierung, dass sie emotionale Engpässe bewältigen und Probleme mit dem sexuellen Verlangen lösen. Wenn also ein Therapeut an die Probleme in einer Liebesbeziehung aus einer ökologischen Perspektive herangeht, übertreibt man nicht, wenn man sagt, dass die Zukunft der Paartherapie im Schlafzimmer des Therapeuten liegt. Jeder Therapeut, der nach einem ökologischen Ansatz arbeitet, sollte sich der Wissenschaft und der Humanität verpflichtet fühlen – und am Abend nach Hause gehen und den geliebten Menschen umarmen. So hoffe ich also, dass Sie sich Ihre professionellen Verpflichtungen zu Herzen nehmen und das tun, was nötig ist, um mit dem geliebten Menschen ein erfülltes Liebesleben zu haben.

Aus dem Amerikanischen von Astrid Hildenbrand

Anmerkungen

1 Der Autor ist zu erreichen über seine postalische Adresse *Marriage & Family Health Center, 2922 Evergreen Parkway, Suite 310, Evergreen, Colorado, USA, 80439*, oder über seine Website www.passionatemarriage.com. Er dankt Dr. Jürg Willi für dessen Unterstützung und Freundschaft und auch dafür, dass er ihm den Beitrag in diesem Buch und die Teilnahme an der Tagung ermöglicht hat, auf die dieser Beitrag zurückgeht.
2 Die Abteilung für Psychiatrie an der Universität Zürich veröffentlichte kürzlich Forschungsergebnisse im *Science Magazine*, die darauf hindeuten, dass genau diese Hirnregion aktiviert wird, wenn jemand Menschen bestraft, die soziale Normen verletzt haben. In der Wissenschaft wird darüber spekuliert, ob dieser Teil des Gehirns für die Entwicklung der sozialen Kultur zuständig ist.
3 Aus der VTA-Region führen lange, Dopamin verteilende Zweige in den Nucleus caudatus und in andere Hirnregionen.
4 Vgl. die Einleitung von Jürg Willi zu diesem Band, S. 9.
5 Dr. Murray Bowen starb 1990.
6 Meinen informellen Untersuchungen nach erreichen weniger als 25 % der Sexualpartner den Orgasmus mit offenen Augen.
7 Dies mag zwar wie eine höchst altertümliche Denkweise über zerbrechlich wirkende Menschen erscheinen, aber mit diesem Ansatz wurde Menschen geholfen, die schweren Missbrauch erlitten hatten und traumatisiert waren, und auch Paaren, bei denen vier oder fünf Therapien gescheitert waren.
8 Ein ganzheitliches Behandlungsprogramm bei der Tubman Family Alliance in Minneapolis, Minnesota.

Literatur

Bartels, A. & Zeki, S. (2000): The neural basis of romantic love. *Neuroreport* 11, S. 3829–34.
Berg, A. M. (2000): *Qualitative Evaluation of the Passionate Marriage Couples Enrichment Program.* Dissertation, University of Minnesota.
Fisher, H. (2005): *Warum wir lieben. Die Chemie der Leidenschaft.* Düsseldorf: Walter Verlag (Orig.: *Why We Love: The Nature and Chemistry of Romantic Love.* New York: H. Holt & Company 2004).

Frankl, V. E. (1977): ... *trotzdem Ja zum Leben sagen*. München: Kösel.

Rodarte, M. G. (2002): *What Women Say About Men: Witty observations of the Male of the Species*. Kansas City: Andrews McMeel Publishing.

Schnarch, D. M. (1991): *Constructing the Sexual Crucible: An Integration of Sexual and Marital Therapy*. New York: Norton

Schnarch, D. (1997): *Passionate Marriage*. New York: Henry Holt. (Dt. 2006 bei Klett-Cotta, Stuttgart).

Schnarch, D. M. (2004) Der Weg zur Intimität. »Sexual crucible« – Im Schmelztiegel der Sexualität. *Familiendynamik* 2, S. 101–120.

Bernhard
Limacher   Mit Vorwürfen die Liebe retten? –
Paartherapeutische Möglichkeiten

> *Unter koevolutiver Perspektive sind Partner füreinander kompetente Kritiker, die einander in besonderem Maße zu persönlichen Entwicklungen herausfordern. Sie äußern Kritik jedoch häufig in Form von Vorwürfen, die zurückgewiesen werden und zu Gegenvorwürfen führen. Oft werden dadurch liebevolle Gefühle der Partner füreinander mehr und mehr überdeckt. Sie können wieder spürbar werden, wenn jeder Partner die empfangene Kritik zum Anlass nimmt, sich mit eigenen Schwächen und der je eigenen Veränderungsbereitschaft zu beschäftigen und eine liebevolle Haltung sich selbst gegenüber einzunehmen.*
>
> *Bernhard Limacher stellt ein therapeutisches Vorgehen dar, das die Partner motiviert und anleitet, sich mit empfangener Kritik auseinander zu setzen. Der Kritikempfänger soll sich vergegenwärtigen, was genau der Partner sich von ihm wünscht und wie er innerlich auf diese Wünsche reagiert. Es schließt die Frage an, ob er – angeregt durch die Hinweise des Partners – bei sich selbst etwas ändern möchte.*
>
> *Diese Selbstreflexion kann im Paarsetting in Gegenwart des zuhörenden Partners oder in parallelen Einzelsettings stattfinden. Vor- und Nachteile beider Settings werden diskutiert. Das Vorgehen wird anhand eines Fallbeispiels illustriert. Abschließend wird seine Wirkungsweise erläutert.*

1. Einleitung

Im vorliegenden Beitrag beschreibe ich ein paartherapeutisches Vorgehen, das ich Paaren fast immer vorschlage, wenn die Partner einander mit Kritik, Vorwürfen oder Anklagen begegnen. Gemäß meinen bisherigen Erfahrungen kann es den Partnern zu mehr Verständnis und Wertschätzung füreinander verhelfen und sogar zu neuer Liebe führen.

Die Liebe scheint heute für den Zusammenhalt vieler Paare der wichtigste Faktor zu sein, sie wird aber in Paartherapien und auch in Paartherapie-Ausbildungen wenig thematisiert. In der Fachliteratur zur Paartherapie fanden sich lange Zeit kaum Hinweise zum therapeutischen Umgang mit dem Thema »Liebe«.

Vor fünf Jahren hat die Zeitschrift *Familiendynamik* die Liebe zum Leitthema eines Hefts gemacht und in dieses die Hauptvorträge des Kongresses aufgenommen, den die Arbeitsgemeinschaft *Koevolution* im März 1999 zum Thema *Lebensläufe – Liebesläufe* durchgeführt hatte. Die Beiträge waren aber – wie Arnold Retzer und die Mitherausgeber einleitend zu Recht bemerkten – »nicht für die schnelle und unmittelbare Anwendung in der Paartherapie geeignet« (Retzer et al. 1999, S. 365). In den letzten drei Jahren haben dann Astrid Riehl-Emde, Arnold Retzer und Jürg Willi der Liebe zu vermehrter Beachtung im Kontext der Paartherapie verholfen, Riehl-Emde mit ihrem Buch *Liebe im Fokus der Paartherapie* (Riehl-Emde 2003), Retzer mit zwei Beiträgen zu den unterschiedlichen Logiken von Liebe und Partnerschaft in der Zeitschrift *Familiendynamik* (Retzer 2002a,b) und mit seinem neuen Buch *Systemische Paartherapie* (Retzer 2004), Willi mit dem Buch *Psychologie der Liebe* (Willi 2002).

Die Fragen, die Riehl-Emde in der Einführung zu ihrem Buch aufwirft, scheinen mir aber weiterhin unbeantwortet zu sein – die Frage z.B., ob es hilfreicher sei, in der Paartherapie über die Liebe zu reden oder über die Liebe zu schweigen, oder die Frage, wie sich ein Gespräch über die Liebe gestalten ließe. Wahrscheinlich lassen sich diese Fragen gar nicht generell beantworten, sondern es geht eher darum herauszufinden, in welchen Paartherapie-Situationen es hilfreich sein könnte, über die Liebe zu reden, und wie das Gespräch in der jeweiligen Situation gestaltet werden könnte.

In meiner eigenen therapeutischen Arbeit mit Paaren befasse ich mich bisher dann explizit mit dem Thema »Liebe«, wenn die Partner selber diese zum Thema machen, z.B. wenn ein Partner Zweifel äußert, ob er den andern noch liebt oder je geliebt hat. In solchen Situationen überprüfe ich, ob beide Partner einverstanden sind, sich eingehender mit dem Thema zu beschäftigen, und wenn beide bereit sind, frage ich z.B. nach den Gründen für die Zweifel, oder ich frage, woran jeder Partner die Liebe im eigenen Erleben und Verhalten und im Verhalten des andern erkennt, oder auch, wie jeder den Verlauf der Liebe erlebt hat, was jeder darüber denkt, was die Liebe gestärkt und geschwächt hat und was sie aktuell wieder nähren könnte.

Weitaus häufiger aber thematisieren Paare, die in die Therapie kommen, nicht die Liebe, sondern spezifische Schwierigkeiten im Umgang miteinander: nicht mehr miteinander reden können, nicht gehört werden, zu wenig Verständnis oder Unterstützung bekommen, Vertrauensverlust, sich auseinander gelebt haben, zu wenig Zärtlichkeit und Sexualität usw. Zwar würden wahrscheinlich viele dieser Paare Beeinträchtigungen der Liebe beschreiben, wenn ich sie direkt nach der Liebe fragte; bisher habe ich dies allerdings kaum getan, sondern ich arbeite in der Regel mit den Themen, die die Partner *explizit* anbieten – in der Hoffnung, dass ihre Liebe füreinander *indirekt* begünstigt bzw. gestärkt wird.

Das im Folgenden dargestellte Vorgehen zum paartherapeutischen Umgang mit Vorwürfen ist in diesem Sinne ein indirektes. Jürg Willi hat sich in *Psychologie der Liebe* (Willi 2002) eingehend mit der Dynamik und den Inhalten partnerschaftlicher Vorwürfe beschäftigt und die Grundzüge eines Vorgehens beschrieben, das die Partner aus dem Muster von Vorwurf und Gegenvorwurf hinausführen kann. Im Rahmen des vorliegenden Beitrags stelle ich das Vorgehen ausführlicher und in einigen Punkten modifiziert sowie durch eigene Überlegungen ergänzt dar. Zuerst werde ich auf die zugrunde liegenden Annahmen eingehen, danach die einzelnen Vorgehensschritte beschreiben und die zentralen Aspekte an einem Fallbeispiel illustrieren. Dann werde ich meine Überlegungen zur Wirkungsweise darlegen und abschließend den Anwendungsbereich umreißen.

2. Dem Vorgehen zugrunde liegende Annahmen

Das Vorgehen ist dem ökologisch-systemischen Therapieansatz zuzurechnen, der von Jürg Willi und der *Arbeitsgemeinschaft Koevolution* ab Mitte der 80er Jahre in Zürich an der Psychiatrischen Poliklinik des Universitätsspitals entwickelt wurde und seit 1999 im Institut für ökologisch-systemische Therapie weiter ausgearbeitet und gelehrt wird (Willi 1985, 1996, 2002; Limacher & Willi 1998).

In diesem Ansatz kommt dem Begriff *Koevolution* zentrale Bedeutung zu. Koevolution wird definiert als *gegenseitige Beeinflussung der persönlichen Entwicklung von Partnern im Zusammenleben*. In Anlehnung an die Begegnungsphilosophie Martin Bubers (Buber 1973) wird postuliert, dass das Ich am Du wird (»Ich werde am Du«; »Der Mensch wird am Du zum Ich«; ebd., S. 15, 32), d.h. die Person sich grundsätzlich in Beziehungen entwickelt, und dass Stimulation, Herausforderung, Unterstützung und Begrenzung durch andere Menschen für die persönliche Entwicklung unerlässlich sind. Weiter wird angenommen, dass Menschen in der Regel in partnerschaftlichen und familiären Lebensgemeinschaften am intensivsten und nachhaltigsten beantwortet werden und dass persönliche Reifung und Entwicklung im Erwachsenenleben durch keine andere Beziehung so herausgefordert werden wie durch eine verbindliche, länger dauernde Partnerbeziehung.

Tabelle 1: Theoretische Annahmen

- Das Ich wird am Du.
- Stimulation, Herausforderung, Unterstützung und Begrenzung durch Partner sind für die persönliche Entwicklung unerlässlich.
- Persönliche Entwicklung wird beim Erwachsenen am stärksten durch verbindliche Partnerbeziehung herausgefordert.

Vor allem in Beziehungen, in denen die Partner über längere Zeit zusammenleben und den Alltag miteinander bewältigen, kennt jeder mit der Zeit die Stärken und Schwächen des anderen sehr genau, und beide können füreinander die kompetentesten Kritiker sein. Nur werden in Partnerschaftskonflikten Kritik und Erwartungen aneinander häufig in einer Art und Weise geäußert, dass die Partner diese zurückweisen und sich verschließen.

Je länger und erbitterter ein Partner den andern kritisiert, desto geringer ist meistens die Bereitschaft des anderen, genau hinzuhören und sich mit dem Gehörten ernsthaft auseinander zu setzen. Stattdessen versucht der angegriffene Partner, sich zu rechtfertigen, oder geht zum Gegenangriff über oder er zieht sich vom kritisierenden Partner zurück. In der Verhaltenstherapie mit Paaren wird für solche negativen Interaktionszirkel der Begriff »Zwangsprozess« (Schindler et al. 1998, Bodenmann 2004) verwendet.

In einer am Modell der Koevolution orientierten Paartherapie geht es darum, einen Weg zu finden, der es jedem Partner ermöglicht, sich ernsthaft mit der Kritik bzw. mit den Erwartungen des andern zu befassen und diese für die eigene persönliche Entwicklung zu nutzen.

3. Für das Vorgehen motivieren

Wenn ein Partner in Therapiesitzungen Kritik oder Vorwürfe an den andern richtet, hofft er in der Regel, diesen mit Unterstützung des Therapeuten zu einer Verhaltensänderung bewegen zu können. Er ist nicht darauf eingestellt, sich eingehender mit der eigenen Person zu beschäftigen. Das heißt, wenn man die Partner zur Selbstreflexion hinführen möchte, muss man sie für das entsprechende Vorgehen zu gewinnen versuchen. Ich äußere deshalb zunächst Verständnis für den Wunsch, der *andere* möge sich ändern. Dann aber präsentiere ich die folgenden Thesen: In der Regel kann man den Partner nicht ändern, sosehr man sich dies auch wünscht, aber man kann vielleicht sich selber verändern – wenn man sich überhaupt ändern möchte. Da Partner in länger dauernden Beziehungen ihre Stärken und Schwächen gegenseitig sehr gut kennen, können sie einander wichtige Hinweise für die persönliche Entwicklung geben. Solche Hinweise sind oft in der Kritik enthalten, die Partner aneinander richten. Darum lohnt es sich, dass sich jeder Partner mit der empfangenen Kritik auseinander setzt und dann entscheidet, ob er *bei sich selber* etwas verändern möchte.

Die skizzierte Erklärung erscheint den Partnern in der Regel plausibel und entlastet sie vom Druck, Erwartungen des andern erfüllen zu *müssen*.

Ich beschreibe dann das mögliche Vorgehen und erkläre, dass dieses je nach Wunsch der Partner in Paargesprächen oder in parallelen Einzelgesprächen zur Anwendung kommen kann und dass ich in Paargesprächen eine Zeit lang mit jedem Partner einzeln arbeiten und der jeweils andere Partner dabei zuhören würde. Inhaltlich gehe es zunächst darum, sich die empfangene Kritik zu vergegenwärtigen und sich auf deren Kernpunkte zu besinnen. Dann gehe es um die Frage, welche Wünsche des Partners in der Kritik enthalten sein könnten. In einem dritten Schritt solle die innere Reaktion auf diese Wünsche genau angeschaut werden. Und zuletzt gehe es um die Frage, ob der Kritikempfänger bei sich etwas verändern möchte.

Nach dieser Erklärung gebe ich den Partnern Gelegenheit, ihre Überlegungen und Fragen zum beschriebenen Vorgehen zu äußern.

4. Settingwahl

Wenn die Partner wie vorgeschlagen vorgehen möchten, lasse ich sie wählen, ob sie die vorgesehenen Themen im Paarsetting oder je im Einzelsetting besprechen möchten.

Das Paarsetting hat den Vorteil, dass jeder Partner miterlebt, wie der andere sich mit Botschaften zu beschäftigen beginnt, für die er bisher wenig empfänglich schien, die jedoch dem Zuhörenden wichtig sind. Zudem erfährt der Zuhörende oft zum ersten Mal differenziert, welche inneren Reaktionen seine Kritik und Forderungen beim anderen hervorrufen und wo der andere an persönliche Grenzen stößt. Nachteile des Paarsettings können darin bestehen, dass beide Partner aus dem Besprochenen vorschnell eine Verpflichtung zur Veränderung ableiten. Zudem äußert sich der aktive Partner vielleicht vorsichtiger und gelangt weniger direkt zu zentralen Themen.

Manchen Klienten fällt es leichter, sich mit ihren verletzlichen Seiten zu zeigen, wenn der Partner nicht dabei ist, manche fühlen sich im Einzelsetting gegen Angriffe des Partners geschützt. So begründete kürzlich ein Klient seine Entscheidung für das Einzelsetting damit, dass in der Paarbeziehung zur Zeit fast jede Äußerung als Vorwurf verstanden werde und Anlass zu neuen Auseinandersetzungen gebe.

5. Instruktion

Wenn die Partner sich für das Paarsetting entschieden haben, ermuntere ich den Partner, der sich als erster exponieren wird, die kommenden Fragen möglichst aus der eigenen Perspektive zu beantworten und sich nicht nach dem zu richten, was der zuhörende Partner vielleicht hören möchte. Den zuhörenden Partner bitte ich, sich möglichst auf das Zuhören zu beschränken, auch wenn dies erfahrungsgemäß streckenweise schwer fallen kann. Anschließend bespreche ich mit dem einen Partner eingehend die zuvor angekündigten Aspekte, während der andere Partner zuhört.

Am Ende des Gesprächs mit dem ersten Partner äußere ich Anerkennung für die Leistung beider Partner – Selbstreflexion und Zuhören – und erkläre, dass ich mit dem bisher zuhörenden Partner in der gleichen Weise vorgehen möchte wie zuvor mit dem andern.

Ich bitte den ab jetzt aktiven Partner, die kommenden Fragen möglichst nicht in Reaktion auf die vorangegangenen Äußerungen des anderen zu beantworten, sondern so, wie wenn er als erster aktiv gewesen wäre. Am Ende einer Sitzung empfehle ich den Klienten, das Besprochene bis zur nächsten Sitzung auf sich wirken zu lassen und es nicht zu diskutieren.

Wenn die Partner sich für das Einzelsetting entschieden haben, erkläre ich am Anfang des jeweiligen Gesprächs nochmals das intendierte Vorgehen und überprüfe, ob der Klient oder die Klientin Fragen dazu hat, bevor ich mit der Besprechung der angekündigten Aspekte beginne.

6. Inhaltliche Aspekte und beispielhafte Fragen

Ich beginne mit der Frage nach der aktuell von Seiten des Partners wahrgenommenen Kritik bzw. den empfangenen Vorwürfen und frage z. B.: »Wenn Sie sich vergegenwärtigen, was Sie zur Zeit von Seiten Ihres Partners an Kritik oder Vorwürfen hören, was genau hören Sie da?« Wenn verschiedene Vorwürfe oder Kritikpunkte genannt werden, frage ich als nächstes nach den Hauptpunkten der Kritik: »Wenn Sie diese Kritik auf den kleinsten gemeinsamen Nenner bringen müssten, wie würde dieser lauten?« Ich fahre fort mit der Frage nach den Wünschen des Partners, die wahrscheinlich in der Kritik enthalten sind: »Welchen Wunsch oder welche Wünsche Ihres Partners vermuten Sie hinter dieser Kritik?« Oder: »Was denken Sie, was genau wünscht sich Ihr Partner von Ihnen? Wie müssten Sie sich verhalten?« Schließlich exploriere ich die Gedanken und Gefühle, die durch die Vorstellung hervorgerufen werden, sich ganz nach dem Wunsch des Partners zu verhalten: »Wenn Sie sich vorstellen, Sie würden sich genauso verhalten, wie es sich Ihr Partner nach Ihrer Vermutung wünscht – was denken Sie: Wie würde es Ihnen dabei gehen? Wie würden Sie sich fühlen? Was würde Ihnen da abgefordert?«

Die ersten beiden Fragen führen in der Regel dazu, dass die Befürchtungen geäußert werden, die dem gewünschten Verhalten entgegenstehen, z.B. zu der Befürchtung, laufend mit neuen Forderungen konfrontiert zu werden, mit eigenen Bedürfnissen zu kurz zu kommen, andere Anforderungen nicht mehr erfüllen zu können. Die dritte Frage lenkt den Blick auf eventuell erwünschte persönliche Entwicklungen.

Als nächstes frage ich, ob es etwas gebe, was der befragte Partner in der Beziehung zum andern bei sich verändern möchte: »Was denken Sie nach dem, was wir

Tabelle 2: Inhaltliche Aspekte

- Wahrgenommene Kritik?
- Hauptpunkt(e) der Kritik?
- In der Kritik enthaltene Wünsche?
- Innere Reaktion auf die Wünsche?
- Eigene Veränderungsbereitschaften?

jetzt besprochen haben – gibt es etwas, das Sie in der Beziehung zu Ihrem Partner *bei sich* verändern möchten?« Diese Frage führt nach meinen bisherigen Erfahrungen oft dazu, dass der aktive Partner ein Veränderungsziel formuliert, das ihm selber als erstrebenswert erscheint und das den Wunsch des zuhörenden Partners mit berücksichtigt.

Wenn die beschriebene Exploration im Einzelsetting stattfindet und die Person eine angestrebte persönliche Veränderung beschreibt, frage ich manchmal, woran ein erster kleiner Schritt in die entsprechende Richtung zu erkennen wäre. Im Paarsetting stelle ich diese Frage nicht, weil ich dem Risiko entgegenwirken möchte, dass der zuhörende Partner den andern aufgrund des Gehörten auf einen bestimmten Schritt zu verpflichten versucht.

7. Fallbeispiel

Zur Therapie kommt ein seit rund 20 Jahren verheiratetes Paar, beide Partner sind um die vierzig Jahre alt, sie haben eine neunjährige Tochter, welche die Grundschule besucht. Der Mann hat eine akademische Ausbildung und arbeitet mit einer vollen Stelle im Dienstleistungssektor, die Frau hat eine Ausbildung im Gesundheitsbereich und geht einer Teilzeitbeschäftigung nach. Sie übernimmt den Hauptteil der Hausarbeit und Kinderbetreuung.

Die Initiative zur Paartherapie war von der Frau ausgegangen. Im ersten Paargespräch beschrieben die Partner, es komme aus kleinen Anlässen häufig zu großem Streit mit heftigen gegenseitigen verbalen Attacken und gelegentlichen Sachbeschädigungen. Es sei »wie ein endloses Rachenehmen«. Der Mann meinte, er habe den Eindruck, es bestünde ein dauernder Kampf zwischen ihnen, bei dem es zwar Pausen gebe; es fehle ihm aber »das Tragende«. Die Frau meinte, der Mann und sie hätten von Beginn der Beziehung an viel gekämpft.

Die Partner hatten sich kennen gelernt, als beide noch in der Ausbildung waren. Vor allem die Frau hatte um den Mann geworben, er hatte sich eher distanziert verhalten. Ihr imponierten seine Lässigkeit und Unangepasstheit sowie seine Intelligenz, ihm gefiel ihre sorgfältige Art, Kontakte zu knüpfen und zu pflegen; sich selber erlebe er diesbezüglich eher als »schnoddrig«. In der Anfangsphase ihrer Beziehung waren beiden »stundenlange Gespräche über sich und die Welt« sowie gemeinsames Musikhören wichtig gewesen.

Zu Beginn der Therapie fühlten sich beide Partner am Rande ihrer Kräfte und erhofften sich »Werkzeuge«, um eskalierenden Streit zu beenden und destruktiven Auseinandersetzungen vorzubeugen. In Hinblick auf das Ziel der Unterbrechung von eskalierendem Streit besprach ich mit dem Paar Möglichkeiten der Distanzierung in kritischen Situationen. In Bezug auf das Ziel der Prävention destruktiver Interaktionen schlug ich u.a. die Beschäftigung mit der Frage vor, was jeder Partner dem andern in den Auseinandersetzungen abzufordern versuche, und ich skizzierte das oben beschriebene Vorgehen. Beide erklärten sich damit einverstanden und wünschten weitere Gespräche im Paarsetting.

Die Frau beschrieb in der Folge, dass sie vom Mann her den Vorwurf wahrnehme, sie höre ihn nicht, und er sei ihr nichts wert in der Familie. Und als Wunsch des Mannes vermutete sie: »Gesteh mir einen Platz in deinem Bereich zu.« Auf die Frage nach ihrer inneren Reaktion auf diesen Wunsch meinte sie, sie fühle sich für die Familie in hohem Maße verantwortlich und sage kaum einmal »Ich mag nicht mehr«. Sie habe den Eindruck, dass es dem Mann eher gelinge, sich kleine »Inseln« zu schaffen, auf die sie dann aber oft eifersüchtig sei.

Eine ähnliche Rolle wie jetzt habe sie schon in der Herkunftsfamilie gehabt. Ihr Vater sei früh gestorben, und sie habe sich als ältestes Kind für die Mutter und die Geschwister verantwortlich gefühlt. Es sei nie um sie gegangen, sie habe sich immer um andere gekümmert, und sie kenne heute ihre eigenen Bedürfnisse oft gar nicht. Sie möchte lernen, Verantwortung für andere abzugeben und gut *für sich* zu sorgen.

Der Mann beschrieb als zentrale Punkte empfangener Kritik, er investiere seine ganze Energie in den Beruf und engagiere sich zu Hause zuwenig. Die Frau *wünsche* sich, dass er mehr Verantwortung in der Betreuung des Kindes übernähme und mehr Initiative zu familiären und zu Paar-Aktivitäten sowie zur Pflege sozialer Kontakte zeigte. Auf die Frage nach seiner inneren Reaktion auf die Wünsche der Frau stellte er fest, es sei ihm nicht klar, wie viel von seinem Verhalten mit Verweigerung und wie viel mit mangelnder Energie zusammenhänge. Er werde dauernd von seiner Frau zum Sündenbock gemacht, komme mit Dingen, die ihm wichtig seien, nicht durch, habe das Gefühl, nicht gehört zu werden, keine Fragen stellen zu dürfen, die Gedanken der Frau erraten zu müssen.

Bei dieser Schilderung wirkte er bedrückt, und darauf angesprochen meinte er, die Situation erinnere ihn an früher: Seine Eltern hätten die Kinder als lästige Bürde erlebt und sich wenig um ihn gekümmert. Er habe sich über Jahre mit der Frage beschäftigt, wer er sei bzw. ob er überhaupt sei, und habe immer wieder gegen Suizidimpulse angekämpft.

Die Frau war in dieser Sequenz sichtlich berührt, wandte sich dem Mann zu und legte ihre Hand auf seinen Arm.

Die Beschreibung des Mannes lässt vermuten, dass die Eltern ihm nicht das Gefühl vermitteln konnten, willkommen zu sein und mit seinen Bedürfnissen ernst genommen zu werden, und es scheint, dass er – vielleicht aufgrund dieser Erfahrungen – bis heute Mühe hat, auf andere zuzugehen und eigene Anliegen klar zu vertreten. Auf meine Frage, ob er *bei sich* etwas verändern möchte, äußerte er die Absicht, mehr bei sich zu bleiben und seinen Standpunkt klarer zu vertreten.

In der folgenden Sitzung wirkten die Partner deutlich entspannter und einander stärker zugewandt als zuvor. Die Veränderung war bereits im Wartezimmer spürbar: Während sie früher schweigend nebeneinander gesessen hatten, saßen sie jetzt im rechten Winkel zueinander, schauten einander an und unterhielten sich angeregt.

Die Frau meinte dann auch: »Wir haben es wieder viel schöner.« Sie sei zufrieden und dankbar für die Gespräche, »die eigene und die andere Geschichte zu hören«, habe bewegt. Es sei etwas »aufgewühlt und geklärt worden«. Sie denke jedoch, dass die Arbeit nicht zu Ende sei, sie möchte am Thema »Inseln« bleiben, sich »Inseln schaffen und loslassen können«.

Der Mann beschrieb die Paarbeziehung als entspannter und berichtete, er habe den Eindruck, die Frau und er seien als Paar »mitten in etwas drin«, was er nicht klar benennen könne. Die Geschichten, die sie voneinander gehört hätten, seien nicht neu, »aber nie in die Paarbeziehung eingebaut gewesen«. Eine Fortsetzung der Paartherapie sei wahrscheinlich sinnvoll, es gehe darum, die formulierten Ziele im Alltag umzusetzen. Er sei weniger gereizt und weniger von der Arbeit überlastet, vertrete jedoch seine Positionen noch ungenügend.

Das war vor knapp zwei Jahren. Ich sehe das Paar seither in zwei- bis dreimonatigen Abständen. In den Gesprächen geht es um die Umsetzung der persönlichen Ziele beider Partner in verschiedenen Bereichen der Paarbeziehung, z.B. in der Freizeitgestaltung, Sexualität, Kindererziehung. Ich habe den Eindruck, dass das Paar seit der dargestellten Therapiesequenz etwas Entscheidendes verändert hat: Die Partner kämpfen weniger gegeneinander, vielmehr ringen sie jetzt eher Seite an Seite um neue Fähigkeiten. Es ist eine neue Verbundenheit und gegenseitige Fürsorge spürbar.

8. Mit Vorwürfen die Liebe retten? –
Wirkungsweise des dargestellten Vorgehens

Vera Kaa, eine bekannte Schweizer Sängerin, sagte kürzlich in einem Radiointerview: »Wer mit der Liebe klarkommen will, muss über ganz viele eigene Schatten springen.« Diese Feststellung trifft einen Kerngedanken des dargestellten Vorgehens: Wenn einem die Liebe des Partners fehlt, kann man sie nicht einfordern und schon gar nicht erzwingen. Aber vielleicht kann man eigene Schattenseiten erkennen, wenn man genau hinhört, was einem der Partner sagen will, und vielleicht kann man *sich* verändern, so dass man die eigene Liebe für den Partner wieder spürt.

Im beschriebenen Fallbeispiel hatten die gegenseitigen Vorwürfe und Forderungen der Partner die liebevollen Gefühle füreinander immer mehr überdeckt. Zuneigung wurde wieder spürbar, als die Partner anfingen, je bei sich etwas zu verändern: Der Mann merkte, wie wenig Gewicht er sich selber gab, und er begann, seinen Standpunkt klarer zu vertreten, statt der Frau vorzuwerfen, sie höre ihn nicht. Die Frau stellte fest, wie sehr sie daran gewöhnt war, sich um andere zu kümmern, und wie schwer es ihr fiel, Verantwortung abzugeben; sie fing an, sich »eigene Inseln« zu schaffen, statt vom Mann mehr Engagement in der Familie zu fordern und ihn um seine Inseln zu beneiden.

Vera Kaas Feststellung ließe sich auch so formulieren: Wer zu seinen eigenen schwachen Seiten steht und sie als Herausforderung zur persönlichen Entwicklung annimmt, hat gute Chancen, seine Liebe für den Partner zu erhalten oder wieder zu entdecken. Dabei geht es nicht darum, dem Partner zu gefallen und seine Zuneigung zu gewinnen, sondern das Ziel besteht darin, zu sich selber zu stehen, sich selber anzunehmen. Dies bedeutet auch, wichtige eigene Bedürfnisse selbst dann zu vertreten, wenn sie dem Partner nicht gefallen. Diese Fähigkeiten vermindern die Wahrscheinlichkeit einer Verteidigungs- oder Vorwurfshaltung dem Partner gegenüber und ermöglichen in der Regel, ihm gelassener und wohlwollender zu begegnen. Eine liebevolle Haltung der eigenen Person gegenüber ist wahrscheinlich sogar Voraussetzung der Liebe für den andern.

Im beschriebenen Vorgehen wirkt bereits die Einladung, sich empfangene Kritik und darin enthaltene Wünsche des Partners zu vergegenwärtigen, defensivem Verhalten entgegen, und die Frage nach der inneren Reaktion auf die Wünsche des Partners sowie die Frage, ob die Klienten bei sich selber etwas verändern möchten, führen meistens zur Anerkennung persönlicher Schwierigkeiten. Oft ergibt sich aus diesen Fragen auch ein Bezug zur Biografie, und dieser wiederum begünstigt das Verständnis der Schwierigkeiten und fördert einen wohlwollenden Umgang damit. Im geschilderten Fallbeispiel erkannten beide Partner eigene Schwierigkeiten an und formulierten eigene Veränderungsziele; beide stellten aber auch fest, dass sie Zeit brauchen würden, um ihre Ziele im Alltag umzusetzen.

Das in diesem Beitrag beschriebene therapeutische Vorgehen scheint mir, wenn es im Paarsetting zur Anwendung kommt, die Liebe der Partner zueinander oft auch dadurch zu begünstigen, dass der zuhörende Partner vom dem, was er erfährt, innerlich berührt oder auch gerührt ist und ein *emotionales* Verständnis für das Verhalten des anderen entwickelt. Allerdings kann dieses unmittelbare Verständnis auch weh tun, z.B. wenn wesentliche Unterschiede zwischen den Partnern deutlich werden. Im beschriebenen Fallbeispiel war dieses *innere* Berührtsein z.B. spürbar, als die Frau sich dem Mann zuwandte und ihn liebevoll *äußerlich* berührte, nachdem er seine innere Reaktion auf die vermuteten Wünsche beschrieben und von den Erfahrungen in seiner Herkunftsfamilie und den damit verbundenen Zweifeln an der eigenen Existenz berichtet hatte. In der Zuwendung der Frau kam ein Gefühl der Verbundenheit und Solidarität zum Ausdruck.

Natürlich ist mit dem beschriebenen Vorgehen keine Garantie verbunden, dass die Liebe zurückkehrt oder wieder stärker wird. Aber zusammenfassend lässt sich seine Wirkung wie folgt beschreiben: Es vermindert die Wahrscheinlichkeit defensiven und aggressiven Verhaltens und führt aus dem Zwangsprozess hinaus. Auch macht es – ähnlich wie die von Willi und Mitarbeitenden für die Paartherapie entwickelte Technik der Konstruktdifferenzierung (Willi et al. 1993, Frei et al. 1997) und wie die von Bodenmann beschriebene Stressexploration nach dem Trichtermodell (Bodenmann 2004) – jedem Partner die Schemata zugänglich und verständlich, die dem eigenen Verhalten und dem Verhalten des anderen zugrunde liegen. Es erhöht zudem die Selbstakzeptanz, begünstigt dadurch eine tolerantere Haltung anderen gegenüber und fördert zumindest *Facetten der Liebe* wie Einfühlung, Solidarität und Wertschätzung. Und es kann Liebe wieder erwecken oder verstärken.

Tabelle 3: Wirkungsweise

Das dargestellte Vorgehen
■ führt aus dem Zwangsprozess hinaus,
■ macht der Paar-Interaktion zugrunde liegende innere Schemata zugänglich und verständlich,
■ erhöht die Selbstakzeptanz und begünstigt eine tolerantere Haltung dem Partner gegenüber,
■ fördert Einfühlung, Solidarität und Wertschätzung,
■ kann Liebe wiedererwecken oder verstärken.

Tabelle 4: Drei Fragen zur Selbstreflexion in Partnerschaftkonflikten

- Was wünscht sich der Partner von mir?
- Wie reagiere ich innerlich auf die Vorstellung, mich wunschgemäß zu verhalten?
- Möchte ich bei mir etwas ändern?

9. Anwendungsbereich

Das beschriebene Vorgehen scheint mir besonders geeignet für die Arbeit mit Paaren, bei denen gegenseitige Forderungen, Vorwürfe und Anklagen liebevolle Gefühle füreinander erschweren oder unmöglich machen. Dabei spielt es keine Rolle, ob die Partner unsicher sind, ob sie zusammenbleiben oder sich trennen sollen, oder ob sie die Beziehung erhalten und wieder einen konstruktiven Umgang miteinander finden möchten. In beiden Fällen habe ich die Erfahrung gemacht, dass die Partner nach der Beschäftigung mit den dargestellten Fragen einander positiver wahrnehmen und konstruktiver miteinander umgingen als zuvor.

Die Beschäftigung mit den drei Fragen – was genau als Kritik bzw. Wunsch wahrgenommen wird, welches die innere Reaktion auf den Wunsch ist und welche eigenen Veränderungsbereitschaften vorhanden sind – scheint mir über die Arbeit mit Paaren hinaus auch in Einzeltherapien sinnvoll, wenn Beziehungskonflikte Anlass für die Therapie sind. Die Auseinandersetzung mit diesen Fragen verändert in der Regel persönliche Einstellungen und Verhaltensweisen so, dass Konfliktlösungen in privaten *und* beruflichen Beziehungen begünstigt werden.

Leserinnen und Leser, die den Einfluss dieser Fragen auf die Liebe in der Paarbeziehung selber erfahren möchten, lade ich ein, die Fragen beim nächsten ernsthafteren Partnerschaftskonflikt für sich zu beantworten und die Wirkung zu beobachten.

Literatur

Bodenmann, G. (2004): *Verhaltenstherapie mit Paaren*. Bern: Huber.
Buber, M. (1973): *Das dialogische Prinzip*. Heidelberg: Lambert Schneider.
Frei, R., Riehl-Emde, A. & Willi, J. (1997): Verbessert die Technik der Konstruktdifferenzierung die Ergebnisse der Paartherapie? Eine vergleichende Untersuchung. *Familiendynamik* 22, 1, S. 64–82.
Limacher, B. & Willi, J. (1998): Wodurch unterscheidet sich die ökologisch-koevolutive Therapiekonzeption von einer systemisch-konstruktivistischen? *Familiendynamik* 23, 2, S. 129–155.
Retzer, A. (2002a): Das Paar. Eine systemische Beschreibung intimer Komplexität. Teil I: Liebesbeziehungen. *Familiendynamik* 27, 1, S. 5–42.

– (2002b): Das Paar. Eine systemische Beschreibung intimer Komplexität. Teil II: Partnerschaften. *Familiendynamik* 27, 2, S. 186–217.
– (2004): *Systemische Paartherapie*. Stuttgart: Klett-Cotta.
–, Riehl-Emde, A. & Simon, F. B. (1999): Editorial. *Familiendynamik* 24, 4, S. 365.
Riehl-Emde, A. (2003): *Liebe im Fokus der Paartherapie*. Stuttgart: Klett-Cotta.
Schindler, L., Hahlweg, K. & Revenstorf, D. (1998): *Partnerschaftsprobleme: Diagnose und Therapie*. Berlin: Springer.
Willi, J. (1985): *Koevolution – Die Kunst gemeinsamen Wachsens*. Reinbek b. Hamburg: Rowohlt.
– (1996): *Ökologische Psychotherapie*. Göttingen: Hogrefe.
– (2002): *Psychologie der Liebe. Persönliche Entwicklung durch Partnerbeziehungen*. Stuttgart: Klett-Cotta.
–, Frei, R. & Limacher, B. (1993): Couples therapy using the technique of construct differentiation. *Family Process* 32, S. 312–321.

Schlussfolgerungen

Bernhard Limacher und Jürg Willi

Liebe als Thema der Paartherapie

1. Paartherapie im gesellschaftlichen Wandel

Gegen Ende des 18. Jahrhunderts wurde die Liebe in unserem Kulturkreis zum Hauptmotiv bei der Wahl des Ehepartners. Dadurch nahm der Einfluss von Kirche, Eltern und Verwandten auf Partnerwahl und Eheleben ab (Riehl-Emde 2003). Die Gefühle der Partner füreinander gewannen an Bedeutung im Hinblick auf die Paarbildung und den Zusammenhalt von Paaren, und die Paarbeziehung wurde zunehmend zur Privatangelegenheit der Partner. Diese Entwicklung hat sich in den letzten 40 Jahren verstärkt. Die Ehe verlor ihr Monopol, Paarbeziehungen und Familien zu definieren. Die Partner konnten Form und Regeln ihrer Beziehung zunehmend freier aushandeln. Heute gilt: »Ein Paar *ist dort, wo zwei Menschen sagen, dass sie eines sind*, unabhängig vom Familienstand und vom Geschlecht des Partners« (Gunter Schmidt in diesem Buch, S. 48). Gleichberechtigung, Wahrung von Autonomie in der Beziehung, die Freiheit, eine Familie zu gründen, die Zahl der Kinder zu bestimmen und die Beziehung wieder aufzulösen, all dies wurde zu wichtigen neuen Werten. Viele Paare heiraten nicht mehr und verzichten auf eine Elternschaft. Die Stabilität von Paarbeziehungen nahm ab, die serielle Monogamie bzw. die serielle feste Partnerbeziehung wurde zu einer weit verbreiteten Beziehungsform. Diese Veränderungen gingen einher mit einer besseren Berufsausbildung und zunehmenden ökonomischen Unabhängigkeit der Frau. Frauen haben heute die Möglichkeit, eine berufliche Karriere anzustreben und dieser den Vorrang gegenüber einer Partnerbeziehung und Familiengründung zu geben oder sich aus einer unbefriedigenden Beziehung zu lösen und selbst für ihren Lebensunterhalt aufzukommen. Viele Frauen werden Mütter und bleiben berufstätig oder nehmen eine berufliche Tätigkeit nach kürzerer oder längerer Zeit wieder auf.

Die beschriebenen Entwicklungen brachten eine neue Beziehungsform hervor, die der Hamburger Sexualwissenschaftler Gunter Schmidt in seinem Beitrag in diesem Buch unter Berufung auf den britischen Soziologen Anthony Giddens als *reine Beziehung* bezeichnet: »Die reine Beziehung wird nicht durch materiale Grundlagen oder Institutionen gestützt, sie wird nur um ihrer selbst willen eingegangen, sie hat nur sich selbst und besteht nur, solange sich beide darin wohl fühlen ... Dadurch ist ihre Stabilität riskiert, ja, es gehört zu ihrer Reinheit, prinzipiell instabil, episodisch zu sein; sie verriete ihre Prinzipien, wenn sie Dauer um der Dauer willen anstrebte« (S. 49).

Die Gefühle der Partner füreinander spielen heute bei vielen Paaren eine zentrale Rolle im Hinblick auf den Bestand ihrer Beziehung. Die Liebe, oder genauer: das Liebeserleben der Partner, ist zum entscheidenden Faktor für den Zusammenhalt geworden. Welche Konsequenzen ergeben sich daraus für die Paartherapie?

Die Paartherapie entwickelte sich in der Zeit, in der Paarbeziehungen zunehmend von einem partnerschaftlichen Leitbild geprägt wurden. Darin stellen Gleichberechtigung der Partner und gegenseitiger Respekt zentrale Werte dar. Entsprechend war die Paartherapie stark auf das *quid pro quo* ausgerichtet, auf den Ausgleich von Geben und Nehmen, die Fähigkeit zum fairen Aushandeln von Spielregeln der Beziehung, die Kompetenz in der Kommunikation. Bis heute werden diese Ziele in Paartherapien vorrangig verfolgt, die Liebe hingegen ist vergleichsweise selten ein explizites Ziel.

In einer schriftlichen Befragung von paartherapeutisch erfahrenen Kolleginnen und Kollegen, die Bernhard Limacher 2001 im Hinblick auf einen Vortrag zur Qualitätssicherung in der Paartherapie durchführte, wurden auf die Frage »Was verstehen Sie unter guten Ergebnissen einer Paartherapie?« folgende Kriterien genannt: »Zufriedenheit beider Partner mit dem Therapieergebnis«, »Ziele aus Sicht aller Beteiligten erreicht«, »Störung, Leiden, Belastung beider Partner reduziert«, »Kommunikation, Konfliktbewältigung und Stressreduktion verbessert«, »Verständnis und Empathie erhöht«, »Für jeden Partner und das Paar anstehende Entwicklungen eingeleitet«, »Inanspruchnahme medizinischer und psychiatrischer Leistungen reduziert«. Die Liebe wurde nicht genannt.

Die zentrale Bedeutung, die das Liebeserleben der Partner heute für den Bestand ihrer Beziehung hat, fordert Paartherapeutinnen und -therapeuten heraus, sich mit den Fragen zu beschäftigen, inwieweit und wie sie dem Thema »Liebe« in der Arbeit mit Paaren Beachtung schenken. Die Beiträge in diesem Buch enthalten eine Fülle von Überlegungen zu dieser Thematik. Sie reichen von Alice Holzheys Kritik an der Meinung, mit paartherapeutischen Methoden Liebe herstellen zu können, bis zu Monika Schäppis Vorschlag, dass Paartherapeutinnen und Paartherapeuten sich als Advokatinnen und Advokaten der Liebe des Paares verstehen sollten.

Im Folgenden stellen wir die in den Beiträgen dieses Buches enthaltenen Überlegungen zum therapeutischen Umgang mit dem Thema »Liebe« zusammenfassend dar. Wir beginnen mit den paartherapeutischen Vorgehensweisen, welche die Liebe nicht explizit thematisieren, sondern – wie Guy Bodenmann es in seinem Beitrag formuliert – einen »günstigen Nährboden für die Liebe« zu schaffen versuchen. Anschließend gehen wir auf Interventionsmöglichkeiten ein, die Liebe bzw. Liebeserleben und Liebessehnsucht explizit zum Thema machen. Danach stellen wir dar, welche Vor- und Nachteile bei der Besprechung von Liebesthemen das Paarsetting gegenüber dem Einzelsetting hat. Abschließend skizzieren wir Leitlinien für den paartherapeutischen Umgang mit dem Thema »Liebe«.

2. Einen günstigen Nährboden für die Liebe schaffen

Wie Guy Bodenmann in seinem Beitrag beschreibt, wird in der Verhaltenstherapie mit Paaren davon ausgegangen, dass Liebe indirekt durch die Förderung von Positivität in der Paarbeziehung gestärkt werden kann. Verhaltenstherapeutische Strategien zum Aufbau von positiver Reziprozität und guten Kommunikations- und Problemlösefertigkeiten zielen darauf ab, gute Bedingungen für den Erhalt oder die Stärkung der Liebe zu schaffen. Solche Strategien gehören heute zum Standardrepertoire auch vieler nicht primär verhaltenstherapeutisch orientierter Paartherapeutinnen und Paartherapeuten.

Neuere Ansätze der Verhaltenstherapie mit Paaren wie die von Bodenmann beschriebene *Akzeptierungsarbeit* nach Jacobson und Christensen und die *3-Phasen-Methode* (Bodenmann 2004; vgl. auch S. 165 in diesem Band) thematisieren ebenfalls nicht direkt die Liebe der Partner, sondern sie streben gute Bedingungen für die Liebe an, indem sie Akzeptanz von Verschiedenheit sowie Verständnis, Einfühlung, Wertschätzung und Gefühle der Verbundenheit zu ermöglichen versuchen.

Unabhängig von der therapeutischen Ausrichtung scheint uns allein schon die Realisierung der in der Paartherapie geforderten therapeutischen Basisfertigkeiten in vielen Fällen zumindest Aspekte der Liebe wie Respekt, Verständnis, Toleranz und Wertschätzung zu begünstigen: Von Paartherapeutinnen und Paartherapeuten wird verlangt, dass sie beiden Partnern wohlwollend und aufmerksam begegnen, beiden gleich viel Raum zur Darstellung ihrer Anliegen gewähren und die Perspektiven beider Partner würdigen. Sie sollen im Gespräch die Führung übernehmen, destruktive Auseinandersetzungen unterbrechen, hinter entwertenden Aussagen positive Intentionen erkennen und diese als Hoffnungen und Wünsche formulieren. Diese konventionellen paartherapeutischen Vorgehensweisen führen in der Regel dazu, dass die Partner einander – vielleicht zum ersten Mal seit längerer Zeit – wieder zuhören, das Erleben und Verhalten des anderen besser verstehen und die Erfahrung machen, dass unterschiedliche Sichtweisen gleichberechtigt nebeneinander bestehen können. – Den paartherapeutischen Verfahren, welche die Liebe indirekt zu begünstigen versuchen, rechnen wir auch die Exploration der Beziehungsgeschichte zu.

Arnold Retzer weist in seinem Beitrag auf die Möglichkeit hin, Partner einzuladen, ihren »Liebesmythos«, d.h. den Ursprungsmythos ihrer Paarbeziehung, zu erzählen, also zu berichten, wie sie sich kennen gelernt haben, was ihnen aneinander gefallen hat, warum gerade sie beide ein Paar geworden sind. Er beschreibt auch die Erfahrung, welche Paartherapeutinnen und -therapeuten häufig machen, wenn sie auf die Anfangsphase einer Paarbeziehung fokussieren: dass sich die Atmosphäre verändert und die positiven Erfahrungen der frühen Paarbeziehung den Eindruck aufkommen lassen, die Partner könnten auch eine gemeinsame Zukunft haben. Guy Bodenmann nimmt in seinem Beitrag Bezug auf das *Oral History Interview* zur Beziehungsgeschichte (Buehlman et al. 1992, Sassmann 2001) und beschreibt, wie dieses die Partner an frühere Verliebtheit und gute Zeiten ihrer Beziehung erinnern kann, dadurch ihre auf negative Aspekte eingeschränkte Sicht aufbricht und sie auf Möglichkeiten hinweist, an die früheren schönen Erfahrungen anzuknüpfen.

Wenn wir die Paarbeziehung unter koevolutiver Perspektive (vgl. Limacher & Willi 1998; Willi 2002) betrachten, legen wir großen Wert auf die Fragen, was für jeden Partner durch den andern neu ins Leben hineingekommen ist, was die Partner einander ermöglicht und einander zu verdanken haben. Nach unserer Erfahrung sind diese Fragen in besonderem Maße geeignet, gegenseitige Wertschätzung und Verbundenheit der Partner zu begünstigen.

Eine Klientin von Bernhard Limacher – sie war nach rund 20 Ehejahren zunehmend unzufrieden mit der Paarbeziehung geworden, hatte Trennungsimpulse verspürt und die Initiative zu einer Paartherapie ergriffen – beschrieb die Wirkung der Beschäftigung mit der Beziehungsgeschichte wie folgt: »Ich spüre mehr, was uns verbindet, empfinde mehr Zuneigung und habe erkannt, wie wichtig die gemeinsame Geschichte als Teil von mir und uns als Paar ist. Wir haben soviel zusammen erlebt und haben noch viele gemeinsame Zukunftsbilder. Ich kann Positives wieder sehen und erleben. Wir haben einen anderen Umgang miteinander, netter, gehen nach Auseinandersetzungen schneller wieder aufeinander zu, haben mehr Gespräche – ausgelöst durch die Sitzungsthemen.«

Wo Positives in der Vergangenheit sichtbar wird, liegt die Frage nahe, ob und wie Aspekte davon reaktiviert werden könnten. Damit wechselt der Blick von der Vergangenheit zur Zukunft und zu den Möglichkeiten, die Beziehung wieder befriedigender zu gestalten. Ein ausreichendes Verständnis der Beziehungsgeschichte eines Paares schließt auch das ein, was bisher zu kurz gekommen ist, und lenkt damit den Blick auf wahrscheinlich anstehende Entwicklungen. Ebenfalls als einen Versuch, gute Bedingungen für das Wiedererstarken der Liebe zu schaffen, sieht Bernhard Limacher das in seinem Beitrag dargestellte Vorgehen, bei dem die Partner motiviert und angeleitet werden, sich mit wahrgenommener Kritik, darin enthaltenen Wünschen, inneren Reaktionen auf diese Wünsche sowie mit der je eigenen Bereitschaft zu Veränderungen auseinander zu setzen.

3. Die Liebe explizit thematisieren

Die in diesem Buch und auf dem Kongress *Paartherapie – im Fokus die Liebe* präsentierten Möglichkeiten, die Liebe in Therapien explizit zu thematisieren, lassen sich den Stichworten »Vorstellungen über die Liebe«, »Liebe als die Partner verbindendes Drittes«, »Erleben der Liebe« und »Liebessehnsucht« zuordnen.

3.1 Vorstellungen über die Liebe

Astrid Riehl-Emde beschreibt in ihrem Beitrag die Möglichkeit, mit beiden Partnern über ihre Vorstellungen von Liebe zu sprechen und sie zu fragen, was sie unter »Liebe« verstehen. Sie empfiehlt, die Partner auch nach Ambivalenzen zu fragen und zwiespältige Gefühle als zu jeder Liebesbeziehung dazugehörig anzuerkennen und auszuhalten. In Übereinstimmung mit Arnold Retzer (2004) plädiert sie zudem dafür, Partnerschaftslogik und Liebeslogik auseinander zu halten und gegenseitig zu ergänzen. Während es innerhalb der Logik der Partnerschaft um gerechten Ausgleich gehe, richte sich der Blick innerhalb der Liebeslogik auf Hoffnungen und Wünsche sowie Werte wie Verzicht, Hingabe und Vergeben. Wenn der Lebenssinn zu sehr in der Liebe gesehen werde, sollten andere Optionen der Sinnstiftung gesucht werden. Da andauernde Nähe Langeweile und Gleichgültigkeit begünstigten, gehe es im Hinblick auf die Liebe darum, neben der Nähe auch Distanz zu ermöglichen.

Der amerikanische Psychologe und Paartherapeut David Schnarch, Autor des Buches *Passionate Marriage* (1997), argumentiert in seinem Beitrag vehement dafür, dass Paartherapeutinnen und -therapeuten die weit verbreitete Vorstellung korrigieren sollten, Liebe bedeute, für den Partner jederzeit unterstützend und bestätigend da zu sein. Stattdessen gehe es darum, Unterschiede zwischen den Partnern und daraus resultierende Konflikte als normal und für die persönliche Entwicklung wichtig darzustellen. »Denn im Zentrum einer reifen, erwachsenen Liebe steht die Entwicklung eines eigenen Selbst, und an diesem Punkt wird der Grundstein für eine lohnenswerte langfristige Ehe gelegt« (S. 189).

Therapeutinnen und Therapeuten sollten die Partner darin unterstützen, Klarheit in Bezug auf die je eigenen Überzeugungen und Werte zu gewinnen und zu diesen zu stehen, Unterschiede auszuhalten, Ängste und Verletzungen aus eigener Kraft zu überwinden, auf kritische Äußerungen des Partners nicht defensiv oder aggressiv zu reagieren, sondern die eigene Position zu vertreten und schwierige Interaktionen durchzustehen.

3.2 Liebe als die Partner verbindendes Drittes

Monika Schäppi geht in ihrem Beitrag von Erfahrungen in der Arbeit mit streitenden Eltern aus, wobei es sich als hilfreich erwiesen habe, das Wohlergehen des Kindes ins Zentrum zu stellen. In Analogie dazu schlägt sie vor, die Liebe als das die Partner verbindende Dritte zu bezeichnen und mit ihnen nach Möglichkeiten zu suchen, gut für dieses Dritte zu sorgen. Sie setzt bei ihrer Arbeit gestaltende und imaginative Techniken ein, um das, was von den Partnern »Liebe« genannt wird, Gestalt werden zu lassen und erkennbar zu machen, was die Liebe zu ihrem Gedeihen braucht.

Einen ähnlichen Ansatz entwickelt Michael Mary (2004) in seinem Buch *Mythos Liebe*. Er schlägt vor, die Paarbeziehung insgesamt als eigenständiges Wesen zu betrachten. Wesentliche Vorteile dieser Perspektive sieht er darin, dass sie die Partner zu Beobachtern eines Wesens macht, an dessen Verhalten beide beteiligt sind, damit die Tendenz zu gegenseitigen Schuldzuweisungen reduziert und neue Möglichkeiten eröffnet, über die Beziehung zu reden, z.B. über ihre Stärken und Schwächen, ihren Zustand, ihre Reaktion auf das Verhalten der Partner.

3.3 Das Erleben der Liebe

Robert Frei, einer unserer Kollegen im Dozententeam des Instituts für Ökologisch-systemische Therapie, stellte auf dem Kongress *Paartherapie – im Fokus die Liebe* eine Reihe von Fragen vor, die direkt darauf fokussieren, wann und wie Partner Liebesgefühle empfinden. Er vertrat die Auffassung, genauso sinnvoll wie darüber zu reden, was in einer Beziehung als störend empfunden werde und aggressive Reaktionen hervorrufe, sei es zu besprechen, was Liebesgefühle auslöse. Er fragt die Klienten zunächst, ob es in den Paargesprächen auch um das Thema »Liebe« gehen könnte oder gehen sollte, ob Liebe oder Liebesgefühle ein Thema seien, über das sie in der Therapie sprechen möchten. Wenn die Partner dies bejahen, lädt er sie z.B. ein, zu erzählen, wann sie das letzte Mal Liebe füreinander empfunden haben. Er fragt sie, ob es aktuell noch Momente gebe, in denen sie Liebe empfänden, und exploriert, wann diese Empfindungen stärker und wann weniger stark sind, was das Spezifische an solchen Momenten ist, was jeder Partner am andern liebt und geliebt hat, wie die Partner es geschafft haben, die Liebe trotz Enttäuschungen zu erhalten. Wenn das Schwinden oder der Verlust der Liebe im Zentrum stehen, fragt er, wie die Partner es sich erklären, dass ihre Liebe abgenommen hat oder verloren gegangen ist. Und er fragt sie auch, was sie tun könnten, wenn sie wieder (mehr) Momente schaffen möchten, in denen sie Liebe füreinander empfinden.

Bernhard Limacher führt in seinem Beitrag in diesem Buch aus, dass er sich in der therapeutischen Arbeit mit Paaren dann explizit mit der Liebe beschäftigt, wenn mindestens ein Partner sie von sich aus zum Thema macht, indem er z.B. Zweifel äußert, ob er den andern noch liebt oder je geliebt hat. In solchen Situationen überprüft er, ob beide Partner einverstanden sind, sich eingehender mit dem Thema »Liebe« zu beschäftigen. Wenn dies der Fall ist, fragt er etwa, was die Person an ihrer Liebe zweifeln lässt, woran sie die Liebe im eigenen Erleben und Verhalten und im Verhalten des andern erkennt, oder er fragt beide Partner, wie sie den Verlauf der Liebe erlebt haben, was nach ihrer Ansicht die Liebe gestärkt und geschwächt hat und was sie aktuell wieder nähren könnte.

Auf einen interessanten Aspekt des Liebeserlebens wies Gunther Schmidt aus Heidelberg, Autor des kürzlich erschienenen Buches *Liebesaffären zwischen Problem und Lösung* (2004), in der Podiumsdiskussion am Ende unseres Kongresse hin: Die Aussage »Ich liebe dich« sei in dieser absoluten Form immer nur *ad hoc* möglich. Kein Partner könne mit Sicherheit voraussagen, ob er den andern auch in Zukunft lieben werde. Schmidt schlug vor, die Person als »multiple Persönlichkeit« zu betrachten, als ein Wesen mit verschiedenen Teilpersönlichkeiten. Dies ermögliche, vom Alles-oder-nichts-Schema – »Ich liebe dich« versus »Ich liebe dich nicht« – wegzukommen und eine liebende Seite zu bewahren, auch wenn andere Seiten nicht mehr lieben.

Für Außenstehende ist es gelegentlich schwer nachvollziehbar, wenn Partner sich trennen, die von sich sagen, dass sie einander noch liebten. Betrachtet man die Partner jedoch als Personen mit verschiedenen Teilpersönlichkeiten, ist es gut vorstellbar, dass mindestens eine Seite jedes Partners zumindest eine Seite des andern weiterhin liebt, während andere Seiten vielleicht so enttäuscht oder verletzt sind, dass ihnen ein Zusammenbleiben nicht mehr als möglich erscheint.

Mit einer besonderen Dimension des Liebeserlebens, der erotischen Spannung und dem Leiden, das mit deren Abnahme im Verlauf einer Paarbeziehung verbunden sein kann, beschäftigt sich Ulrich Clement, Autor des kürzlich erschienenen Buches *Systemische Sexualtherapie* (2004), in seinem Beitrag. Er weist darauf hin, dass dieses Leiden existenzielle Folgen für die Paarbeziehung haben kann – Trennung, Außenbeziehung, innere Kündigung –, und vermutet, dass nicht die Abnahme der sexuellen Aktivität an sich den Leidensdruck erzeugt, sondern die Bedeutungsgebung im Sinne einer Infragestellung der Liebe und des Fortbestandes der Beziehung.

Clement geht davon aus, dass die meisten Störungen des sexuellen Begehrens darauf zurückzuführen sind, dass die Partner ängstigende Unterschiede in ihren sexuellen Profilen aus der Beziehung ausklammern. Das heißt, Wünsche, Vorlieben, Leidenschaften, von denen die Partner annehmen, sie könnten die Beziehung gefährden, werden nicht mehr kommuniziert und in die Tat umgesetzt. Entsprechend sieht Clement als zentrales Therapieziel die sexuelle Authentizität, die Bejahung und den Ausdruck des eigenen sexuellen Profils, auch auf die Gefahr hin, das der Partner geängstigt oder verärgert reagiert. Im Hinblick auf dieses Ziel hat er die Intervention des »Idealen sexuellen Szenarios« entwickelt. Dabei werden die Partner aufgefordert, unabhängig voneinander schriftlich ihre ideale sexuelle Begegnung detailliert zu beschreiben. Clement plädiert dafür, Vorstellungen von Klientinnen und Klienten, wie Sexualität sein müsste – z.B. spontan, gegenseitig, rücksichtsvoll –, neutral und »optionenfreudig« zu begegnen, d.h. stets auch Gegenoptionen mitzudenken.

3.4 Liebessehnsucht

Jürg Willi beschreibt in seinem Beitrag die *Sehnsucht nach der absoluten Liebe* und das Leiden an der Unerfüllbarkeit dieser Sehnsucht. Ersehnt werde ein bedingungsloses Angenommen- und Aufgehobensein sowie das Einssein mit der geliebten Person. Diese Sehnsucht sei immer nur partiell erfüllbar. Er plädiert dafür, die Liebessehnsucht und die entsprechenden Enttäuschungen und Verletzungen in der Therapie zu besprechen und die Partner darin zu unterstützen, dass sie die begrenzte Erfüllbarkeit ihrer Sehnsucht akzeptieren, einander als unterschiedliche Personen annehmen und die Verschiedenheit als Herausforderung zu persönlichem Wachstum nutzen. Auch weist er darauf hin, dass die Liebessehnsucht ein sehr persönliches und sensibles Thema ist und das Offenbaren ihrer Inhalte scham- und angstbesetzt sein kann. Deshalb sei für das therapeutische Gespräch über die Liebessehnsucht das Einzelsetting eher geeignet als das Paarsetting.

Auch in den Beiträgen von Alice Holzhey-Kunz und Gisela Ana Cöppicus Lichtsteiner ist die Liebessehnsucht ein zentrales Thema. Alice Holzhey geht in Anlehnung an existenzialphilosophische Positionen davon aus, dass in der Partnerliebe die Erlösung von Urängsten gesucht wird. Sie vertritt die Auffassung, dass die Paartherapie zwar Bedingungen für eine gut funktionierende Partnerschaft begünstigen kann; diese Bedingungen dürften jedoch nicht mit den Voraussetzungen für das verwechselt werden, was das Paar im Grunde suche: »jene Liebesgemeinschaft, die von den abgründigen und darum unheimlichen Bedingungen des Subjektseins erlöst« (S. 113). Die Verschiebung des Leidens an der Unerfüllbarkeit dieser Sehnsucht auf die Mängel des Partners oder auf eigene Mängel ermögliche es, die Illusion der Erfüllbarkeit der Liebessehnsucht aufrechtzuerhalten. Holzhey plädiert dafür, die tieferen Motive des Leidens an der Liebe in der Therapie aufzudecken und zu bearbeiten. Es gehe darum, sich mit der Unerfüllbarkeit der Liebessehnsucht abzufinden und einen lebensverträglichen Umgang mit ihr zu finden. Die Paartherapie eigne sich nicht dafür, weil sie zu sehr auf das zweckrationale Machen ausgerichtet sei und weil die Anwesenheit des Partners es erschwere, sich frei und rückhaltlos auszusprechen.

Gisela Ana Cöppicus bezeichnet die Sehnsucht nach bedingungsloser, absoluter Liebe als ein universelles menschliches Motiv, das sich zu allen Zeiten, in allen Kulturen und Religionen finde. Sie plädiert dafür, diese Liebessehnsucht in der Therapie aufzuspüren, Gestalt werden zu lassen und im Sinne der ursprünglichen Religiosität des Menschen auf das »ewige Du« auszurichten. In ihrem Beitrag beschreibt sie Erfahrungen in der Therapie mit Frauen, die aufgrund von mangelnder Liebe und sexualisierter Gewalterfahrung in Kindheit und Jugend kein positives Selbstgefühl entwickeln konnten. Sie stellt fest, dass solche Klientinnen – wenn sie überhaupt eine dauerhafte Partnerschaft eingehen und sich zu einer Paartherapie einfinden – aufgrund ihrer Instabilität von dieser Therapieform oft nicht profitieren können. Als hilfreich erachtet Gisela Ana Cöppicus ein therapeutisches Vorgehen im Einzelsetting, das strukturbildende, das Ich stärkende Interventionen umfasst, korrektive emotionale Erfahrungen auf einer präverbalen Ebene in einer Halt gebenden mütterlichen Atmosphäre ermöglicht und bei dem sich die Therapeutin liebevoll hinhörend, fürsorgend und verlässlich verhält. Gemäß ihren Erfahrungen treten im Rahmen Katathymer Imaginationen oft hilfreiche Gestalten auf, die Gefühle von Verbundensein mit einem größeren Ganzen, von Gemeint- und Geliebtsein hervorrufen. Am Beispiel der Therapie einer jungen Frau, die aufgrund ihrer tiefen Störung des Urvertrauens zu Beginn der Therapie noch gar nicht zu einer partnerschaftlichen Liebesbeziehung fähig war, stellt die Autorin dar, wie die Liebesfähigkeit der Klientin sich durch die Beziehung zu einer imaginierten Mutterfigur in der Gestalt von Maria so weit festigt, dass sie sich in eine auf Gegenseitigkeit beruhende, dauerhafte Liebesbeziehung einlassen kann.

4. Vor- und Nachteile des Paarsettings gegenüber dem Einzelsetting

In der therapeutischen Arbeit mit Paaren stellt sich häufig die Frage, ob eine bestimmte Thematik im Paarsetting oder im Einzelsetting besser bearbeitet werden kann. Nach Ansicht von Gisela Ana Cöppicus, Alice Holzhey und Jürg Willi eignet sich das Einzelsetting z.B. besser für das therapeutische Gespräch über die Liebessehnsucht als das Paarsetting.

Wesentliche Vorteile des Paarsettings gegenüber dem Einzelsetting sehen wir – unabhängig von der jeweils zu besprechenden Thematik – darin, dass

- der Therapeut die Partner in der Interaktion miteinander erlebt und in diese direkt eingreifen kann;
- partnerbezogene Authentizität, wechselseitiges Verständnis und Akzeptanz der Verschiedenheit unmittelbar gefördert werden;
- das Therapeutenverhalten eine modellhafte Wirkung haben kann.

Selbst wenn das Verhalten der Partner in der Therapiesituation nicht repräsentativ für ihre alltäglichen Interaktionsmuster ist, gewinnt der Therapeut im Paarsetting einen unmittelbaren Eindruck von der Atmosphäre in der Paarbeziehung und dem Umgang der Partner miteinander, als wenn ein Partner lediglich im Einzelsetting darüber berichtet. Auch kann er klarer erkennen, in welchen Bereichen und in welcher Weise jeder Partner therapeutische Unterstützung braucht, und er kann die Partner in ihrem Umgang miteinander direkt anleiten.

Im Paarsetting wird jeder Partner ermutigt und unterstützt, seine Anliegen, seine Bewertungen und sein Erleben von Ereignissen, seine Wünsche, Erwartungen, Hoffnungen und Ängste in Gegenwart des andern zu äußern. Damit werden Selbstdifferenzierung, Echtheit und Intimität – in der Terminologie von Clement und Schnarch »Selbstrealisierung« und »Authentizität« bzw. »selbst-bestätigte Intimität« – gefördert. Jeder Partner erfährt dabei unmittelbar, wie der andere denkt und fühlt, welche Motivationen Verhaltensweisen zugrunde liegen, die als belastend und unverständlich erlebt wurden.

Wenn die Partner die Erfahrung machen, dass der Therapeut sie beide zu verstehen und zu unterstützen sucht, und erleben, wie er dabei vorgeht, können seine Wertschätzung und seine Art der Gesprächsführung eine Vorbildfunktion für ihren Umgang miteinander bekommen.

Nachteile des Paarsettings gegenüber dem Einzelsetting sehen wir darin, dass es

- die Selbstöffnung der Partner erschweren und
- Probe-Handeln behindern kann sowie
- das Risiko destruktiver Interaktionen der Partner in der Therapiesituation mit sich bringt.

Es ist nahe liegend, dass viele Menschen gewisse Themen – vor allem solche, die mit Scham verbunden sind oder mit der Angst, verletzt zu werden oder zu verletzen – in der Therapie leichter besprechen können, wenn der Partner nicht dabei ist. Sich in Bezug auf solche Themen dem Partner gegenüber zu öffnen, erfordert mehr Mut, vor allem wenn man dabei das Risiko eingeht, dass die Paarbeziehung gefährdet wird. Im Einzelsetting kann eine Person sich völlig frei äußern, ohne dass dies sofort eine Wirkung auf den Partner hat. Im Paarsetting dagegen kann jedes gesprochene

Wort beim Partner unauslöschbare Spuren hinterlassen – positive wie negative. In Situationen, in denen eine Person sich über ihre partnerbezogenen Gefühle, Wünsche und Pläne nicht im Klaren ist oder Belastendes vielleicht erstmals in Worte zu fassen versucht, kann das Gespräch im Einzelsetting hilfreich sein, verschiedene Optionen im Sinne von Probe-Handeln zu prüfen, ohne dass der Partner sofort damit konfrontiert ist und darauf reagiert.

Paare, die zur Therapie kommen, sollten im therapeutischen Setting die Erfahrung konstruktiver Begegnungen machen können. Das Paarsetting beinhaltet jedoch das Risiko, dass gewohnte leidvolle Interaktionsmuster dominieren. Wenn es der Therapeutin oder dem Therapeuten nicht gelingt, diese so zu beeinflussen, dass die Partner neue, positive Erfahrungen machen, dürften Einzelgespräche eher geeignet sein, neue Kommunikationsmöglichkeiten zu erarbeiten. Wir denken, dass in der Regel das Paarsetting Differenzierung, Verständnis, Zuneigung und Intimität von Partnern stärker begünstigt als das Einzelsetting, Letzteres jedoch einen sinnvollen und notwendigen Vorbereitungsraum für das Paargespräch darstellen kann.

Einen geschützten Rahmen für die Selbstreflexion *in Gegenwart des Partners* versucht die von Willi, Limacher, Frei und Brassel-Ammann (1992) entwickelte Technik der *Konstruktdifferenzierung* zu schaffen. Der Therapeut führt dabei – ausgehend von einem Vorfall in der Beziehung, der einen oder beide Partner belastet hat – mit jedem eine längere Einzelexploration über diesbezügliche Gedanken, Gefühle, Sehnsüchte, Hoffnungen, Wünsche und Erwartungen durch, während der jeweils andere Partner zuhört. Der zuhörende Partner wird gebeten, das Gespräch nicht zu unterbrechen. Diese Gesprächstechnik soll jedem Partner *im Paarsetting* einen geschützten Raum verschaffen, sich über eigene innere Prozesse klar zu werden. Indem der zuhörende Partner erfährt, was innerlich im andern vorgegangen ist, kann er dessen Verhalten meistens besser verstehen.

5. Leitlinien für den therapeutischen Umgang mit dem Thema »Liebe«

In mehreren Beiträgen dieses Buches wird betont, dass es kein Konzept gibt, das die Liebe in ihrer ganzen Komplexität zu erfassen vermag, dass vielmehr alle Versuche, die Liebe zu beschreiben, immer nur Teilaspekte betreffen:

- Guy Bodenmann stellt eine Reihe von Versuchen dar, Liebe zu definieren und zu klassifizieren, und kommt zu dem Schluss: »Eine Antwort auf die Frage, was Liebe sei, blieb indes bisher aus. Obgleich etliche Versuche unternommen wurden, die Liebe zu definieren, zu klassifizieren, zu typologisieren und zu diagnostizieren, hat bis heute niemand die Liebe psychologisch überzeugend zu erklären vermocht« (S. 153).

238 Schlussfolgerungen

- Astrid Riehl-Emde schreibt: »Weil die Liebe voller Widersprüchlichkeiten steckt, oftmals ambivalent, teilweise paradox ist, lässt sie sich schwer definieren bzw. operationalisieren. Sie gilt als ein Mysterium, auch als etwas Metaphysisches, eine Dimension, die über das Paar hinausreicht. Jedenfalls sind auch andere als wissenschaftliche Kategorien notwendig, um sich dem Thema anzunähern, z. B. Dankbarkeit, Demut, Gnade, Hoffnung. Und meines Erachtens geht es auch darum, immer wieder das Unbegreifliche der Liebe anzuerkennen« (S. 91).
- Jürg Willi stellt fest: »Liebe ist und bleibt im Wesentlichen ein Geheimnis, sie lässt viele Deutungen zu« (S. 17).
- Arnold Retzer fragt: »Woher wissen wir denn, was die Liebe ist und welches Erleben und welche Erfahrungen damit verbunden sind?« (S. 63) Und er konstatiert, dass es *Geschichten*, Liebesgeschichten oder Liebesmythen, sind, die unsere Vorstellungen von Liebe prägen.

Aus der Erkenntnis, dass wir es bei der Beschäftigung mit dem Thema Liebe immer mit *Vorstellungen* über die Liebe zu tun haben, unser Verständnis von Liebe also immer subjektiv und begrenzt ist, ergeben sich unseres Erachtens wichtige Hinweise für den paartherapeutischen Umgang mit diesem Thema. Sie lassen sich mit den Begriffen »Selbstreflexion«, »Offenheit und Interesse« sowie »Respekt« umschreiben.

5.1 Selbstreflexion

Paartherapeutinnen und -therapeuten sollten sich um die Klärung ihrer eigenen Vorstellungen von Liebe bemühen. Es lohnt sich unseres Erachtens, wenn in Selbsterfahrungssequenzen von Paartherapie-Weiterbildungen die Teilnehmenden eingeladen werden, sich ihre Konzepte von Liebe, Liebessehnsucht und Liebesenttäuschung zu vergegenwärtigen. Damit wird die Wahrscheinlichkeit vermindert, dass diese Vorstellungen ungefragt und unbemerkt in die Arbeit mit Klientinnen und Klienten einfließen und zu einem Imperativ für deren Lebens- und Beziehungsgestaltung werden.

5.2 Offenheit und Interesse

Unter »Offenheit und Interesse« verstehen wir im Hinblick auf den paartherapeutischen Umgang mit dem Thema »Liebe« die Bereitschaft von Therapeutinnen und Therapeuten, auf Liebesthemen einzugehen, wenn solche von Klientinnen und Klienten aufgebracht werden, mit dem Versuch, deren Sicht- und Erlebensweisen präzise zu erfassen.

Weil der therapeutische Umgang mit dem Thema »Liebe« in Weiterbildungen und in der Fachliteratur zur Paartherapie bis vor kurzem kaum diskutiert wurde, fühlen sich viele Therapeutinnen und Therapeuten unbehaglich, wenn Klienten in einem Paargespräch die Liebe bzw. deren Fehlen zum Thema machen, wenn z.B. ein Partner den Eindruck äußert, seine Liebe für den andern sei erloschen. Das Unbehagen kann dazu führen, dass eine solche Feststellung übergangen und das Gespräch auf weniger »heiße« Themen gelenkt wird.

5.3 Respekt

Respekt bedeutet für uns im paartherapeutischen Umgang mit dem Thema »Liebe« zweierlei:

- die Liebe in Paargesprächen nur dann eingehender zum Thema zu machen, wenn beide Partner damit einverstanden sind;
- Sichtweisen der Liebe, die den eigenen Überzeugungen nicht entsprechen, gelten zu lassen (sofern sie nicht allgemein anerkannte ethische Grundsätze verletzen) und die eigenen Vorstellungen als ergänzende oder alternative Betrachtungs*möglichkeiten* anzubieten.

Wenn – wie im obigen Beispiel beschrieben – ein Partner die Liebe explizit thematisiert, sollte die Therapeutin bzw. der Therapeut überprüfen, ob beide Partner das vorgebrachte Thema eingehender besprechen möchten. Falls dies zutrifft, sollte geklärt werden, welche Fragestellungen jedem Partner dabei wichtig sind. Wenn Therapeutinnen oder Therapeuten das Thema »Liebe« in Paargesprächen von sich aus aufgreifen, sollten sie dies im Sinne eines Angebots tun und überprüfen, ob beide Partner darauf eingehen möchten. Respekt bedeutet auch, die Entscheidung zu akzeptieren, dass über bestimmte Themen nicht gesprochen wird. Denn das Gespräch über die Liebe kann auch »Gräben auftun«. So formulierte es eine Klientin, die in einem Einzelgespräch im Rahmen einer Paartherapie festgestellt hatte, sie liebe ihren Mann nicht mehr und sei überzeugt, dass die Liebe nicht wiederkomme. Im folgenden Paargespräch erklärten die Partner, sie wollten die Therapie nicht weiterführen, weil sie den Eindruck hätten, diese erschwere ihr Zusammenleben.

Die beschriebenen Leitlinien beinhalten im Grunde lediglich die Postulate, welche systemisch-konstruktivistische Therapieansätze (vgl. von Schlippe & Schweitzer 1996) generell kennzeichnen: Offenheit für individuelle Wirklichkeitskonstruktionen, Orientierung am Auftrag und an der Kompetenz der Klienten.

6. Fazit

Die Autoren dieses Buches sind sich darin einig, dass es nicht eine Methode oder therapeutische Technik gibt, welche die Liebe direkt und zielgerichtet fördern oder gar erzeugen könnte. Therapeutisch möglich ist lediglich, Rahmenbedingungen zu schaffen, welche das Wiederaufkeimen bzw. Erstarken der Liebe begünstigen. Dabei kann die direkte Förderung positiver Reziprozität auf der Verhaltensebene hilfreich sein. Denn in Konfliktsituationen laufen Klienten Gefahr, sich wechselseitig in destruktivem Verhalten hochzuschaukeln und keinen Ausweg mehr aus ihrer Destruktivität zu finden.

Gegen das Bestreben, einen konstruktiven Umgang der Partner zu fördern, kann kritisch eingewandt werden, es gehe dabei allzu sehr um die Begünstigung von liebevollem Verhalten und es bestehe die Gefahr, dass negative Gefühle wie Hass, Wut, Neid und Missgunst, die bei jeder Krise, ja überhaupt in jeder Liebesbeziehung mit im Spiele sind, ausgeklammert oder unterdrückt würden.

Die Liebe ist immer auch mit starken Ambivalenzen verbunden, und eine Liebesbeziehung kann Gefühle, die aus früher erfahrenen Verletzungen zurückgeblieben sind, reaktivieren oder irrationale Wünsche und Ansprüche auf Wiedergutmachung hervorrufen. Solche hintergründigen Motivationen sind oftmals bereits bei der Partnerwahl wirksam. Gemäß unserer koevolutiven Sichtweise von Paarbeziehungen sollte die Paartherapie über die Förderung konstruktiver Verhaltensweisen hinaus auch die Beschäftigung mit den Motiven, die einer Liebesbeziehung zugrunde liegen, mit Sehnsüchten und Hoffnungen, Ängsten und Liebesenttäuschungen sowie die Auseinandersetzung mit dem Liebesverständnis der Partner ermöglichen. Bei der Beschäftigung mit der Beziehungsgeschichte ist neben der Frage, welche persönlichen Entwicklungen die Partner einander ermöglicht haben, auch die Frage wichtig, welche Herausforderungen sie durch die Wahl des jeweiligen Partners vermeiden konnten. Das Hintanstellen von anstehenden, jedoch ängstigenden persönlichen Entwicklungen in einer Liebesbeziehung begünstigt häufig die Entstehung von Krisen, welche Paare in eine Therapie führen. Es scheint, dass das Vermiedene die Partner in der Krise wieder einholt und ihnen jetzt jene persönliche und gemeinsame Entwicklung abfordert, der sie bisher ausgewichen sind (Willi 2002).

Ob die Liebe mit Hilfe einer Paartherapie wieder zum Glühen kommt, darüber können Therapeutinnen und Therapeuten nicht verfügen. Wichtig scheint uns jedoch, dass sie die Liebe in ihrer hohen Bedeutung für die Paarbeziehung überhaupt anerkennen und diesem intimen Thema nicht ausweichen, sondern das Gespräch darüber begünstigen. Wir sind überzeugt, dass das Gespräch über Themen der Liebe für viele Paare, die in die Therapie kommen, dabei hilfreich sein kann, ein umfassenderes Verständnis ihrer Liebe und damit eine neue Sicht ihrer Beziehung zu gewinnen.

Literatur

Bodenmann, G. (2004): *Verhaltenstherapie mit Paaren*. Bern: Huber.
Buehlman, K., Gottman, J. M. & Katz, L. (1992): How a couple views their past predicts their future: Predicting divorce from an oral history interview. *Journal of Family Psychology* 5, S. 295–318.
Clement, U. (2004): *Systemische Sexualtherapie*. Stuttgart: Klett-Cotta.
Limacher, B. & Willi, J. (1998): Wodurch unterscheidet sich die ökologisch-koevolutive Therapiekonzeption von einer systemisch-konstruktivistischen? *Familiendynamik* 2, S. 129–155.
Mary, M. (2004): *Mythos Liebe*. Bergisch Gladbach: Lübbe.
Retzer, A. (2004): *Systemische Paartherapie*. Stuttgart: Klett-Cotta.
Riehl-Emde, A. (2003): *Liebe im Fokus der Paartherapie*. Stuttgart: Klett-Cotta.
Sassmann, H. (2001): *Die Beziehungsgeschichte: Das ewig gleiche Lied – oder der kleine Unterschied?* Münster: Verlag für Psychotherapie.
Schmidt, G. (2004): *Liebesaffären zwischen Problem und Lösung*. Heidelberg: Auer.
Schnarch, D. (1997): *Passionate Marriage*. New York: Henry Holt. (Dt. für 2006 bei Klett-Cotta, Stuttgart, in Vorbereitung.)
Schlippe, A. von & Schweitzer, J. (1996): *Lehrbuch der systemischen Therapie und Beratung*. Göttingen: Vandenhoeck & Ruprecht.
Willi, J. (2002): *Psychologie der Liebe*. Stuttgart: Klett-Cotta.
Willi, J., Limacher, B., Frei, R. & Brassel-Ammann, L. (1992): Die Technik der Konstruktdifferenzierung in der Paartherapie. *Familiendynamik* 2, S. 68–82.

Herausgeber sowie Autorinnen und Autoren

JÜRG WILLI, Prof. Dr. med., Dr. h.c., bis 1999 Direktor der Psychiatrischen Poliklinik am Universitätsspital Zürich und Ordinarius für Psychiatrie und Psychotherapie, jetzt Leiter des Instituts für Ökologisch-systemische Therapie, in freier psychotherapeutischer Praxis. Interessenschwerpunkte: Koevolutive Paartherapie, Psychologie der Liebe, Wendepunkte im Lebenslauf, ökologische Dimension der Psychotherapie; Veröffentlichungen u.a.: *Psychologie der Liebe* (Stuttgart: Klett-Cotta 2002). Adresse: Institut für Ökologisch-systemische Therapie, Klosbachstr. 123, CH-8032 Zürich.

BERNHARD LIMACHER, lic. phil., Fachpsychologe für Psychotherapie FSP; Psychotherapeut in eigener Praxis, Mitglied der Geschäftsleitung des Instituts für Ökologisch-systemische Therapie, Dozent und Supervisor in verschiedenen psychotherapeutischen Versorgungs- und Weiterbildungsinstitutionen. Adresse: Klosbachstr. 123, CH-8032 Zürich.

GUY BODENMANN, Prof. Dr. phil., Professor für Klinische Beziehungspsychologie und Direktor des Instituts für Familienforschung und -beratung der Universität Fribourg (CH); Forschungsschwerpunkte: Partnerschaftsforschung, Stressforschung; Mitherausgeber der Reihe »Familienpsychologie, Familientherapie, systemische Therapie« bei Asanger; letzte Veröffentlichung: G. Bodenmann & S. D. Shantinath (2004), The Couples Coping Enhancement Training (CCET): A new approach to prevention of marital distress based upon stress and coping. *Family Relations*, 53 (5), S. 477–484 (vgl. auch Literaturangaben zum Beitrag in diesem Band). Adresse: Institut für Familienforschung und -beratung, Universität Fribourg, Av. de la gare 1, CH-1700 Fribourg.

ULRICH CLEMENT, Prof. Dr. phil., Dipl.-Psychologe, Dozent und Lehrtherapeut für systemische Therapie; Arbeitsschwerpunkte: Paar- und Sexualtherapie; Mitherausgeber der Zeitschrift *Familiendynamik*; letzte Buchpublikation: *Systemische Sexualtherapie* (Stuttgart: Klett-Cotta 2004). Adresse: Kußmaulstr. 10, 69120 Heidelberg.

GISELA ANA CÖPPICUS LICHTSTEINER, lic. phil., Fachpsychologin für Psychotherapie FSP (Daseinsanalyse und Katathym-imaginative Psychotherapie/KIP) in freier Praxis in Zürich. Arbeits- und Forschungsschwerpunkte: Frühstörungen, Traumatisierungen, Sinnkrisen; Beachtung religiös-existenzieller Phänomene in ihrer Bedeutung für den Heilungsverlauf. Adresse: Fröbelstr. 27, CH-8032 Zürich.

ALICE HOLZHEY-KUNZ, Dr. phil., praktizierende Daseinsanalytikerin und Präsidentin der Gesellschaft für hermeneutische Anthropologie und Daseinsanalyse GAD. Zahlreiche Veröffentlichungen zur Theorie der Daseinsanalyse und zu einer hermeneutischen Psychopathologie auf psychoanalytischer Basis. Bücher: *Leiden am Dasein. Die Daseinsanalyse und die Aufgabe einer Hermeneutik psychopathologischer Phänomene* (Wien: Passagen-Verlag, 2. Aufl. 2001); *Das Subjekt in der Kur. Über die Bedingungen psychoanalytischer Psychotherapie* (Wien: Passagen-Verlag 2002). Adresse: Zollikerstr. 195, CH-8008 Zürich.

ARNOLD RETZER, Privatdozent, Dr. med., Dipl.-Psychologe; Lehrtherapeut und Vorsitzender der Internationalen Gesellschaft für systemische Therapie (IGST), Leiter des systemischen Instituts Heidelberg; systemischer Therapeut und Organisationsberater; Herausgeber der Zeitschrift *Familiendynamik*; Autor zahlreicher Aufsätze und Bücher, zuletzt: *Passagen – systemische Erkundungen* (Stuttgart: Klett-Cotta 2002); *Systemische Paartherapie* (Stuttgart: Klett-Cotta 2004). Adresse: Systemisches Institut Heidelberg, Bleichstr. 15, D-69120 Heidelberg.

ASTRID RIEHL-EMDE, Dr. phil., Dipl.-Psychologin, Psychologische Psychotherapeutin, Paar- und Familientherapeutin; Hochschuldozentin und Stellvertretende Leiterin des Instituts für Psychosomatische Kooperationsforschung und Familientherapie am Psychosozialen Zentrum des Universitätsklinikums Heidelberg; Privat-Dozentin für Klinische Psychologie an der Universität Zürich; Forschungsschwerpunkte: Paarbeziehungen älterer Paare; Paartherapie mit Älteren; mit M. Cierpka, M. Schmidt und K. A. Schneewind Herausgeberin der Reihe »Praxis der Paar- und Familientherapie« bei Hogrefe, Göttingen; Veröffentlichung u.a.: *Liebe im Fokus der Paartherapie* (Stuttgart: Klett-Cotta 2003). Adresse: Psychosomatische Klinik, Bergheimerstr. 54, D-69115 Heidelberg.

MONIKA SCHÄPPI, Fachpsycholgogin für Psychotherapie FSP, in eigener Praxis tätig; Supervisorin und Ausbildnerin in systemischer Therapie und Beratung; Veröffentlichung u.a.: Spiritualität und Sucht in Abhängigkeiten; in: *Abhängigkeiten*, Hrsg. Schweizer. Fachstelle für Alkohol- und andere Drogenprobleme (SFA), Lausanne: Verlag ISPA Press 1998. Adresse: Lessingstr. 19, CH-8002 Zürich.

GUNTER SCHMIDT, Prof. Dr. phil., Psychotherapeut und Sozialpsychologe, arbeitete bis zu seiner Pensionierung an der Abteilung für Sexualforschung der Universität Hamburg und ist jetzt freiberuflich als Sexualwissenschaftler tätig. Er publizierte zuletzt *Das neue Der Die Das. Über die Modernisierung des Sexuellen* (Gießen: Psychosozial-Verlag 2004). Adresse: Idestr. 39, D-20133 Hamburg.

DAVID SCHNARCH, Ph. D., Klinischer Psychologe (Promotion an der Michigan State University); Sexualtherapeut mit Diplom der American Association of Sex Educators, Counselors & Therapists; Mitglied der American Association for Marriage & Family Therapy; Direktor des Marriage & Family Health Center in Evergreen, Colorado, USA; Mitherausgeber des *Journal of Marriage & Family Therapy*. Interessenschwerpunkte: Störungen des sexuellen Begehrens, Integration von Sexual- und Ehetherapie. Wichtigste Veröffentlichungen: *Passionate Marriage* (New York: Norton 1997, dt. Ausgabe bei Klett-Cotta für 2006 i. Vb.); *Constructing the Sexual Crucible* (New York u. a.: Norton 1991).

Jürg Willi:
Psychologie der Liebe
Persönliche Entwicklung durch Partnerbeziehungen
328 Seiten, gebunden, ISBN 3-608-94336-6

Zweisamkeit ist immer ein Weg, denn eine Liebesbeziehung ist immer auch eigennützig und spannungsgeladen, nie nur harmonisch und selbstlos. Liebespartner sind einander die kompetentesten Kritiker und unerbittlichsten Herausforderer. Und doch bleibt zwischen Liebespartnern immer ein Rest von Fremdheit und Geheimnis. Und das ist so etwas wie der geheime Motor langer Liebe.

»Nichts stimuliert die persönliche Entwicklung stärker als eine konstruktive Liebesbeziehung. Nichts schränkt die persönliche Entwicklung stärker ein und nichts verunsichert sie stärker als eine destruktive Liebesbeziehung. Der Mensch benötigt andere Menschen, allen voran den Liebespartner zur Entfaltung seines persönlichen Potentials.«

Astrid Riehl-Emde
Liebe im Fokus der Paartherapie
256 Seiten, gebunden, ISBN 3-608-91081-6

Ist es überhaupt sinnvoll, die Liebe zum Thema in der Paartherapie zu machen? Verträgt Liebe überhaupt die Offenheit in einer therapeutischen Situation oder verflüchtigt sie sich, wenn man darüber spricht? Und wenn es hilfreich wäre, von und über Liebe zu reden, wie läßt sich ein solches Gespräch gestalten?

Klett-Cotta

Gerhard Dieter Ruf:
Systemische Psychiatrie
Ein ressourcenorientiertes Lehrbuch
Mit einem Vorwort von Arnold Retzer.
308 Seiten, gebunden, mit 60 Abbildungen und 20 Tabellen
ISBN 3-608-94154-1

Rufs Lehrbuch gibt Ärzten, Psychologen, Sozialpädagogen und Sozialarbeitern einen Überblick über psychosoziale Muster bei allen wesentlichen Störungsbildern und über therapeutische Interventionsmöglichkeiten.

Ulrich Clement:
Systemische Sexualtherapie
240 Seiten mit 9 Abbildungen und 16 Tabellen
ISBN 3-608-94398-6

Wie kann verlorengegangene Erotik in einer Partnerschaft wieder aufleben? Wie können sich langjährige Partnerschaften aus der sexuellen Lähmung befreien? Und wie kann die Spannung zwischen individueller und partnerschaftlicher Sexualität therapeutisch genutzt werden?

Arnold Retzer:
Systemische Paartherapie
Konzepte – Methode – Praxis
355 Seiten, gebunden, ISBN 3-608-94365-X

Ein Informationsbuch für diejenigen, die sich mit Paaren beschäftigen; ein Lehrbuch für alle, die Paartherapien lernen wollen oder schon durchführen, und ein Nachdenkbuch für die, die über ihre eigene Paarbeziehung reflektieren.

Klett-Cotta

ASUS W7JC